DU MÊME AUTEUR

Aux Éditions Gallimard

JIHAD. Expansion et déclin de l'islamisme, 2000. Repris dans « Folio actuel », n° 90, nouvelle édition refondue et mise à jour, 2002.

CHRONIQUE D'UNE GUERRE D'ORIENT (automne 2001) *suivi de* BRÈVE CHRONIQUE D'ISRAËL ET DE PALESTINE (avril-mai 2001), 2002.

FITNA. Guerre au cœur de l'islam, 2004.

LE PROPHÈTE ET PHARAON. Les mouvements islamistes dans l'Égypte contemporaine. Repris dans « Folio histoire », n° 194, 2012 (1ʳᵉ édition : La Découverte, 1984).

BANLIEUE DE LA RÉPUBLIQUE, 2012. Repris dans « Folio actuel », 2014.

QUATRE-VINGT-TREIZE, 2012.

PASSION ARABE. Journal, 2011-2013, 2013.

Aux Éditions du Seuil

LES BANLIEUES DE L'ISLAM. Naissance d'une religion en France, 1987. Repris dans « Points Seuil », 1991.

INTELLECTUELS ET MILITANTS DE L'ISLAM CONTEMPORAIN, ouvrage collectif, en collaboration avec Yann Richard, 1990.

LA REVANCHE DE DIEU. Chrétiens, juifs et musulmans à la reconquête du monde, 1991. Repris dans « Points Seuil », 1992 et 2003.

LES POLITIQUES DE DIEU. Ouvrage collectif sous la direction de Gilles Kepel, 1992.

À L'OUEST D'ALLAH, 1994. Repris dans « Points Seuil », 1995.

Aux Presses de Sciences-Po

LES MUSULMANS DANS LA SOCIÉTÉ FRANÇAISE, ouvrage collectif en collaboration avec Rémy Leveau, 1988.

EXILS ET ROYAUMES. Les appartenances au monde musulman. Ouvrage collectif sous la direction de Gilles Kepel, 1994.

Aux Éditions Flammarion

TERREUR ET MARTYRE. Relever le défi de civilisation, 2008. Repris dans la collection « Champs », 2009.

Aux Éditions Bayard

DU JIHAD À LA FITNA, 2005.

Aux Presses universitaires de France

AL-QAIDA DANS LE TEXTE, ouvrage collectif sous la direction de Gilles Kepel, 2005. Repris dans la collection « Quadrige », 2006.

Gilles Kepel

Passion française

Les voix des cités

GALLIMARD

La logique des passions renverse l'ordre traditionnel du raisonnement et place la conclusion
avant les prémisses.

ALBERT CAMUS,
L'Homme révolté, 1951.

INTRODUCTION

La méridienne Marseille-Roubaix

En juin 2012, après le second tour des élections législatives, je parcours la liste des 6 611 candidats qui se sont présentés aux suffrages de leurs concitoyens pour incarner le peuple français — le *dèmos* souverain qui fonde notre démocratie. Mon attention est attirée par près de quatre cents noms à consonance arabe ou musulmane ; une demi-douzaine d'entre eux figurent au nombre des 577 élus. C'est la première fois que cela se produit depuis cinquante ans, depuis la fin de l'ère coloniale, qui vit trois puis quatre départements d'Algérie envoyer jusqu'à quarante-neuf « députés musulmans » à la Chambre.

Par-delà la similarité culturelle des noms des candidats d'aujourd'hui et de ceux d'hier, la définition des députés concernés a changé. Jusqu'en 1962, ceux-ci disposaient d'un statut, d'essence religieuse, particulier : ils étaient les représentants spécifiques d'une communauté et d'un territoire algériens français disparus. Il n'en va plus de même en 2012 : l'Algérie n'est plus française, et il n'y a donc aucune raison d'imposer de l'extérieur, sur la base d'un prénom ou d'un patronyme, la qualité de musulman ou d'Arabe à un candidat ou à tout autre citoyen de la République française laïque. Chacun est libre, à titre individuel, de revendiquer ou non celles-ci, et de leur donner la signification qu'il veut. Figurent du reste dans notre liste de 2012 des candidates ou des élues filles de l'immigration maghrébine qui, s'étant présentées sous leur nom d'épouse « gaulois », apparaissaient ainsi à première lecture. Enfin, certains noms ambivalents pouvaient tout aussi bien désigner des chrétiens du Levant ou des juifs d'Afrique du Nord. Je ne suis pas à même de dénombrer précisément ce groupe, et n'en ai pas l'intention. Ses frontières peuvent rester floues, mais, quoi qu'il en soit, quelque chose d'inédit est en train de se dessiner en France.

Dans l'arène électorale

Rien de pareil n'est advenu sous la Ve République, depuis la fin de la première législature, en 1962, et durant tout le demi-siècle qui nous sépare de l'indépendance algérienne. Pendant toute cette période, l'Assemblée nationale n'a compté aucun élu issu des familles de travailleurs immigrés d'Afrique du Nord, du Sahel ou d'autres pays du sud de la Méditerranée, dont les descendants étaient pourtant déjà une composante de notre peuple français forte de plusieurs millions de membres. La photo quasi monochrome des députés et celle de l'équipe de France black-blanc-beur de football formaient un ahurissant contraste en juillet 2010, au lendemain de la prestation lamentable des Bleus au Mondial d'Afrique du Sud — imputable entre autres facteurs aux fractures confessionnelles et ethniques apparues entre les joueurs. Ni l'une ni l'autre ne correspondaient plus au défi exalté par le drapeau tricolore, ce pacte exigeant entre l'unité du message et la diversité des couleurs qui le composent — blason de l'identité complexe, particulière, de la France.

Aujourd'hui, alors que la polémique sur l'identité nationale fait rage, tandis que notre pays s'interroge sur son avenir et sur sa cohésion sociale, s'affole de son déclin économique, politique et culturel, je veux comprendre ce que signifie la descente dans l'arène électorale, pour la première fois, de centaines de candidats issus de cette immigration du sud et de l'est de la Méditerranée. Avant ce scrutin législatif, j'avais mené, en 2010-2011, avec une équipe de jeunes chercheurs une enquête sur une agglomération de Seine-Saint-Denis, Clichy-Montfermeil, d'où étaient parties les plus graves émeutes de l'histoire de France, en octobre 2005, qui avaient touché la majorité des « quartiers populaires » ou « cités sensibles » de l'Hexagone. Le gouvernement avait dû proclamer l'état d'urgence pour la première fois depuis la guerre d'Algérie. Dans le livre dérivé de cette étude, nous avions consigné comment, au lendemain des « révoltes sociales », comme les appelaient les activistes ou responsables d'association qui nous les racontaient, beaucoup d'entre eux avaient décidé de sauter le pas et de s'engager en politique.

Faisant inscrire les « jeunes des banlieues » d'origine immigrée sur les listes électorales, ils les avaient incités à voter massivement en faveur de Ségolène Royal au scrutin de 2007. Ils découvrirent bien vite que la victoire de son adversaire Nicolas Sarkozy, ministre de l'Intérieur durant les événements, était due aussi à sa fermeté devant la violence qui avait épouvanté la France profonde. Après cette entrée malheureuse dans la grande politique présidentielle, les « jeunes » se replièrent avec plus de succès sur les élections municipales de 2008 : dans les communes populaires des métropoles et de leurs banlieues, on compta plus de deux mille conseillers et adjoints au maire « issus de la diversité » — un essai transformé aux scrutins régionaux et cantonaux de 2010 et 2011. Mais il manquait l'échelon législatif, incarnation ultime du peuple souverain. La logique des partis, qui craignaient qu'un candidat *rebeu* ou *black* ne vienne jamais à l'emporter au scrutin individuel et majoritaire devant un adversaire *gaulois*, fut, pour la première fois dans l'histoire de la France contemporaine, sérieusement entamée en ce mois de juin 2012. Les appareils comprirent soudain qu'il subsistait là un électorat en jachère et qu'il fallait le cultiver.

Issu surtout des classes populaires, celui-ci « survote » à gauche. Une enquête de l'Ifop rendue publique à l'occasion du ramadan, en juillet 2013, révèle que 86 % des répondants se déclarant musulmans avaient choisi en mai 2012 François Hollande (contre 51,6 % de la moyenne nationale). Parmi les ouvriers et employés, toujours dans l'ensemble des Français, 29 % avaient voté pour Marine Le Pen, contre 27 % pour François Hollande ; mais ceux qui, dans ces mêmes catégories, se déclaraient musulmans avaient élu celui-ci à 63 %, contre 5 % pour la candidate du Front national. Aux élections législatives de 2012, c'est le parti socialiste qui avait présenté le plus grand nombre de candidats éligibles issus de cette population.

Pourtant, en y regardant de plus près, je me rends compte que la majorité de ces quelque quatre cents candidats n'étaient pas parrainés par les grands partis nationaux : les scores de la plupart d'entre eux étaient très faibles, et les sigles dont ils se réclamaient inconnus. Pourquoi avaient-ils voulu concourir, pour la première fois pour la plupart, à la députation, c'est-à-dire incarner la nation ? Qu'avaient-ils voulu lui dire — *nous* dire — en aspirant à représenter le peuple souverain ?

D'abord, qu'ils se sentaient français, ce qui n'allait pas forcément de soi pour des enfants d'Algériens ayant combattu entre 1954 et 1962 afin d'expulser la France de leur être, par une guerre atroce, intime, dont les cicatrices marquent toujours l'ancienne génération et abondent les légendes familiales contradictoires des immigrés, des harkis et des pieds-noirs. Certains « Français de souche » considèrent du reste avec circonspection ces « concitoyens de papier » qu'ils suspectent de faire de leur carte d'identité un simple document administratif et de l'instrumentaliser sans se reconnaître dans la nation qui l'a émis. Qu'avaient à en dire ces quelques centaines de candidats ? S'étaient-ils fondus dans leur peuple d'accueil, mettant de côté leurs allégeances culturelle, ethnique ou religieuse héritées, pour faire corps désormais avec des classes sociales, des territoires, une vision du monde partagée ou non avec les autres Français de toutes origines ? Ou avaient-ils d'abord aspiré à représenter leur communauté particulière, dont ils auraient souhaité défendre la spécificité, et selon quels critères ? Ou encore avaient-ils concocté, à leur manière, un mélange original, avant-goût de la France de demain, s'inscrivant ainsi, avec leurs spécificités, dans la grande tradition du brassage républicain qui a construit notre nation moderne ?

Chez nos voisins européens, dont l'être-ensemble est moins marqué que le nôtre par le jacobinisme culturel, et qui font de la place aux « minorités » comme telles, ce phénomène que nous avons découvert en 2012 existe déjà depuis la fin du siècle dernier. Au Royaume-Uni, en Allemagne, les Länder jouissent d'une large autonomie, des députés d'origine pakistanaise ou turque siègent par ailleurs à Westminster comme au Bundestag. À l'inverse, la France centralisatrice, depuis la monarchie absolue jusqu'à la Ve République, a arasé provinces et langues régionales ; et elle a fait peu de cas officiellement, jusqu'à tout récemment, de la culture qu'apportent les nouveaux entrants sur son territoire. Elle leur offre en revanche une pleine citoyenneté dès lors qu'ils acceptent un processus d'intégration dont l'aboutissement est l'identification aux valeurs républicaines. Mais chacun sent bien que celles-ci sont rabâchées comme une ritournelle aux paroles vieillies, tandis que grondent les défis de la mondialisation. Quant à la souveraineté du peuple, elle est battue en brèche par les directives de l'Union européenne. Elle produit un corps de normes obscures, qui nous éloigne chaque jour davantage d'un modèle français incantatoire autant qu'exceptionnel — ce grand récit nostalgique qu'entonne faute de mieux notre mélancolie nationale, et dont l'essai élégamment écrit d'Alain Finkielkraut, *L'Identité malheureuse*, le plus grand succès de librairie de l'automne de 2013, montre la prégnance chez ceux de nos compatriotes qui lisent encore des livres.

Au moment où ces nouveaux candidats se présentent, où les élus issus de leurs rangs siègent au Parlement, et alors que, provenant du monde musulman, ils font ainsi profession de francité ostensible, les sondages nous martèlent que l'opinion des Français sur l'islam n'a jamais été aussi mauvaise. Près des trois quarts des répondants à une enquête publiée par *Le Figaro* le 14 avril 2013 disaient en avoir une perception négative, alors que celle des autres religions, même l'exotique bouddhisme, apparaît largement favorable. En parallèle, le Front national ne cesse de progresser par l'exacerbation identitaire du malaise social, confortant son statut de parti respectable dans une part croissante de l'électorat. Il y faisait jeu égal en 2013 avec le parti socialiste et l'UMP, tandis que plus d'un Français sur trois déclarait apprécier sa présidente, un ratio jamais atteint par son père, Jean-Marie Le Pen.

Le renouveau de notre vie politique, qu'expriment ces centaines de candidats issus de l'immigration aux élections législatives de 2012, se produit donc en même temps que la droite extrême se targue, elle aussi, d'incarner un autre type de résurrection, présentant des listes en nombre et attirant des suffrages plus élevés que jamais. La concomitance des deux phénomènes n'est pas fortuite, et, paradoxalement, les deux groupes profèrent certains ressentiments communs. Contre les élites dirigeantes pour commencer, dont chacun estime qu'elles le discriminent spécialement et favorisent l'autre. Vus du Front national, les « Français de souche » sont relégués et écrasés d'impôts pour drainer les transferts sociaux en faveur des « immigrés », chargés de tous les vices des classes dangereuses d'antan. Tandis que bien des descendants de ces derniers pensent subir de plein fouet exclusion et ségrégation, endurer les séquelles du colonialisme et du racisme, quand ils ne pâtiraient pas de l'« islamophobie » — le terme est nouveau et fait polémique. Dans les deux cas se construisent des stratégies de victimisation, à l'instigation d'entrepreneurs politiques qui visent, en agitant avec quérulence le thème du malaise dans notre civilisation, à agréger des communautés identitaires et à les capter dans une perspective électorale.

Le caïd et le salafiste

Pour comprendre les ressorts de cette polarisation inédite, qui interroge les mutations et la cohésion de notre nation, j'ai mené une enquête avec l'Institut Montaigne, mon partenaire lors des recherches précédentes que j'avais conduites en 2010-2011 dans ces deux villes de la banlieue parisienne que sont Clichy-sous-Bois et Montfermeil. Elles avaient abouti à deux livres, *Quatre-vingt-treize* et *Banlieue de la République*, publiés ensemble en février 2012. La présente enquête a duré un an, de janvier 2013 à janvier 2014. Elle repose sur cent sept entretiens avec des candidats aux élections législatives de juin 2012, dont la plupart revendiquent ces renouvellements, quels qu'ils soient. J'ai ainsi rencontré, en privilégiant les circonscriptions populaires, des candidats fidèles des mosquées aussi bien que des adeptes du Front national, des hommes et des femmes qui se réclamaient de la « diversité » et d'autres qui avaient ce terme en horreur, des défenseurs convaincus de la République et de la laïcité et d'autres qui s'étaient persuadés de leurs incohérences.

Pour recueillir ces propos, aller à la rencontre de ces candidats, j'ai zigzagué l'Hexagone, avec ma petite équipe, depuis les bords de la Méditerranée jusqu'à la frontière belge, et de l'Atlantique à l'Alsace, autour d'une méridienne qui monte de Marseille à Roubaix. Outre le matériau accumulé dans deux mille pages transcrivant des centaines d'heures d'interviews et de notes, j'ai revisité des quartiers où je n'avais plus pénétré depuis 1987, lorsque je préparais mon livre *Les Banlieues de l'islam.*

Avec un quart de siècle de recul, j'ai observé *de visu* les bouleversements qui s'y sont produits, maintenant que les immigrés d'antan ont cédé la première place aux « jeunes des cités » nés ou grandis en France dans leur immense majorité. J'ai vu que l'éducation a permis à certains d'entre eux de s'émanciper de la condition de prolétaire de leurs parents, et d'occuper des emplois qualifiés, publics ou privés. Mais aussi que la masse n'a pas accès au marché légal du travail et oscille entre le chômage et la débrouille. Une élite s'est dégagée, dont font partie certains candidats aux élections que j'ai interrogés. Elle comprend en outre des chefs d'entreprise, des journalistes, des universitaires, des sportifs... et tous ceux qui représentent des modèles d'insertion et d'ascension sociales. Mais ces parcours paraissent très lointains à beaucoup. Dans les quartiers les plus relégués, j'ai vu comment des héros fort différents ont commencé de s'imposer, avec pour figures les plus emblématiques le caïd et le salafiste.

C'est le basculement qui me frappe le plus en l'espace d'une génération. Même si les drogues dures ont commencé d'exercer leurs ravages dès les années 1980, je suis choqué par l'emprise du trafic de stupéfiants dans les quartiers populaires. Je l'avais constatée en 2010 à Sevran, plaque tournante de la *bicrave* — le *deal* en argot — dans la région parisienne, non loin de Clichy-Montfermeil, mais l'ampleur du phénomène à Marseille passe l'imagination. Les caïds y sont devenus les patrons des cités, s'y substituant aux services publics, exécutant les contrevenants à leur loi — vingt morts dans des règlements de comptes spectaculaires en 2013, dont les fameux « barbecues », où le corps de la victime est brûlé dans un coffre de voiture. La presse et les médias nationaux ont fait leur une sur ces assassinats sauvages, se demandant si Marseille augure une irréparable déchirure socio-ethnique de la société française. On en avait pourtant fait un modèle en 2005, car ses cités populaires n'avaient pas connu d'émeutes — on s'interroge en rétrospective pour savoir si c'est parce qu'elles auraient gêné les affaires des caïds que ceux-ci s'y seraient déterminés à faire régner un ordre paradoxal.

L'autre transmutation advenue dans les quartiers populaires est l'essor des marqueurs de l'islam, qui scandent désormais le paysage urbain des tours, des barres et de certaines zones pavillonnaires. Il y a vingt-cinq ans, quand j'avais sous-titré *Les Banlieues de l'islam* « Naissance d'une religion en France », ceux-ci étaient encore rares. Après l'enquête en Seine-Saint-Denis de 2010-2011, l'ubiquité des enseignes halal, la prégnance du port du voile, la généralisation du jeûne du ramadan m'étaient devenues familières, et je les avais consignées dans *Quatre-vingt-treize*. Mais la présence ostensible du salafisme — favorisée par l'accoutrement spécifique des adeptes — est un symptôme nouveau et fulgurant. Elle exprime une rupture en valeurs avec la société française, une volonté de la subvertir moralement et juridiquement, qu'il serait illusoire de se dissimuler et qui pose des questions essentielles. D'autant plus lorsque les zélotes à longue barbe, moustache rasée, calotte sur la tête, djellaba ou pantalon de survêtement relevé sur les chevilles par humilité envers Allah, ou les femmes entièrement bâchées, le visage couvert du voile intégral (*niqab*), qui s'affichent dans l'espace public en contravention à la loi, se trouvent être de jeunes Européen(ne)s « de souche » fraîchement converti(e)s, à la foi exacerbée des néophytes.

En deux à trois ans, au début de cette deuxième décennie du siècle où adviennent outre-Méditerranée les « révolutions arabes », le basculement dans le salafisme de jeunes Français éduqués, convertis ou enfants d'immigrés, a transformé celui-ci. D'un discours assez fruste posté sur Internet et les réseaux sociaux, il est devenu rapidement le vecteur d'un prosélytisme efficace en langue française, nourri par des polémiques agressives contre les « impies » et autres « mauvais musulmans ». Le départ vers le djihad syrien, qui toucherait au début de 2014 quelque cinq cents jeunes Français, qu'ils soient « de souche » et convertis ou issus de l'immigration et radicalisés, et qui ont rejoint les groupes salafistes armés les plus extrémistes, la mort en « martyrs » d'un certain nombre d'entre eux, le désarroi des familles posent aussi question sur ce qui est à l'œuvre dans les quartiers populaires de notre société.

Face au *deal* et au salafisme, au haschich et à l'opium du peuple, ces deux intoxications révélatrices des failles et faillites de notre modèle social, quelles solutions de rechange les centaines de candidats aux élections législatives de 2012 issus de ces quartiers et qui visaient à incarner le peuple français ont-ils exprimées ? Et comment la crise morale qui prolonge la crise sociale a-t-elle fourni le combustible aux entrepreneurs identitaires des deux bords opposés du spectre politique, qu'ils se réclament de l'islamisme ou du populisme nationaliste français ? Telles furent quelques-unes des questions que j'avais en tête en allant à la rencontre des candidats. Avec notre équipe, nous leur avons demandé de parler du déroulement de la campagne pour les élections législatives, du rôle des partis politiques, de l'itinéraire personnel qui les avait amenés jusqu'à cette candidature, de leur vision du rôle d'un député, des principaux problèmes qu'il faudrait résoudre en France, mais aussi de leur perception de la « diversité » et de la laïcité.

Une traversée de la France contemporaine

Les candidats qui ont échangé leurs réflexions avec nous se sont avérés des interlocuteurs prolixes, passionnés, à la parole d'autant moins audible dans le débat public qu'ils se trouvaient en phase avec la réalité du terrain, convoyant le malaise des milieux populaires dont ils sont les enfants, en partageant les émotions. Souvent, le faible score obtenu traduisait la difficulté à articuler leur propos dans les codes politiques institutionnels, peu frottés qu'ils étaient à la rhétorique policée des grands partis nationaux, qui nécessite de maîtriser la culture et le vocabulaire de l'élite et de ses castes.

Après une descente dans l'arène électorale plus ou moins fructueuse, l'exercice de l'entretien leur fournissait une opportunité de justifier leur engagement, de préciser son sens, quel qu'en ait été le résultat — le compensant quand il n'avait pas répondu à leurs attentes (pour la plupart), mais le confortant aussi parfois, dans les cas de succès[*]. Nous avons rencontré les candidats dans des lieux à leur discrétion, fréquemment situés dans la circonscription populaire où ils s'étaient présentés. Leur parole a résonné sur une scène sociale et territoriale dont nous faisions la découverte, dans un aller-retour permanent entre récit et action, entre texte et contexte, chacun éclairant l'autre.

Ce livre mêle ainsi le journal de voyage et l'enquête dans la France contemporaine telle que je l'ai vue, entendue, sentie, goûtée, et touchée du doigt pendant cette année 2013-2014, des HLM de Marseille au Palais-Bourbon, de la Canebière et du Panier cisaillés par le mistral aux courées enneigées des quartiers du Pile, de l'Épeule ou de l'Alma-Gare à Roubaix.

Des cent sept entretiens à travers toute la France que nous ont accordés les candidats rencontrés, j'ai extrait pour ce livre ceux de cinq circonscriptions populaires de Marseille et de Roubaix-Tourcoing, réservant les autres pour des volumes ulté-

---

[*] Les extraits de ces entretiens qui figurent dans le texte ont été édités en style écrit tout en en conservant le plus possible le caractère oral.

rieurs. Les circonscriptions populaires de ces deux villes sont situées aux extrémités d'une méridienne qui traverse de part en part notre pays et en révèle avec acuité tant l'histoire contrastée depuis la révolution industrielle jusqu'à l'ère numérique, depuis l'empire colonial jusqu'à l'Union européenne, que les soubresauts sociaux, à travers le chômage et l'immigration ou les clivages politiques sur fond de clientélisme et de corruption. Mais elle trace également les lignes de bouleversement et de permanence dans notre pacte national, en donnant la parole à celles et ceux qui, pour le meilleur ou pour le pire, chacun en jugera, sont descendus dans l'arène, souvent pour la première fois, à l'occasion des élections législatives de juin 2012 afin d'incarner le peuple français — et dont le propos reste d'autant plus inconnu du public, ignoré de nos élites gouvernementales et médiatiques, qu'il est issu des quartiers populaires et enfant de l'immigration.

Je me suis efforcé de restituer la logique du discours de chaque candidat(e) qui a sollicité le suffrage universel et dont je présente le portrait, en explicitant autant que je l'ai comprise sa vision de la France et du monde en général, quelle que soit sa place sur le spectre politique. Cette galerie contrastée, précédée pour chaque ville d'une présentation du contexte, voudrait contribuer à sa manière à éclairer un débat qui touche à des problèmes culturels et sociaux fondamentaux de notre identité collective, mais qui m'apparaît brouillé tant par la morgue d'une élite intellectuelle qui a déserté le terrain et s'est réfugiée dans sa tour d'ivoire que par la virulence d'activistes qui multiplient les procès d'intention pour mieux dissimuler leurs stratégies de pouvoir particulières. Renouveler le débat social, en restituer les termes : tel est, je persiste à le croire, le rôle de l'Université, dont la marginalisation aujourd'hui est un des symptômes les plus malheureux de la crise des valeurs françaises.

I

La marseillaise

14 juillet 2013

Fête du melon à Pernes-les-Fontaines

Si l'âge des élus en juin 2012 est le critère du renouveau de notre vie politique, il me faut commencer par la benjamine de la quatorzième législature de la Ve République. Le paradoxe veut qu'il s'agisse de Marion Maréchal-Le Pen, plus jeune députée de toute l'histoire de la France moderne. La petite-fille du fondateur du Front national avait vingt-deux ans à son entrée à l'Assemblée — six de moins que son grand-père lorsqu'il devint député de la Seine en 1956. Deux années plus tard, dans une bagarre pour défendre Ahmed Djebbour, qui serait l'un des quarante-neuf parlementaires musulmans de l'Algérie française lors de la première législature, Jean-Marie Le Pen reçut des coups qui entraînèrent la perte de son œil gauche.

Rendez-vous a été pris à Pernes-les-Fontaines avec la nouvelle députée du Vaucluse, dans cette petite cité où elle retrouve ses électeurs qui célèbrent traditionnellement, le 14 juillet, la fête du melon. Le melon cantaloup de Cavaillon est la gloire locale, et l'un des monuments de l'identité française. Mais c'est pour d'autres raisons — d'opportunité et de symbole — que la circonscription de Carpentras lui a été réservée par son grand-père. D'abord, l'électorat du Vaucluse est sensible aux thèses de la « droite populaire », proches du Front national. Le député-maire d'Orange, la circonscription voisine, a été l'un des caciques du

Front, en a fait scission, mais siège à côté d'elle au Palais-Bourbon. Et le maintien attendu de la candidate socialiste au second tour, en juin 2012, face au sortant de droite devait faciliter la victoire de la benjamine des Le Pen dans cette élection triangulaire.

Ensuite, Carpentras marquait d'un stigmate le patronyme familial : en mai 1990, dans le cimetière israélite de la ville, on trouva le cadavre d'un vieux monsieur, décédé quelques jours plus tôt, exhumé et profané. L'affaire suscita une émotion internationale, tant et si bien que le président Mitterrand participa à un défilé sur le pavé parisien, de la République à la Bastille, pour souligner l'indignation du peuple tout entier, quarante-cinq ans après la Shoah. Des doigts accusateurs furent pointés sur l'extrême droite, notamment le Front national et son président, qui subirent l'opprobre, avant qu'ils ne dénoncent une machination à leur encontre. Six ans plus tard, les auteurs, un groupe d'anciens skinheads antisémites, furent identifiés et condamnés. Du jour où la petite-fille de Jean-Marie Le Pen, née en décembre 1989, six mois avant la profanation, a été élue députée de Carpentras, en juin 2012, la lignée a eu le sentiment que l'honneur était lavé, sur les lieux mêmes où son nom avait été flétri, et que le Front national pouvait se lancer, disculpé par les urnes, à la conquête de la France.

On donne sur des tréteaux dressés entre deux étals de melons du marché de Pernes une saynète en provençal. Je ne glane que quelques mots à la volée, mais je reconnais grâce au jeu outré des acteurs la célèbre partie de cartes de *Marius*. Comme si l'on recréait la fiction d'une langue originelle dont Pagnol n'eût écrit et Raimu interprété que l'adaptation francisée : « Quand tu m'*espinches* comme si j'étais un scélérat […], eh bien, tu me fends le cœur ! » Les spectateurs s'esclaffent, à entendre ces indigènes plus authentiques que nature. Cent cinquante ans après Frédéric Mistral et le Félibrige, le provençal fait son *come-back*. Le Front national applaudit à ce qu'il perçoit comme une résistance culturelle autochtone par rapport à la prolifération des patois de l'immigration maghrébine.

Islamisation. Immigration. Insécurité. Europe. Ce quadruple refus est le carré d'as du Front. Dans le maraîchage, la concurrence déloyale — qu'on impute à Bruxelles — des melons marocains, moins chers et plus précoces, a été combattue par des agriculteurs qui votaient traditionnellement à gauche, en glissant dans l'urne un bulletin pour Marion Le Pen. Pernes compte de plus en plus d'étrangers : outre les Maghrébins qui travaillent aux champs et cueillent les cantaloups, la petite cité aux beaux monuments médiévaux restaurés a attiré les bobos parisiens, qui colonisent méthodiquement cette frange du Lubéron proche du TGV — un autre blason de l'identité française. Nombre d'entre eux, excédés par les cambriolages en expansion, ont aussi voté pour la candidate avenante d'un parti qui les révulsait autrefois. Bambine aux boucles blondes vêtue d'une robe à collerette, dans les bras de son grand-père souriant de toutes ses dents, Marion illustrait il y a deux décennies une affiche électorale du Front national destinée au Midi et intitulée : « La sécurité, première des libertés ».

Quand j'arrive à Pernes, en retard sur mon horaire, elle en est déjà partie, se rendant sur le mont Ventoux tout proche pour assister à l'arrivée de l'épreuve reine du Tour de France, qui célèbre cette année son centenaire.

Question présidentielle

Une alerte sur mon téléphone me fait prendre connaissance des attentes des principaux ministres en ce jour sacré de la patrie : « On a besoin du récit de la nation, on a besoin de cet esprit collectif français, c'est fondamental. Le rôle du chef de l'État, c'est d'impulser, de donner le sens de la vision. J'imagine que ce sera sa perspective le 14 juillet », explique Pierre Moscovici, le ministre de l'Économie et des Finances, à quoi fait écho son collègue des Affaires étrangères Laurent Fabius : « Ce que l'on vit n'est pas seulement une crise conjoncturelle, c'est un changement du monde, le basculement du centre de gravité vers l'Asie. Quelle place pour la France ? Quel rôle pour l'Europe ? C'est ça, historiquement, le mandat de François Hollande. »

Je regarde sur ma tablette l'entretien télévisé dans les jardins de l'Élysée qui fait suite au défilé militaire. Un peu avant la fin, le journaliste Laurent Delahousse demande au président, à brûle-pourpoint :

> *Lors de votre visite en Tunisie, vous avez prononcé une phrase très importante : « La France sait que l'islam et la démocratie sont compatibles. » C'est un discours qui s'adressait évidemment à la Tunisie, au parti Ennahdha. [Un temps.] Je voulais vous poser une question : en France, il y a cinq à six millions de musulmans, dont un tiers se déclarent croyants ; si un jour un parti islamiste, fondamentaliste, se créait en France, quelle serait votre réaction ?*

J'ai suivi attentivement la visite du président à Tunis les 4 et 5 juillet, la première dans un pays ayant connu un « printemps ». Je me suis rendu neuf fois dans ce pays depuis la chute de Ben Ali, pour y préparer mon livre *Passion arabe*, dont une partie se déroule entre Sidi Bouzid et La Marsa, puis en débattre avec le public tunisien après sa parution. Sur les dix millions de Tunisiens, plus de six cent mille (sans compter les nombreux clandestins) vivent en France, première destination d'émigration, soit officiellement plus de 6 % de la population, dont au moins les deux tiers peuvent voter et briguer un mandat dans les deux pays. Rien n'empêcherait un citoyen binational d'être député à Tunis et maire en France, voire de siéger dans les deux Parlements. À l'Assemblée constituante tunisienne issue de la révolution, dix parlementaires sont élus de France, dont quatre membres d'Ennahdha, le parti islamiste leader de la coalition au pouvoir en cet été de 2013. L'Assemblée nationale algérienne compte quatre députés de France, dont une, qui avait demandé en vain, en tant que Française, l'investiture du parti socialiste pour les législatives dans le Puy-de-Dôme, m'a accordé un entretien.

Le consul général de Tunisie à Paris, membre d'Ennahdha, également citoyen français et courtier en assurances de profession, fut un des dirigeants du « Collectif des musulmans de France » et du centre *Tawhid* (unicité d'Allah). Cette organisation implantée à Saint-Denis y a construit un lobby islamique pour peser sur les

élections municipales. Mais le chef de l'État français arrive en
Tunisie à un moment crucial de basculement des révolutions,
où les islamistes sont en train de perdre du terrain, et son propos résonne singulièrement en France, premier pays arabe d'Europe. Dans l'Hexagone, on dénombre aujourd'hui davantage
de citoyens et de résidents français arabes que de nationaux au
Qatar, aux Émirats arabes unis, au Koweït et à Bahreïn cumulés.
   La visite de François Hollande a lieu après la destitution du président islamiste Mohamed Morsi au Caire, à la suite d'un gigantesque défilé populaire le 30 juin et au lendemain d'une reprise
en main par l'armée égyptienne le 3 juillet. Quant à la Tunisie,
elle a été choquée par l'assassinat, le 6 février, d'une importante
figure laïque, l'avocat Chokri Belaïd. Le tueur présumé, lié au
groupe salafiste djihadiste *Ansar al-Charia* (les partisans de la
loi islamique), détient la double nationalité franco-tunisienne.
Membre de la « filière islamiste des Buttes-Chaumont », il est né
et a grandi à Paris. Cette bande de copains de quartier, dont plusieurs avaient accompli le djihad en Irak dès 2005, s'était connue
à l'école publique. Qu'est-il advenu de ces enfants de la République et de l'Éducation nationale pour qu'ils finissent en terro-
ristes, que s'est-il passé au tournant du siècle dans ces vieilles rues
ouvrières ? Dans cette ancienne citadelle du prolétariat parisien
où la Commune de Paris souffrit ses derniers martyres ? Qui se
transforma ensuite en un haut lieu de l'immigration maghrébine
avant de devenir la place forte du mouvement ultraorthodoxe
juif des Loubavitch, fier à présent d'y avoir établi le lycée détenteur du meilleur taux de réussite au baccalauréat en France ?
   J'ai tout cela à l'esprit en ce 14 juillet lorsque j'entends le journaliste interroger le président sur sa phrase : « La France sait
que l'islam et la démocratie sont compatibles », qui lui revient
aujourd'hui en boomerang. Elle valait surtout à Tunis pour les
bons sentiments dont elle était pétrie : elle fut applaudie par les
constituants et appréciée par les dirigeants du parti Ennahdha.
Les uns comprirent que la civilisation islamique participait de
la civilisation universelle et partageait ses idéaux ; les autres
que l'islamisme politique devenait un interlocuteur crédible,
d'autant plus s'il avait remporté les élections. Je me demande

pourquoi le président a prononcé cette phrase étrange. La République laïque n'a rien à savoir sur l'islam et sa compatibilité ou non avec la démocratie — pas plus que sur celles du christianisme, du judaïsme, ou de l'hindouisme. Elle ne connaît que des femmes et des hommes, qui peuvent être musulmans, chrétiens et autres s'ils le désirent, et elle veille à ce que tout culte puisse se dérouler librement dans le respect de l'ordre public. C'est comme si, confronté à la traduction sur la scène sociale et politique de revendications religieuses et identitaires, le chef de l'État avait voulu dire quelque chose, qu'il n'est pas parvenu à exprimer.

« L'ascension du mont Ventoux »

Après avoir fermé ma tablette et repris le volant, j'arrive en vue du Ventoux « guidé uniquement par le désir de voir la hauteur extraordinaire du lieu », tel Pétrarque, qui remarque : « Cette montagne, que l'on découvre au loin de toutes parts, est presque toujours devant les yeux. » Lorsqu'il en accomplit l'ascension avec son jeune frère, le 26 avril 1336, le poète embrassait depuis le faîte le vaste paysage qui va des sommets enneigés des Alpes en passant par la baie de Marseille, le Rhône, le Languedoc, jusqu'aux contreforts pyrénéens. Cet espace qui se déployait sous son regard, ce monde méditerranéen « transcendant les frontières, les différences religieuses, les rangs sociaux et les professions », était fait pour que « toute une communauté transnationale collaborât, acceptât les règles et une discipline de l'esprit communes, et coopérât par le moyen de voyages, de rencontres et d'échanges de correspondance ». Ainsi l'académicien Marc Fumaroli définit-il le civisme de la république des lettres de la Renaissance, dont Pétrarque fut le Prince.

Je me rappelle une ascension du mont Ventoux dans ma jeunesse, un jour où je fréquentais, à son piémont dans le village de Bédoin, l'érudit Maurice Pinguet, l'auteur de *La Mort volontaire au Japon* — je devais relire ce livre bien des années plus tard, lorsque je tenterais de percer la logique des « opérations martyre », ou attentats suicides djihadistes, au tournant du siècle. J'en conserve un souvenir mythique : une incroyable peur au ventre, tant la montée était raide, les à-pics vertigineux, la végétation violemment contrastée, avant de parvenir à la cime blanchie parcourue par la bourrasque angoissante. J'imagine la torture des coureurs du Tour de France grimpant les pentes à 10 %. À mesure que j'approche, je remarque que des hordes de cyclistes en tenues fluorescentes envahissent la campagne, déparant les verts coteaux étagés plantés de vignes et de cyprès. Comme si, de l'Olympe des dieux du vélo gavés d'érythropoïétine, était descendue une myriade d'avatars répandus sur les routes vicinales. Des véhicules stationnent en désordre sur les bas-côtés, le parc automobile est ancien ; les plaques d'immatriculation antérieures à la réforme de 2009 révèlent les départements d'origine de leur propriétaire. La plupart sont venus de provinces lointaines pour communier dans la passion du Tour centenaire, assister au chemin de croix de leurs champions. Marcels, *tee-shirts* à larges bandes, shorts informes, bobs siglés d'une marque de pastis, marques de bronzage à mi-biceps. J'aperçois le panneau indicateur pour Bédoin avec nostalgie, tandis que j'arrive au départ de la route du mont, fermée par un cordon de gendarmes. Je ne referai pas l'ascension du mont Ventoux.

Pas plus que Pétrarque n'a vu Laure, je ne verrai Marion Maréchal-Le Pen accueillir au point culminant de sa circonscription le vainqueur de l'étape, le Maillot jaune anglais Christopher Froome. « Il-a-dompté-le-géant-de-Provence-à-une-vitesse-irréelle », hurle dans l'autoradio un commentateur sportif, évaluant le nombre de kilowatts que le coureur a émis au sommet. En tournant casaque, j'aperçois deux jeunes au visage rougi par le soleil qui tiennent une banderole tricolore : « Non au dopage ! Oui au vélo français ! » Je me fais la remarque que la foule des supporters est très « gauloise », et je ne sache pas qu'il existe de champion cycliste arabe.

Tombeau d'Albert Camus

Je suis attendu à Marseille par une association islamique qui m'a invité sur le Vieux-Port pour la rupture du jeûne de ce cinquième jour du ramadan, et l'après-midi est déjà engagée. Je mets cap au sud. La chaleur est accablante en ce 14 juillet. Je fais halte à Lourmarin pour un rafraîchissement et passe devant le restaurant Ollier. C'est là qu'Albert Camus avait l'habitude de prendre son petit déjeuner, après qu'il eut acquis aux alentours, au lendemain du prix Nobel de littérature en 1957, une ancienne magnanerie. Il y mit la dernière main à l'adaptation théâtrale des *Possédés* de Dostoïevski. C'est d'ici qu'il partit pour Paris, le 4 janvier 1960, dans la Facel-Vega FV3B conduite par son éditeur et ami Michel Gallimard. Et il fut enterré au cimetière de Lourmarin après leur accident de la route sur la nationale 6. En cette année 2013, nous fêtons, outre le centenaire du Tour de France, celui de la naissance de l'ultime écrivain français universel. On le célèbre en publiant une profusion d'essais critiques et en exhumant brouillons, carnets et lettres inédits.

Camus le pied-noir retrouva dans ce bourg provençal que lui avait présenté René Char parfums et paysages de son Algérie perdue. Celle-ci ayant sombré dans la guerre entre les Arabes et les Français, il ne pouvait plus y demeurer. Il mourut deux années avant l'indépendance algérienne de 1962. Je me demande s'il aurait pu survivre à ce démembrement tel qu'il advint. Si le destin qui mit un terme absurde à son existence sur une route de l'Yonne ne lui épargna pas la douleur insurmontable de l'arrachement définitif à Tipasa. Camus rêvait d'une Algérie où s'hybrideraient toutes les souches d'une nation composite, des Kabyles aux Européens en passant par les Juifs et les Arabes. Meursault — le protagoniste pied-noir de *L'Étranger* — a tué un Arabe : il est condamné par la justice, celle que le roman de Camus projette par-delà la domination coloniale, pour le meurtre d'un être humain.

La république des lettres méditerranéenne de Camus prolongeait au sud de la mer celle que Pétrarque avait embrassée du regard au sommet du mont Ventoux. Elle comprenait des écrivains et des journalistes, des gens de bonne volonté issus des deux rives. Ce métissage culturel là adviendrait ailleurs et plus tard dans un autre pays clivé, l'Afrique du Sud, après l'apartheid. Mais le FLN algérien et l'OAS française avaient eu soin d'éliminer physiquement tous les Mandela potentiels. L'air du temps durant la décennie 1960 était aux *Possédés* — ainsi du Sartre appliqué et féroce préfaçant *Les Damnés de la terre* de Frantz Fanon : « [I]l faut tuer : abattre un Européen, c'est faire d'une pierre deux coups pour supprimer en même temps un oppresseur et un opprimé : restent un homme mort et un homme libre. » Peut-être, un demi-siècle plus tard, l'un de ces « possédés » d'aujourd'hui, Mohamed Merah, avait-il croisé, à la communale de Toulouse, au hasard des morceaux choisis des livres de français dans lesquels lui apprenait à lire l'école de notre République métissée, la trace ensanglantée du pape de l'existentialisme.

Sur la tombe de Camus, au cimetière de Lourmarin qu'ombragent toujours d'immenses cyprès, un Algérien révolté vient déposer des fleurs, peu après sa mort. Il se nomme Saïd Kessal. En décembre 1957, il a interpellé à Stockholm le nouveau lauréat du prix Nobel, lui a demandé pourquoi il signait des pétitions en faveur des Européens de l'Est sous le joug communiste et jamais en faveur des Algériens opprimés par la France, puis l'a insulté. C'est cet échange envenimé que Camus conclut de sa fameuse phrase, tant citée : « J'ai toujours condamné la terreur. Je dois condamner aussi un terrorisme qui s'exerce aveuglément dans les rues d'Alger par exemple, et qui un jour peut frapper ma mère ou ma famille. Je crois à la justice, mais je défendrai ma mère avant la justice ! »

Kessal a été retrouvé par le biographe des *Derniers Jours de la vie d'Albert Camus,* José Lenzini. Il ne connaissait pas l'œuvre de l'homme qu'il avait houspillé. Il lut *Misère de la Kabylie* : « Par un petit matin, j'ai vu à Tizi Ouzou des enfants en loques disputer à des chiens kabyles le contenu d'une poubelle. » Ce reportage accablant avait paru pour la première fois en 1939 dans le journal progressiste *Alger républicain* : « Ce fut un choc pour le Kabyle que je suis ! » Kessal chercha à en retrouver l'auteur :

« Je suis allé voir Jules Roy, qui m'a dit qu'il venait de se tuer en voiture. Alors je suis descendu à Lourmarin et j'ai déposé des fleurs sur sa tombe. »

Marseille, capitale de la rupture

J'ai traîné à Lourmarin. Quand j'arrive à Marseille, le crépuscule va tomber sur la ville. Je risque d'être en retard pour la rupture du jeûne du ramadan dans la cité la plus algérienne de France. J'ai rendez-vous au coin du Vieux-Port, près de la place aux Huiles et du Bar de la Marine de *Marius*. Il faudra y accéder à pied. Les quais ont été interdits à la circulation, dans l'attente de la foule qui vient voir le feu d'artifice de la fête nationale, tiré à partir de barges ancrées dans le chenal de navigation. Est-ce l'affolement dû à ma course contre la montre tandis que le disque solaire plonge dans la mer au-delà du viaduc de l'Estaque, embrasant de rouge la palette bleutée de Cézanne et de Braque ? Je rate la bifurcation de sortie de l'autoroute pour rejoindre mon hôtel proche du Vieux-Port.

Je suis perdu dans le dédale de rues mortes des quartiers nord. Leur population maghrébine les a désertées pour couper le jeûne à domicile ou dans les *chorba* pour tous des nécessiteux, la soupe populaire, à l'entour des dizaines de mosquées qui, la nuit tombée, s'empliront de fidèles pour les prières surérogatoires du mois sacré. Les boulevards vides sont longés de façades décrépies d'usines et d'entrepôts désaffectés dont les enseignes peintes de couleurs passées témoignent de l'impact de la crise économique qui ravage Marseille. Les immeubles d'habitation vétustes ont des volets de fer rouillés, les paraboles s'accrochent aux balcons, uniformément orientées vers les satellites arabes. Les kebabs, où le mot *halal* en arabe et en français figure sur la devanture en gros caractères, sont fermés pour respecter l'interdit du jeûne. Il n'y a plus âme qui vive.

De temps à autre, un retardataire en djellaba blanche, calotte vissée sur la tête, des sandales en plastique aux pieds, s'engouffre dans l'embrasure d'une porte, les bras lestés de sacs à provisions. Tout rappelle les grandes villes d'Algérie au moment du ramadan, jusqu'au paysage urbain dégradé commun aux quartiers populaires des deux rives de la Méditerranée. De Tlemcen à Oran, Alger, Bougie ou Constantine, on circule toujours entre des façades édifiées à l'époque des départements et territoires de l'Algérie française — les anciens numéros 91 à 94 pour les départements, ultérieurement réaffectés à la région parisienne, auxquels s'ajoutait le 99 pour les territoires —, décor figé et poussiéreux d'une pièce dont la distribution a changé. Dans mon errance, je traverse la sinistre « rue de Lyon » aux murs pulvérulents, qui monte vers la mairie de secteur. C'est aussi dans une « rue de Lyon », mais à Belcourt, quartier pauvre d'Alger, qu'Albert Camus vécut sa triste enfance durant l'entre-deux-guerres, dans le dénuement du trois-pièces où il se serrait avec son frère, sa mère veuve et son oncle, sous la férule de la terrible grand-mère Sintès.

Dans *L'Étranger*, c'est un appartement de fiction inspiré de celui-ci qu'habite Meursault, voisin du souteneur Raymond Sintès, instrument du drame qui noue l'intrigue, le meurtre de l'Arabe par le principal protagoniste. Dans ces deux rues de Lyon, sur les rives africaine et européenne de l'ancien empire méditerranéen de la France, la dégradation du parc immobilier a suivi des pentes parallèles. Et de l'une à l'autre passent aujourd'hui, poussés par les vagues récursives de la misère, les clandestins qui tentent leur chance au nord de la mer, les *harraga*. Ce terme arabe signifie « ceux qui ont brûlé » : leurs vaisseaux, mais aussi leurs papiers pour rendre difficile leur expulsion s'ils étaient arrêtés. Les derniers venus ont profité du relâchement révolutionnaire pour fuir au péril d'un naufrage la Tunisie, par Lampedusa, et atteindre la cité phocéenne, cette Mecque du Maghreb contemporain.

Je demande mon chemin en arabe à un groupe de rares jeunes qui traînent à un carrefour. Ils s'avèrent des blédards de Sfax ou de Ben Gardane, des « garçons du Jasmin » dont le patois lesté d'intonations berbères m'est malaisé à comprendre. À peine débarqués en Europe, ils ignorent presque tout de Marseille et ne me sont d'aucune aide pour m'orienter. En les quittant, il me revient à l'esprit la scène qui ouvre *Le Bûcher des vanités*, lu quand j'enseignais à New York, au milieu des années 1990. Le héros du roman de Tom Wolfe se trompe de sortie dans les méandres des voies rapides depuis l'aéroport Kennedy pour se rendre à Manhattan et s'égare nuitamment dans le Queens. Affolé par les dangers et les crimes qu'il prête au ghetto, il renverse un passant avec sa voiture et prend la fuite, *hit-and-run* prétexte à l'intrigue qui noue ce *best-seller* international de la fin du siècle dernier. Mais l'arabisant que je suis, ce bipède à sang froid et au cuir épais, a parcouru impavide tant de contrées dévastées au sud et à l'est de la Méditerranée que je me sens sur mon territoire dans les faubourgs septentrionaux de Marseille.

Sans heurter quiconque, je finis par en sortir et arriver au quartier Euroméditerranée, une enclave de bâtiments neufs ou d'immeubles rénovés à grands frais en bord de mer pour ramener les classes moyennes vers la Canebière. Le projet de la municipalité consiste à reconquérir l'« hypercentre » de la ville, colonisé par les taxiphones *discount* pour le Maghreb et les cafés maures conjugués au masculin pluriel qui disputent les devantures aux fripiers et aux chausseurs bon marché, sous les façades lépreuses semées des macules grisâtres des paraboles. Moult tours et détours dus à la médiocre signalisation me font traverser et retraverser la frontière invisible entre Europe et Afrique du Nord, plonger dans un tunnel, ressortir sur une voie rapide surélevée. Côté rénové, je ne vois plus de noms de rues en français ; il n'y a d'autres indications urbaines que des sigles américains ou acronymes de banques, d'hôtels de luxe, de compagnies d'assurances dont les *buildings design* et vides sont marqués par la roséole des lettres de néon.

Le quartier « Euromed » est voué aux gémonies par les groupes gauchistes locaux ainsi que par les associations de soutien aux travailleurs immigrés et aux clandestins expulsés des îlots vétustes par les opérations immobilières. Il a fourni sa matière au clip de *Marseille, capitale de la rupture*, qui détourne le slogan municipal « capitale européenne de la culture » décliné sur tous les panneaux d'affichage :

J' reconnais plus ma ville
Je ne reconnais plus ma rue
Où est mon centre-ville ?
Celui d'avant a disparu ! [...]
Où est passée la ville du bled ?
Paraît que ce temps est révolu
Capitale de la culture europ'&haine
Si c'était une blague c'est sûr qu'on ne l'aurait pas cru
Marseille redessinée par Euromed
Venu chambouler toute la culture de la ville
L'écart se creuse
Ressent
La frac'ture
Qui s'ouvre !
[Refrain :] *Marseille !*
Capitale de la rupture !

La rappeuse Keny Arkana, qui l'interprète sur un tempo endiablé, en mangeant ses mots, a été comparée à Édith Piaf. Môme de l'ère postindustrielle, elle est née des pérégrinations argentines d'une mère gréco-italienne. Enfant fugueuse, déscolarisée, placée en foyer, son visage émacié est encadré par un bandana comme il sied aujourd'hui dans les quartiers populaires où prévalent les codes vestimentaires islamiques. « En plus, avec ma tête de Rebeu, je me mangeais toutes les insultes racistes. Il y a aussi ceux qui ne comprenaient pas pourquoi je ne parlais pas arabe, et à qui il fallait que je justifie que j'étais Argentine », déclara-t-elle à *Libération* qui fit de la trentenaire survoltée l'égérie hip-hop de l'altermondialisme.

Je finis par trouver l'accès de l'hôtel Intercontinental, fortin avancé d'Euromed dans les ruelles vétustes du Panier. J'y laisse le véhicule et cours à la rupture du jeûne, me frayant un chemin sur les quais du Vieux-Port à travers la foule des badauds venus du sud de la métropole pour assister au feu d'artifice. Une sono chauffe l'ambiance en diffusant « Jump ! » l'hymne de l'*ohème* — l'Olympique de Marseille. Le foot local est orphe-

lin de Zinedine Zidane, enfant des quartiers nord, élevé à la cité
de la Castellane, héros préféré des Français lors du *Mundial* de
1998, il y a quinze ans, quand la nation s'enthousiasmait pour
le grand récit de l'intégration. Aujourd'hui, la Castellane est
notoire comme haut lieu du trafic de drogue.

« *Iftar* » sur le Vieux-Port

Un escalier éclairé au néon mène à une salle sans apprêt
au premier étage d'un immeuble populaire. Je suis franche-
ment en retard et me confonds en excuses. Mes hôtes, qui
ont déjà presque achevé leur repas, ne s'en formalisent pas.
Dans la culture bédouine où naquit l'islam, au gré des aléas
du nomadisme, l'absence de ponctualité bénéficie d'une large
indulgence. Ils me font reprendre aimablement à son début
le rituel de l'*iftar* (qu'on nomme plus couramment *ftour*, dans
les dialectes maghrébins). Quelques dattes, un verre de lait
caillé, des salades (je reconnais les produits sous vide prédé-
coupés de la grande distribution), un plat corsé de viande de
mouton, des pommes et des bananes — pourtant c'est le temps
des fruits d'été, et j'ai célébré le melon cantaloup de Pernes-
les-Fontaines à midi. Comme s'il y avait un décalage entre le
menu standardisé et universel, immuable, d'un mois islamique
du calendrier lunaire, qui recule chaque année d'une dizaine
de jours, et les mets changeants de fêtes saisonnières propres
aux religions et croyances enracinées dans la glèbe d'un pays
tempéré — l'agneau pascal, la dinde de Noël, voire la citrouille
de Halloween.

Foin de cassis, de bandol, de côtes-du-lubéron ou de pastis
dans cette venelle du Vieux-Port où Bacchus et le grand Pan
sont morts. On me propose pour arroser le repas des sodas
pétillants venant d'Algérie, saturés de sucre comme le Pschitt
qu'enfant je buvais sans modération pendant les années 1960.
Ils sont conditionnés dans des bouteilles en plastique dont les
liquides déclinent un nuancier de teintes fluo, jaune citron,

orange vif, et ce vert sinople du commerce, chargé en colorant
E142, interdit dans de nombreux pays, car il est connu pour
provoquer hyperactivité, asthme, urticaire et insomnie.

La conversation se déroule en un mélange de français et de
divers parlers arabes. Les Rebeus de souche nés dans les mater-
nités de la Timone ou de l'hôpital Nord ne s'expriment qu'en
français, avec un très fort accent marseillais typique des quartiers populaires, mais assaisonnent leur propos d'un *Insh'Allah !*
(qu'Allah le veuille) propitiatoire ou d'un *Ma sha Allah !* (c'est
la volonté d'Allah) itératif. Les blédards mêlent un des idiomes
maghrébins à du français plus ou moins abondant et articulé
— sur un nuancier qui va du *r* roulé francarabe jusqu'aux
consonnes voisées du provençal — en fonction de l'ancienneté
de leur immigration. Une étudiante voilée, qui a fait son lycée
en Algérie, où l'enseignement secondaire a été défrancisé à
marches forcées, s'applique à s'adresser à moi exclusivement
en arabe littéraire. Auparavant, elle a expliqué à la cantonade
en un cocktail de dialecte constantinois et de verlan français
qu'elle m'a entendu parler en arabe à la télévision tunisienne
Nessma TV (très suivie en Algérie et, *via* la parabole, par les
Algériens de France) le mois dernier, quand je m'étais rendu à
Tunis pour y présenter *Passion arabe*.

— [Elle, en arabe littéraire :] *Vous savez, Sidi Gilles, ce
sont mes parents qui m'ont appelée depuis le bled ! Ils m'ont
dit : « Regarde ce monsieur qui parle arabe sur Nessma, c'est
incroyable, c'est un* Gaouri [terme maghrébin signifiant
« infidèle », d'où, dans l'usage, « Européen »] *!» Et c'est
vrai, c'était étonnant, je n'avais jamais entendu quelqu'un parler
arabe comme vous : vous panachiez l'arabe littéraire, le dialecte
égyptien, le syro-libanais, et même deux ou trois mots de tunisien !
Tous les arabes en même temps ! C'était très amusant !*

— [Moi, commençant en arabe littéraire, y mêlant de
l'égyptien, puis passant au français :] *Oui, c'est comme une
salade composée : il y a de la tomate égyptienne, du concombre
syrien, du piment libanais... et même un peu de couscous ! C'est
vrai, c'est le seul arabe que je sois capable de parler, un arabe à la*

fois universel et particulier, puisque c'est moi qui fais le dosage !
Mais si ça vous a fait rire, c'est l'essentiel.

La conversation roule alors sur les révolutions arabes. Avec
son accent marseillais à couper au couteau, mon voisin prend
la parole d'autorité. Je comprends qu'il est aide-soignant dans
un hôpital :

> *Ces « révolutions », entre guillemets, vous y croyez, vous, un*
> *professeur ? Je vais vous dire la vérité,* Insh'Allah *: tout ça,*
> *ce sont des complots pour détruire le monde arabe, parce qu'il*
> *devenait trop puissant, pour le ramener à l'âge de pierre ! Vous*
> *avez vu où on en est, après deux ans et quelques de ces « prin-*
> *temps », comme ils disent à la télé — d'ailleurs vous remarquerez*
> *qu'ils n'utilisent même plus le mot, c'est devenu une galéjade, ils*
> *n'osent plus ! Regardez ce qui se passe en Libye ! Comme ils étaient*
> *riches sous Kadhafi ! On en avait des Libyens, qui venaient se*
> *faire soigner ici, c'était un bonheur comme ils étaient généreux !*
> *J'ai fait une formation dans un hôpital chez eux, à Benghazi !*
> *Aujourd'hui, il est foutu, ce pays, on ne sait même pas s'il existe*
> *encore, d'ailleurs ! Et qui est-ce qui l'a détruit ? Qui a envoyé les*
> *Rafale et les Mirage ? La France, qui ne supporte pas que les*
> *Arabes soient puissants. Tout ce qu'elle veut, c'est notre pétrole !*
> Ma sha Allah !

On enchaîne sur la situation des Arabes en France. Le locu-
teur précédent, toujours très en verve, dénonce l'« islamophobie », dans laquelle il veut voir un complot de même nature que
l'attaque de la Libye par Nicolas Sarkozy... et Bernard-Henri
Lévy : empêcher la réussite des Arabes et des musulmans, leur
fermer systématiquement les portes. L'étudiante voilée qui
s'adressait à moi en arabe littéraire exprime désormais ses griefs
en français :

> *C'est scandaleux ! Si je n'ai pas eu de bourse pour ma thèse,*
> *c'est à cause de l'islamophobie. Ça, c'est sûr !*

Elle entreprend d'expliquer à l'universitaire que je suis les détails de sa non-attribution, qui ne me permettent guère de tirer spontanément les mêmes conclusions qu'elle. Je l'interroge pour savoir pourquoi elle n'a pas fait de demande de bourse au pays dont elle a la nationalité, l'Algérie gazière et pétrolière, rentière florissante. Elle me répond tout naturellement en arabe pour me faire comprendre qu'elle n'a pas les bons pistons (*wasta*). Situation dont elle ne paraît pas s'offusquer.

Après nous être tous congratulés, vient l'heure de nous séparer. La plupart vont rentrer chez eux, dans les quartiers nord, et n'assisteront pas au feu d'artifice. Je sais que l'islam le plus rigoriste fait défense à ses adeptes de célébrer les fêtes des infidèles, car elles mènent à adorer leurs faux dieux. Pour les salafistes, la nation, sa commémoration, son drapeau sont des « idoles ». Mais c'est sans doute pour d'autres raisons que mes commensaux ne souhaitent pas traîner dans la foule. On me raccompagne jusqu'à la rue, accolade entre hommes, pas de bise avec les femmes, certaines seulement échangent des poignées de main. En me voyant descendre vers le Vieux-Port, l'un des convives m'avertit :

Temshi [tu vas] *à la fête* dia *les Français ?* Balak [fais gaffe à] *ton portefeuille, et si tu as la chaîne en or, bézef des voleurs !*

Feu d'artifice au Lacydon

J'ai rendez-vous à la mairie pour profiter du spectacle avec les invités du premier magistrat, Jean-Claude Gaudin. Mais le bâtiment est situé de l'autre côté du bassin du Lacydon, nom grec originel du bassin du Vieux-Port, et la foule est serrée comme sardines en caque. Je vais de nouveau courir derrière le temps. Je me rappelle soudain que le César, le « ferry-boîte » de *Marius* barré par Escartefigue, a été remis en service entre la place aux Huiles et l'hôtel de ville en mai dernier. Énième tentative subventionnée par la municipalité pour valoriser une identité marseillaise et touristique. Voilà qui me permettrait de parcourir rapidement les 283 mètres de ce trajet mythique. Et je ne suis jamais monté à bord de la célébrissime navette amphidrome :

> *Un bateau qui a une hélice à chaque bout, c'est un bateau qui marche toujours à reculons. Il n'a pas d'avant ton bateau. Il a deux culs. Et toi ça fait trois !*

Cette réplique de Panisse à Escartefigue me fait toujours rire, depuis que je l'ai jouée au collège il y a presque un demi-siècle. Je cherche l'embarcadère, devant le fameux Bar de la Marine, entre les pontons désormais protégés par d'énormes grilles aux épais barreaux garnis de pointes acérées et surmontés de barbelés — les navires de plaisance étaient fréquemment « visités » avant cet équipement digne de la Banque de France ou de la frontière entre Israël et la bande de Gaza. Mais je rate encore mon rendez-vous avec l'histoire : le ferry n'est pas en service ce soir, peut-être parce qu'il risquerait de couler si la foule se précipitait soudain à son bord pour voir de plus près le feu d'artifice. Ou de brûler si une flammèche lui tombait dessus, réduisant en cendres le legs de Pagnol. Je me dis qu'après tout quelques-uns des traits de ses personnages revivent chez les acteurs de l'*iftar* du Vieux-Port. César rebeu, Fanny voilée. *Buffa e dramma.*

La pétarade se déclenche, suivie des premières explosions du ciel marseillais, quand je suis toujours à fendre la multitude devant le café La Samaritaine, pointe avancée d'Euromed sur le quai. Une famille musulmane qui affiche sa piété, mère bâchée et enceinte dont seul l'ovale du visage émerge des tissus qui la recouvrent, gants noirs tenant la poussette, mari barbu en djellaba, petits aux yeux écarquillés devant les prouesses de la pyrotechnie, a enfreint les interdits de l'islam rigoriste contre la participation aux fêtes des mécréants, fascinée par le spectacle. Dans la presse, je trébuche sur la poussette et me confonds en excuses au *pater familias* :

> — *Smahli… ana mouta'assif* [pardonnez-moi, je suis désolé] *! Ramadan karim* [joyeux ramadan] *!*

— *Makash moushkil* [pas de problème] *! Ça va ! Ramadan Moubarek* [ramadan béni] *!*

Les bouquets de feu trouent la nuit provençale de leurs étoiles incandescentes : les fusées vertes au bore et au salpêtre, surtout, sont saisissantes. Mais peut-être valent-elles d'abord pour la beauté du site qu'elles éclairent par intermittence : Notre-Dame-de-la-Garde, le Pharo, le fort Saint-Jean, derrière lequel se love le Mucem flambant neuf. J'ai visité au début du mois ce Musée des civilisations de l'Europe et de la Méditerranée, censé faire renaître Marseille — à la manière du Guggenheim à Bilbao — par la culture dont elle est la « capitale européenne » (et immobilière) cette année, recevant ainsi une manne de subventions bruxelloises. J'ai eu le privilège de parcourir la prodigieuse arborescence de la façade en béton fibré à ultraperformance avec Rudy Ricciotti, l'architecte prolixe, technicien et chaleureux. Remarquant que toutes les inscriptions étaient trilingues, en français, anglais et arabe — la première occurrence de l'arabe littéraire sur un monument public marseillais —, j'ai demandé à celui-ci si le nom du musée avait aussi été choisi pour son assonance avec l'arabe *moucem*. Ce mot signifie « saison » et, par extension, désigne les fêtes populaires liées aux saisons et à la glèbe, comme le culte des saints patrons et des santons que fustige le salafisme, dont les adeptes dynamitent les mausolées au Maghreb depuis la survenue des révolutions arabes. Il m'a dit l'ignorer, et j'ai eu l'impression que ma question ne lui semblait pas très pertinente.

Le hasard a voulu que j'assiste à deux spectacles pyrotechniques dans des lieux extraordinaires à moins d'un mois d'intervalle, alors que je n'en avais pas vu depuis des années. Au cours d'une des « nuits blanches » de Saint-Pétersbourg, le 22 juin, où l'on m'avait invité à l'occasion d'un forum, j'ai été ébloui par la performance des feux d'artifice tirés sur la Neva, devant la somptueuse façade néoclassique du musée de l'Ermitage, ce Louvre russe souhaité par le tsar Pierre le Grand quand le goût français était l'instituteur du monde. Dans notre Hexagone d'aujourd'hui, la pyrotechnie est désormais sous étroite surveillance policière, la vente des fusées pour feux d'artifice lancées par des mortiers a été réglementée. En effet, lors des émeutes dans les quartiers dits sensibles, elles ont été parfois utilisées contre les forces de l'ordre ou les pompiers, occasionnant de graves blessures.

« *Escherichia coli* »

Le feu d'artifice s'achève. J'ai enfin atteint l'hôtel de ville en jouant des coudes, et je présente mon carton d'invitation à un Noir athlétique qui me plaque contre les barrières de sécurité afin que je ne gêne pas le cortège qui s'avance dans la nuit en rangs serrés pour gagner au plus vite le bar où l'attendent champagne et petits-fours. En tête, le premier magistrat Jean-Claude Gaudin, soixante-treize ans, en fonction depuis dix-huit. *Gaudinosorus phoceus*, comme le surnomme la presse, est suivi de ses obligés et de la masse des pique-assiette, que le dialecte politique marseillais appelle « gamelards ».

J'avais eu l'occasion de passer plusieurs heures à côté du maire, à deviser de Marseille, de sa population arabe et de l'islam, ainsi que du Moyen-Orient. Nous étions assis ensemble dans l'avion d'Air France qui m'emmenait en Israël et Palestine à la mi-mars 2011, pour le voyage qui ouvre mon livre *Passion arabe*. Je garde le souvenir d'un édile affable. Il se rendait à Haïfa, ville jumelée avec la cité phocéenne, qui comporte une communauté juive influente dans les urnes, comme les Arméniens, les Grecs et demain, s'ils parvenaient à s'organiser, les Maghrébins. Mais ils restent divisés par d'infinies *chikayas* entre Arabes et Berbères, Kabyles et Chaouis, Algériens et Marocains, chacun contre son frère et tous contre leur cousin. Sans compter la clientélisation par les « viandards », ces agents électoraux qui font voter des cages d'escaliers entières contre rémunération.

Ce printemps, pour la première fois, un procès retentissant a démonté ce mécanisme qui pervertit le cœur de la vie politique marseillaise. Une députée socialiste des quartiers nord a été lourdement condamnée pour trafic d'influence. Avec elle, comparaissaient et sont tombés quelques « viandards », « dirigeants d'associations » maghrébines *ad hoc*, au but social fictif, financées par le détournement des deniers publics. Malgré l'ampleur de la tricherie ainsi dénoncée, la candidate du « système » ne l'avait emporté que de 699 voix sur son concurrent Stéphane Ravier, le dirigeant du Front national dans la deuxième ville de France, avec qui nous avons réalisé un entretien.

Je suis fasciné par ces hommes politiques qui, dans pareille ambiance délétère, ont somatisé les pressions extraordinaires, la tension permanente, dont ils constituent le réceptacle ultime. Jean-Claude Gaudin est de ceux-là. En dépit de la touffeur de cette soirée qui n'en finit plus, il est vêtu d'un costume noir, qu'égayent une chemise rayée rose et une cravate mauve. Pendant notre voyage vers la Terre sainte, il avait plaisanté sur sa corpulence, qui l'empêchait d'utiliser la tablette devant lui pour le plateau-repas, par un *hénaurme* « Je suis trop gros ! » rabelaisien. Cette nuit, son dos semble faire un arc de cercle, comme celui d'un atlante qu'écrasent la fatigue de l'heure et de l'âge, et le poids de cette cité à la dérive. Pourtant, il procède avec une incroyable légèreté, en danseur et, malgré l'épuisement, il a le regard rieur et vif d'un Dionysos. Ce cortège qui se hâte pour boire serait-il la réminiscence d'un thiase bachique, avec ses ménades et ses satyres, parcourant ce même chemin, en bordure de l'antique Lacydon, il y a deux mille six cents ans, lorsque les Grecs fuyant Phocée d'Anatolie fondèrent Marseille ?

Bien sûr, le maire ne m'a pas vu, plaqué par le vigile colossal contre la barrière de sécurité, et je ne vais pas l'importuner parmi ses administrés. Il a d'autres soucis que le souvenir d'une conversation avec un orientaliste dans un avion. Car je l'ai entendu, il y a quelques jours, dans les médias, s'emporter outragé contre le « Marseille *bashing* » (qu'il prononçait *bashing-gguéu*) à cause des réactions dans le reste de la France à une affaire qui a mal tourné, à quelques encablures de l'hôtel de ville, plage des Catalans.

Située derrière le Pharo, au-delà de la frontière ethnico-sociale de la Canebière qui sépare les quartiers nord et sud, cette anse de sable où les femmes se baignent la poitrine dénudée se trouve juste au-dessous d'un des principaux centres névral-

giques du « système » marseillais, le Cercle des nageurs. C'est
dans son restaurant de luxe que se traitent, en ces lieux propices
à l'entre-soi, bien des grands *deals* entre notables et mafieux
qui ont mis la cité en coupe réglée et l'ont précipitée dans le
déclin. Renaud Muselier, qui fut président de l'Institut du
monde arabe, promu dauphin du maire puis rejeté par celui-ci
(et qui m'a accordé un entretien), fait une description ahurissante d'une scène qui s'y déroula entre lui et un entrepreneur
local contrôlant la collecte des ordures. Il la relate dans un cha-
pitre du livre engagé qu'il publia en 2011 sur sa mise à l'écart
suite à la collusion contre nature qu'il dénonçait entre le maire
et son adversaire socialiste, *Le Système Guérini*. Vu de la plage en
contrebas, le Cercle ne laisse rien deviner de sa magnificence,
des cotisations élevées qu'acquittent ses membres : murs de
béton grisâtre, poutrelles piquées par la rouille marine. On se
croirait sur la corniche décatie d'Alexandrie à l'ère Moubarak.

La plage porte le nom des Catalans en souvenir d'une communauté de pêcheurs venus de Catalogne et établie dans les
parages. En était issue la belle Mercedes, l'amour de jeunesse
de l'Edmond Dantès d'Alexandre Dumas, qui la courtise sur son
sable en 1815. Mais le capitaine de navire est victime des machi-
nations du système marseillais de la Restauration, dont l'amal-
game entre malversation financière et arbitraire politique
semble s'être maintenu à l'identique jusqu'à aujourd'hui. On
pourrait calquer les visages de quelques-unes des figures hautes
en couleur dont les photos alternent entre la une du quotidien
La Provence et ses pages de chronique judiciaire sur les personnages du *Comte de Monte-Cristo*. Nos contemporains sont les
enfants des comploteurs et des bandits de Dumas, des Cade-
rousse, Danglars, Fernand, du procureur corrompu Villefort,
qui fait embastiller Dantès au château d'If, dont les murailles
se détachent sur la mer dans le chapelet d'îles devant la plage,
mémento de pierre de la turpitude locale. C'est dans ses
geôles qu'Edmond la décrypte, grâce à son codétenu, l'abbé
Faria. Évadé, porté disparu, parti en Orient, puis ressuscité sous
les traits du comte de Monte-Cristo, il est le chevalier blanc d'une
Marseille putride qui a vicié les mœurs civiques jusqu'à Paris, et

dont il confond les coupables — au bras de son nouvel amour, la jeune orientale Haydée, qu'il a sortie de la servitude et qui lui donne la force d'accomplir son destin.

Je songeais, en contemplant les eaux troubles des Catalans, au pied du Cercle des nageurs, plus tôt dans ce mois de juillet, à l'étonnante percolation entre la légende noire de la Marseille d'aujourd'hui et la trame rocambolesque dont le prolifique romancier mulâtre composa le récit visionnaire. Qu'avait-il voulu signifier en faisant sourdre d'Orient, personnifié par le sang neuf d'Haydée, le mouvement de la rédemption, de la régénération d'une ville pervertie par la porosité entre intérêts privés et publics ? J'avais cherché à descendre sur la plage pour humer l'esprit du lieu, mais le drapeau violet de la pollution maritime flottait, valant interdiction. Les jours précédents, les prélèvements avaient montré une invasion d'*Escherichia coli,* la bactérie que contiennent les germes fécaux. Un premier examen en établit la provenance dans des latrines du Cercle des nageurs, en surplomb de la plage. Malgré une intervention sanitaire, la pollution ne fit que s'aggraver dans les jours suivants, atteignant quinze fois les normes autorisées. Le club nautique huppé de la bourgeoisie marseillaise réagit à la clameur populaire par la loi du silence, qualifiée d'« omerda » par *La Provence*, tandis que la malheureuse plage se voyait rebaptisée « Cacatalans » par les minots.

À peine rouverts et nettoyés des excréments dont l'élite de la cité avait souillé les flots turbides, les Catalans furent le lieu d'une sorte de *ghazou* (razzia) dont l'ahurissante violence frappa les esprits dans tout le pays. Le 8 juillet, une bande de « jeunes » avait fondu sur son sable, franchissant la frontière symbolique de la Canebière. Sur les plages du nord, où l'affluence rappelle certains jours d'été le littoral balnéaire algérois, les femmes ne s'exposent pas seins nus. Quelques-unes se seraient aventurées dans l'eau entièrement vêtues ou en « maillot de bain islamique », le *burkini* fabriqué en Turquie qui couvre intégralement corps et cheveux à la manière d'une combinaison de plongée. Les esprits facétieux du cru ont surnommé « Apocalypse Now » cette rumeur de substitution graduelle des normes salafistes aux règlements de baignade.

Les poitrines féminines offertes aux regards firent-elles basculer dans la démence ces jeunes qui avaient investi les Catalans en cette veille du mois de ramadan ? Suite à une « embrouille » avec un couple dont le bébé recevait du sable dans les yeux, un maître-nageur CRS s'interposa et somma les perturbateurs de déguerpir. Ils se saisirent alors du fonctionnaire et le précipitèrent dans l'eau, maintenant sa tête appuyée pour l'asphyxier, brusquement ensauvagés, au milieu des cris des baigneurs trop effrayés par ce déchaînement de violence en réunion pour se risquer à intervenir, mais filmant la scène sur leurs téléphones portables. L'irruption d'un autre policier, qui aspergea de gaz lacrymogène la mêlée, vida rapidement la plage dans la confusion. Elle sauva *in extremis* la victime d'une mort certaine, et des suspects furent arrêtés, notamment dans le quartier du Panier où ils avaient trouvé refuge.

Tous les symboles que charriait cette violence — parce qu'elle constituait aussi une transgression des frontières d'une ville fracturée et révélait aux yeux de tous l'ampleur effarante des clivages — assurèrent à l'événement un retentissement national. Il advenait quelque trois mois après l'agression des voyageurs dans un train de banlieue à Grigny par une autre « bande de jeunes ». Dans le débat public, la criminalité redevint le stigmate marseillais par excellence, mêlant crise économique et sociale, replis identitaires et communautaires, et putréfaction d'un système politique incapable de produire une élite à la hauteur des enjeux. Exception marseillaise, ou signe avant-coureur d'un effondrement du pays tout entier selon ces lignes fractales ? Premier mis en cause, le maire répliqua en adoptant une posture de victime propre à sauver l'honneur perdu de sa ville, vitupérant sur les ondes le « Marseille *bashing* ».

« *Marseille la kalash* »

En parcourant à pied les centaines de mètres qui séparent la mairie de mon hôtel, après l'extinction des feux de la fête nationale, je quitte l'espace sécurisé par les vigiles pour le Panier, paradis des « arracheurs de colliers » qui seront revendus dans les souks de l'or outre-Méditerranée. Les malfrats appellent cette pratique d'une effroyable violence la *zal'a*, qui signifie « arrache » et désigne le vol à la tire dans le patois de l'Est algérien. Peut-être passera-t-il en argot français standard, comme le terme romani *čorav*, qui a donné notre « chourave », ou le *scippatore* siculo-napolitain notre « chipeur » à l'arraché. Le guetteur crie *zal'a* ! pour alerter ses complices, qui fondent sur leur proie — ignorante de la signification de ce terme dialectal — dès lors qu'il a repéré chaînette ou gourmette en métal précieux. Les victimes — personnes âgées et femmes pour la plupart — sont précipitées et traînées à terre, d'autant plus brutalement si l'agression a lieu en scooter, et s'en sortent tuméfiées au mieux, traumatisées toujours.

Le réalisateur Karim Baïla a tourné sur ce drame habituel un documentaire au Panier, diffusé à la télévision. Les jeunes arracheurs, filmés visage flouté, y brandissent fièrement les maigres liasses de billets de 50 euros que leur donnent les receleurs pour leur forfait. Certains les dépensent immédiatement, d'autres iront prendre le vert au bled, où ils se tiendront à carreau, « parce que là-bas, ça ne rigole pas avec la police ». Interrogé sur les risques qu'ils font courir aux victimes, l'un d'eux, qui semble mineur, invoque « le destin » — *mektoub*. Tous les interpellés du raid sur les Catalans étaient aussi des mineurs.

Je n'exhibe ni gourmette ni bijou, et n'ai sur moi que peu d'argent liquide. J'ai laissé mon portefeuille et ma montre à l'hôtel, anticipant l'avertissement prodigué au sortir de l'*iftar*. Un homme valide dans la force de l'âge se faufilant dans la nuit ne constitue pas la cible la plus aisée pour les chipeurs en vespa. Je me remémore un entretien que j'ai mené avec la maire et sénatrice socialiste des XVe et XVIe arrondissements, Samia Ghali. Native des quartiers nord, fille de l'immigration des Aurès (Chaouis), elle avait défrayé la chronique en exigeant l'intervention de l'armée, y compris là où elle avait grandi, pour endiguer l'épidémie de règlements de comptes née du trafic de drogue.

La veille, j'avais assisté à la prière du vendredi dans la cité de Fontvert, un haut lieu du *deal*. L'imam, un fonctionnaire religieux de l'État algérien, avait exhorté les centaines de fidèles, jeunes pour la plupart, serrés dans le rez-de-chaussée aménagé d'une barre de HLM, et massés sur les allées en plein air adjacentes, à respecter leur femme, pilier du foyer musulman. Comme aux États-Unis dans les ghettos noirs, le nomadisme sexuel des hommes est un drame qui déstructure les cités, où l'autorité paternelle a cédé la place à celle des caïds. Bien des pères disparaissent au bled ou ailleurs après avoir laissé seule avec les enfants la concubine, ou la femme qu'ils ont épousée grâce à un simple « mariage halal », dépourvu de valeur juridique en France, et dont ils se délient sans conséquence pour leur irresponsabilité.

J'avais remarqué dans les casiers à chaussures à l'entrée de la salle de prière, parmi la profusion des baskets et des babouches, quelques paires de souliers de luxe qu'affectionnent les caïds, et les TN requin noir et gris que se payent les trafiquants après avoir empoché leur thune. Le soir même de ce vendredi de mars, non loin du lieu de culte, un jeune avait été puni du supplice du « barbecue » : criblé de balles puis enfermé dans le coffre d'une Clio abandonnée à laquelle on avait mis le feu. Âgé de dix-neuf ans, il se prénommait Nabil. Un an auparavant, il avait joué dans le clip du rappeur Kalif Hardcore, *Marseille la kalash*. Il y tenait le rôle d'un petit « charbonneur » (revendeur) qui trahissait les trafiquants en braquant leur « nourrice » — incarnée par sa propre mère — pour voler le stock de drogue et l'argent que celle-ci cachait chez elle. La maman et son fils avaient déclaré avoir participé au film pour dénoncer la situation des cités. L'acteur Nabil se faisait ensuite enlever par le gang lésé, assassiner dans un terrain vague et arroser d'essence. Le scénario de son exécution avait d'abord nourri la fiction d'un clip, mettant en images les paroles de *Marseille la kalash*. Il bascula dans la réalité l'année d'après :

> *Règle numéro trois : être le gibier pas la proie*
> *Jamais suivre le* sheitan [satan]*, s' laisser guider par la foi*

Marcher vers la mort en Gucci pour y aller en Birk
Effrite encore un boot *chic pour oublier le cirque*

Tandis qu'on découvrait le cadavre carbonisé de Nabil, au matin de ce samedi de mars, la gendarmerie mobile s'était déployée en masse dans les cités les plus chaudes du nord, selon une stratégie planifiée depuis Paris après la cascade d'informations tombées sur la violence à Marseille. Elle perturberait ainsi les réseaux commerciaux, menaçant sans doute les remboursements, ce qui se traduirait par une augmentation prévisible des « barbecues ». Nabil fut la cinquième victime de règlements de comptes liés au trafic de stupéfiants en 2013, on a atteint la douzaine le 14 juillet. L'entretien avec la sénatrice-maire, le lendemain du drame, fut interrompu par des appels du ministre de l'Intérieur Manuel Valls en personne, du préfet de police et de nombreux responsables des forces de l'ordre. Depuis lors, il ne s'est pas passé un mois sans que la guerre des gangs n'endeuille Marseille et ne ruine sa réputation.

J'arrive à l'hôtel. Installé dans l'ancien Hôtel-Dieu entièrement rénové, situé sur une élévation, il a fière allure. Il est entouré de hautes grilles, que l'on ne franchit qu'après un filtrage de sécurité par des vigiles athlétiques au crâne rasé équipés d'oreillettes, qui vérifient que l'on est bien client de l'établissement, contrôlent identité et numéro de chambre. Autant dire que la convivialité est difficile dans le lobby, déserté à cette heure. L'accès me rappelle les hôtels de luxe du Moyen-Orient transformés en forteresses par crainte des attentats depuis le début de cette décennie où ont prospéré al-Qaida et ses émules.

Il est 23 h 58. Je m'effondre sur le lit quand mon téléphone portable retentit, affichant « numéro inconnu ». Une voix féminine, jeune, décline sur le mode interrogatif mes prénom et nom. Je réponds prudemment :

— *Hmm ?*
— *Pourriez-vous me dire ce que vous savez sur al-Qaida ?*
— *C'est une plaisanterie ? Qui êtes-vous ?*

— [Un patronyme que j'ai oublié] *de la chaîne de télé…* [nom de la chaîne]. *On annonce la mort d'un otage français au Mali, j'ai besoin de faire un sonore en urgence sur al-Qaida !*
— *Mais, Mademoiselle, il est minuit, et je ne connais pas grand-chose au Mali…*
— *En fait, je ne sais pas qui vous êtes. J'ai trouvé votre nom sur le* listing *« terrorisme » de la rédaction. Est-ce une erreur ?*
— *Oui, c'est une erreur. Effacez mon nom, s'il vous plaît. Bonne nuit.*

Je me lève à 4 heures pour prendre la route à 5 heures, direction Montpellier. J'y enregistre une émission de radio matinale en préparation de la leçon inaugurale des « Rencontres de Pétrarque », que j'ai été invité à prononcer l'après-midi. Elle portera sur la guerre et la paix dans le monde arabe.

Perdition et rédemptions

Incarner le peuple souverain

La 7ᵉ circonscription des Bouches-du-Rhône est emblématique des « quartiers nord » de Marseille. C'est ici que la sénatrice et maire de secteur Samia Ghali a appelé l'armée à la rescousse d'un État dont les institutions civiles sont impuissantes devant les caïds de la drogue. Par-delà la violence spectaculaire des règlements de comptes liés au trafic, qui font les gros titres de la presse locale et nationale, interpellent Paris, contraignent à dépêcher sur place ballets de ministres et pelotons de gendarmerie mobile, le phénomène gangrène toute l'économie et l'organisation sociale des cités. C'est également dans ces quartiers en déréliction que l'islam, religion d'une grande proportion des habitants, apparaît comme un régulateur. Comme toute croyance, elle peut contribuer à remettre de l'ordre ici-bas en prônant l'obéissance aux injonctions venues du Très-Haut, ménager quelques accommodements raisonnables — ou non — entre charité et criminalité, mais aussi prêcher la rupture avec les valeurs terrestres.

Sur ces territoires en perdition de la République, les valeurs réfutées par les zélotes les plus ardents sont celles de la laïcité. Ils la disqualifient en incriminant sans mal le bilan calamiteux de l'État dans des cités où la citoyenneté s'est estompée, pour y substituer des normes d'un autre ordre, qui vont de la foi du « charbonneur » à un salafisme exacerbé. À l'autre extrémité du spectre politique, le Front national pèse d'un poids croissant dans ces arrondissements populaires. Ses candidats, dans les trois circonscriptions législatives des quartiers nord de Marseille, qui incluent l'hypercentre vétuste, ont obtenu entre 30 % et 50 % des voix, manquant de justesse de l'emporter dans l'une d'elles. Si ces suffrages se recensent d'abord chez les électeurs les plus âgés et de souche européenne, le Front n'en fait pas moins une percée jusque chez certains jeunes votants, voire des candidats, d'origine maghrébine dont le discours recoupe le sien sur un certain nombre de valeurs exprimant le rejet du « système ».

Le devenir de ces territoires questionne l'avenir de la société française et de son idéal même de nation, mué en otage du destin des cités. Celles-ci ne s'agrégeraient-elles plus à l'économie du pays qu'en le pourvoyant en stupéfiants, contribuant d'autant plus à sa déliquescence morale ? Seraient-elles prises dans une dérive culturelle centrifuge, une allégeance croissante à des identités de rupture ? Ou, au contraire, une nouvelle forme de civilité y est-elle en gestation, à travers tous les obstacles, qui s'inscrit dans la tradition si profondément française de l'intégration conflictuelle des classes populaires immigrées à la patrie ? Une histoire dont Marseille a été l'un des principaux creusets lors du siècle écoulé, avec ses Italiens, Espagnols, Arméniens, Grecs, Juifs — sans oublier les Corses — précédant les flux contemporains en provenance d'Algérie, du reste du Maghreb, de l'Afrique et des Comores.

La capitale du Sud a connu les soubresauts du milieu et de ses crimes, a exhibé au monde les plaies de la *French Connection* : hyperviolence et trafic de drogue n'y datent pas d'hier. Mais c'est l'ambivalence de tous les grands ports. Marseille a servi de sas au pays tout entier pour absorber des millions de migrants venus du sud et de l'est de la Méditerranée. Ces immigrés devaient se fondre avec leurs descendants dans le peuple français, selon une alchimie dont la pierre philosophale, ou *al-iksir* (l'élixir), d'après son étymologie arabe, est à chercher quelque part dans les quartiers nord.

En juin 2012, vingt postulants se disputaient la 7ᵉ circonscription, soit une des plus fortes concentrations de candidats — et près du double de la moyenne nationale — pour un siège de député parmi les 577 à pourvoir dans tout le pays. Un apparent paradoxe pour qui se serait laissé persuader que les quartiers populaires ont délaissé la vie politique… La moitié de ces candidats sont issus de familles venant de pays musulmans. Le second tour, où la participation ne dépassa guère 45 %, fut gagné par le socialiste Henri Jibrayel, avec 62,34 % des voix, contre le candidat du Front national qui rassembla plus du tiers des suffrages, pratiquement sans avoir fait campagne. Au premier tour, quinze des candidats n'avaient remporté que moins de 1 % des voix. Pourquoi avaient-ils voulu concourir, alors que leurs chances d'être élus étaient si minces ? Qu'avaient-ils souhaité exprimer à titre personnel, ou au nom des associations, des communautés dont ils se réclamaient ? Par-delà leur ambition d'incarner le peuple français souverain, certains avaient-ils d'autres motivations plus immédiates, liées à des marchandages en vue des prochaines échéances municipales ou à des manœuvres obscures dont le « système » marseillais est coutumier ?

Nous avons rencontré huit de ces candidats ou leur suppléant, ainsi que Samia Ghali, la sénatrice des Bouches-du-Rhône et maire des XVᵉ et XVIᵉ arrondissements, qui recoupent l'essentiel de cette 7ᵉ circonscription législative. Le député socialiste Henri Jibrayel est d'extraction libanaise ; le candidat du parti écologiste EELV, Karim Zéribi (21,62 %), et la suppléante du candidat du Front de gauche, Houaria Hadj-Chikh (11,62 %), sont issus de familles qui viennent d'Algérie, la seconde ayant aussi été sollicitée — sans y déférer — pour se présenter aux élections législatives dans ce pays. À l'exception de l'ancien militaire Claude Nassur, qui, avec 1,82 % des voix, a réussi à mordre dans l'électorat comorien, dont il est originaire, les autres « petits candidats », Nabil Kadri, Ayette Boudelaa, Maurad Goual et Zoubida Meguenni, tous d'ascendance algérienne, n'ont pas atteint 1 %. C'est aussi le cas du dentiste Salim Laïbi, soutenu par l'humoriste Dieudonné et le polémiste Alain Soral, seul à refuser tout entretien avec notre équipe.

Ils sont âgés d'une quarantaine d'années, sauf le député, sexagénaire. La plupart se définissent comme cadres, à l'exception
d'une ex-commerçante et d'un entrepreneur. Ce dernier, Maurad Goual, dont le parcours a croisé l'UMP, se distingue en se
réclamant des valeurs de la droite modérée dans une circonscription où celle-ci est absente : elle a abandonné le terrain au Front
national. Ce dernier a fait le plein des urnes dans les « noyaux
villageois », comme on appelle les anciens bourgs, serrés autour
du clocher de l'église vide ou fermée, Saint-André, Saint-Henri,
Saint-Antoine, Saint-Louis, Notre-Dame-Limite... Y vivent surtout
les populations issues des immigrations antérieures, provenant de
l'Europe du Sud, plus âgées que celles des cités qui les encerclent
d'une ceinture de barres de béton scandées de tours, hérissées
de paraboles. Tous les candidats que nous avons rencontrés ont
eu un itinéraire associatif ou militant. Il leur a permis d'être au
contact quotidien de jeunes en difficulté, dans ces quartiers dont
le caractère massivement juvénile forme un contraste frappant
avec le reste de notre vieux pays. Et c'est de cet engagement
auprès d'une jeunesse globalement en marge de la société française qu'ils se revendiquent pour expliquer leur participation, la
première pour la plupart d'entre eux, à des élections législatives.

Samia Ghali face au fléau de la drogue

Le bilan le plus sévère et retentissant de la situation de
Marseille-Nord, qui regroupe, outre la 7ᵉ circonscription législative, les 3ᵉ et 4ᵉ voisines, et s'étend démographiquement
jusqu'au centre-ville, a été dressé par la sénatrice et maire de
secteur Samia Ghali. En soulignant les ravages de l'économie
de la drogue, en faisant appel à l'armée pour l'éradiquer, elle
a dramatisé les termes du débat de société — le dépaysant sym-
boliquement au sud de la Méditerranée.

C'est en effet dans l'Algérie d'où est originaire cette fille
d'une famille FLN que l'institution militaire a repris d'une
main de fer les affaires publiques, durant la décennie 1990,

pour mettre fin à la guerre civile en éliminant les Groupes islamistes armés. Et pendant le déroulement de notre enquête, au cours de l'été 2013, les officiers égyptiens ont rendu le pouvoir à l'état-major sur les bords du Nil, après une grosse année d'intermède révolutionnaire suivie d'un an de gouvernement islamiste. Y avait-il une résonance de ces mœurs politiques dans les termes martiaux de la sénatrice-maire ? Furent-ils compris comme tels par trafiquants et délinquants qui se mettent habituellement au vert sur l'autre rive après un coup dur ou pour fuir la police française, et où les familles désespérées expédient aussi les toxicomanes pour tenter un sevrage ?

Ces propos, dont la crudité tranche avec le discours policé de notre classe politique, qui craindrait en les tenant d'alimenter la rhétorique du Front national, lui ont valu une grande notoriété médiatique pendant l'année 2013, accompagnant sa candidature aux primaires socialistes pour affronter Jean-Claude Gaudin en mars 2014 à la mairie de Marseille. Ils ont agacé les membres du gouvernement, appartenant comme elle au parti socialiste, car ils paraissaient en incriminer par contraste la mollesse. Et ses mots furent d'autant plus percutants et remarqués qu'ils étaient prononcés sur les écrans de télévision par une jeune élue de gauche issue de l'immigration algérienne et née au cœur des quartiers nord dans un bidonville (résorbé dans les années 1980).

En 2008, lorsqu'elle accéda, à quarante ans, aux fonctions de maire de secteur et de sénatrice dans la foulée, elle ne manqua que de deux places le statut de benjamine de la Haute Assemblée. Elle est aussi la première Arabe maire d'une grande ville, même si le « XV-XVI », avec sa centaine de milliers d'habitants, n'est qu'une cité *de facto* et appartient de droit à la commune de Marseille. En outre, la télégénique « Samia », comme on appelle sur son territoire l'enfant du pays, conjugue sur le petit écran charme mauresque et gouaille pagnolesque, ce qui donne à son verbe un accent de sincérité, de « parler-vrai », cassant la langue de bois de politiciens devenus inaudibles par inefficience ou duplicité.

Le 13 octobre 2013 au soir, cette vedette des médias qui a su labourer son terrain récoltera ce qu'elle a semé en finissant

en tête du premier tour de la primaire socialiste, à la stupé-
faction des stratèges de Paris qui avaient favorisé la ministre
Marie-Arlette Carlotti. Dans les quartiers nord, la participation
battra des records, avec des bureaux de vote où elle recueillera
entre 50 % et 60 % des voix, noria de minibus et mobilisation
des rabatteurs à l'appui. On assistera à des explosions de fierté
et de joie au pied des barres et des tours, peut-être pour la
première fois dans leur histoire lors d'un scrutin français, et
non d'un match de l'équipe de football d'Algérie. Le dimanche
suivant, elle fera plus que doubler le nombre de ses suffrages du
premier tour, une dizaine de milliers d'électeurs, parmi lesquels
beaucoup n'ont jamais mis de bulletin dans une urne, et dont
certains feront prévaloir l'identification ethnique sur l'engagement socialiste. Elle arrivera trois mille voix derrière le député
du Panier, Patrick Mennucci, qui recueillera le désistement des
autres candidats — et à qui elle reprochera de bénéficier du
soutien du gouvernement. À défaut d'être maire, Samia Ghali,
avec ses électeurs, contribuera à *faire*, à n'en pas douter, l'élection municipale de Marseille.

Pour l'heure, ce samedi, elle m'accorde un long entretien dans
son bureau de maire de secteur. Le mur est orné du portrait de
l'ancien élu de la circonscription, l'intellectuel communiste Guy
Hermier, le seul mentor qu'elle se reconnaisse en politique, et
pour lequel sa famille a toujours voté tant qu'il vivait. Elle enra-
cine dans la guerre au trafic de drogue son premier engagement
militant. On était alors dans les années 1980, pendant la décennie Mitterrand dont la légende rose magnifie la « Marche des
Beurs » de 1983 pour l'égalité et contre le racisme, tandis que
sa légende noire s'entache de l'invasion des cités par l'héroïne.
Celle-ci frappa entre autres des militants associatifs sombrant
dans la désespérance après leur échec à entrer en politique.
Ils se retrouvèrent cantonnés dans le folklore d'un antiracisme
dont les concerts black-blanc-beur et la petite main jaune de
« Touche pas à mon pote » profitaient en définitive à l'appareil
d'un parti socialiste dont ils se sentaient rejetés.

En 2013, on célèbre le trentième anniversaire de la « Marche
des Beurs » — qui a démarré dans cette circonscription — par

un film à sa gloire. Financé par les deniers publics sans trouver son public, il a brouillé la commémoration consensuelle de l'événement à cause des paroles d'un rap de la musique du film qui réclame « un autodafé contre ces chiens de *Charlie Hebdo* », incriminés pour avoir blasphémé l'islam par leurs caricatures en couverture du magazine. Les malentendus et les frustrations qui en sont issus restent récurrents jusqu'à aujourd'hui dans la mémoire collective des cités :

> *Les années de drogue, malheureusement, c'est ce qui m'a poussée vers la politique. À l'époque, dans les années 1980, ce fléau battait son plein dans les quartiers. Il y avait les copains, qu'on retrouvait devant la cage d'escalier où ils avaient fait une overdose. Les pompiers qui venaient et vous disaient : « Il est majeur, s'il ne veut pas venir avec nous, il n'y a pas obligation. » Ils ajoutaient : « S'il se refait un* shoot, *c'est terminé... » C'était très compliqué, avec beaucoup de problèmes sociaux à la clé. Tellement compliqué même qu'on ne peut pas le raconter. En fait, on vivait avec ça, et moi je me battais.*
>
> *Quand vos enfants sont dans un tissu social établi, protégé, même s'ils fument un joint, c'est une chose. Quand ils grandissent dans des cités délabrées, avec tout ce qui va avec, la misère intellectuelle et sociale, c'est plus difficile. J'ai vu le démarrage : on fume un joint, deux, trois, puis on passe à dix, et ensuite à la coke, enfin à l'héroïne. Voilà :* le junkie *parfait. Dans les cités, il n'y avait que des* junkies, *tous mes collègues* [camarades, dans l'usage marseillais], *plus des trois quarts !*

Le fléau de la drogue ne touche pas seulement les individus, il déstructure aussi les familles de l'intérieur, parce que les enfants soit en sont victimes, soit participent au trafic. Le paradoxe veut que, face à l'inconsistance de l'État français lorsque le phénomène a pris de l'ampleur pendant les « années Mitterrand », le retour en Algérie des toxicomanes soit apparu comme leur planche de salut — un signe de l'interpénétration des deux sociétés de part et d'autre de la Méditerranée :

C'est dur d'avoir un enfant drogué : à lui seul, il peut détruire une famille entière ! Tout tourne autour de sa vie. Il lui faut de l'argent, à manger, parce qu'un drogué, ça paraît bête, mais ça mange beaucoup. Dans des familles sans argent, j'ai entendu des mères dire : « Quand j'achète du poulet, j'en prends un pour dix et un autre pour celui qui se drogue ! » Il fallait être dedans pour le voir !

Mais on se retrouvait seuls dans ces situations. Les pouvoirs publics nous abandonnaient. Les années Mitterrand, pour la drogue, c'était : « Débrouillez-vous ! » Devant la violence, on restait enfermés dans un cercle vicieux. Parce que qui dit drogue dit violence, car pour acheter de la drogue il faut voler. Les policiers disaient : « Tant que ce sont des drogués, des Arabes, des Noirs qui meurent... » On dit la même chose à présent : tant qu'ils s'entre-tuent...

Ceux qui s'en sont sortis sont ceux qui sont partis en Algérie ! Un de mes « collègues » a été renvoyé au bled ; il y est resté deux ans, c'était la seule façon de réussir son sevrage.

Samia Ghali est entrée en politique au milieu de cette décennie, en 1985. Elle est née le 10 juin 1968, le jour où les événements de mai connurent leur premier mort, le lycéen marxiste-léniniste Gilles Tautin, noyé dans la Seine en fuyant la police après une action de commando devant l'usine Renault de Flins. Une rencontre a été cruciale pour son destin : sa professeure de français et d'histoire-géographie, dont le mari était secrétaire de section du parti socialiste, qui remarqua le dynamisme de la jeune fille.

Dès l'âge de dix-sept ans, elle a milité au parti, auquel elle apportait une énergie et une voix issues de l'immigration qui détonaient par rapport au vieil appareil. Et pas question pour elle de jouer la Beurette de service : elle serait élue pour représenter ceux qui sont inaudibles, quitte à mettre les pieds dans le plat. Pour elle, à présent, le problème le plus urgent à régler, vu des quartiers dont elle est l'élue, c'est la jeunesse :

La France va exploser. Sa jeunesse est malade, et moi, je suis inquiète. On en arrive à un stade où des jeunes sont capables de tuer la personne avec qui ils ont mangé la veille, un ami. Ils tuent pour 10 000 euros, pour 5 000 euros ! Dans les familles normales, quand on a des enfants en pleine crise d'adolescence, on tâche de les comprendre, de les suivre ! Dans les quartiers, on les ignore. Ils n'ont personne pour s'occuper d'eux. Il y a aussi l'échec scolaire. On a ghettoïsé leurs écoles ; ce ne sont plus des écoles ! Quand vous avez 99 % de Noirs, d'Arabes, de Gitans ensemble, ce n'est plus une école, c'est une garderie ! Aujourd'hui, dans la cour de récréation, ils jouent à faire le chouf *[le guet] !*

La foi du « charbonneur »

Devant une telle déréliction de l'institution scolaire que l'univers de la drogue a pénétrée, la mosquée est apparue comme l'espace de sens alternatif. Mais les normes qu'elle énonce peuvent aussi s'y voir détournées, et des accommodements s'y établir avec l'économie parallèle :

J'étais avec des petits-cousins, des étudiants, qui me parlaient d'un jeune, un petit voyou : « Ah, mais il fait quand même la prière, il va à la mosquée ! » Je leur ai répondu : « Mais ça ne l'empêche pas de faire le voyou ! C'est facile : on vole, on tue, et on se paye une virginité en faisant la prière ! »

C'est dans pareil contexte que les trafiquants ont mis en place tout un système par lequel ils se substituent aux institutions de la République :

Aujourd'hui, les dealers *font du social ! Ils donnent pour la mosquée, pour les fêtes. Ils organisent même parfois eux-mêmes des fêtes de quartier. Ils ont remplacé les services publics...*

La veille du rendez-vous avec la sénatrice-maire, avant de rejoindre la mosquée de la cité Fontvert pour y assister à la prière en congrégation du vendredi, je suis passé par la cité où elle a vécu, où se déroulent les scènes qu'elle m'a décrites. Elle

porte le nom bucolique et chrétien de « Campagne-Lévêque »,
souvenir doublement effacé. C'est la plus grande barre de
France, un monstre de 275 mètres d'un seul tenant, construite
en quelques mois en 1957. Dans le quartier, le *look* hip-hop mis
à la mode par les séries américaines cultes — baskets, survêtement, capuche, casquette de base-ball, parfois jeans trop large
qui tombe sur le caleçon — y côtoie les marqueurs de l'islam :
enseignes halal, port du voile et pantalons raccourcis au-dessus
des chevilles qu'affectionnent quelques salafistes à la barbe surabondante, moustache et crâne rasés.

À l'entrée des cages d'escalier, des jeunes rôdent de-ci de-
là, désœuvrés en apparence, mais qui forment l'extrémité
visible des tentacules de la « bicrave », le trafic de stupéfiants
qui étouffe les cités. Ce sont les « chouffeurs » — de l'arabe
dialectal maghrébin *chouf* (regarde, mate) —, parfois encore
enfants, et les « charbonneurs », à peine adolescents, qui vont
au contact du client pour identifier ses besoins : résine de can-
nabis (*chichon* ou *zlata*) et autres types de drogues plus toxiques :
héroïne (*rabta*), cocaïne (*0.9*), selon la spécialité pour laquelle
chaque cité est notoire.

Lorsque Samia Ghali a été élue au Sénat, en 2008, ses premiers invités dans l'hémicycle du palais du Luxembourg furent
les habitants de la cité Bassens où elle était née, aujourd'hui
tout autant ravagée par le trafic de drogue et la violence que
Campagne-Lévêque, où elle avait grandi par la suite. Ils venaient
y présenter leur livre *Bassens : chronique d'une cité particulière*. Elle
se remémore la réaction de l'un d'eux :

> *Mais Samia, comment veux-tu que ces gens pensent à nous*
> *quand ils sont ici, avec toutes ces dorures, toute cette beauté ?*
> *Même moi, si je suis là, j'oublie tout !*

À Bassens, comme dans les autres cités de Marseille, ce sont
des villages entiers des régions les plus pauvres de l'Algérie qui
ont immigré, avec leurs hiérarchies sociales traditionnelles, vers
la France qu'ils avaient parfois combattue les armes à la main et
qui leur donnait du travail en métropole. De cette ambivalence

politique et psychologique nous ne sommes pas vraiment sortis, un demi-siècle plus tard, quand il n'y a plus de travail à fournir aux enfants et aux petits-enfants de ces immigrés de la guerre d'indépendance.

Aujourd'hui, les jeunes ne sont plus dociles à cette autorité archaïque évanouie, ruinée par la misère et la violence qui ont permis aux caïds du trafic et aux imams salafistes de supplanter les bachagas et les chérifs des Aurès. Mais dans ses années de formation, dans les décennies 1970 et 1980, Samia Ghali restait protégée par la *baraka* de son aïeul, « un peu chef du village », au foyer duquel elle vivait :

> *Pour me rendre à la Poste ou à la Sécurité sociale et aider mon grand-père non francophone, je traversais la « terre rouge »* [tarab el-ahmar], *une terre polluée par la production de bauxite et par l'exploitation industrielle qui avaient précédé la construction de la cité.*

Les Chaouis, ces Berbères arabisés des montagnes des Aurès, haut lieu de la guerre d'Algérie, sont l'ethnie maghrébine dominante dans le peuplement marseillais. Cela contribua au « gros respect » dont elle bénéficia dès sa jeunesse et qui l'aida à combattre l'emprise de la drogue comme à développer la forte personnalité qui est la sienne.

Zoubida Meguenni :
la « Marche (funèbre) des Beurs »

Candidate dans cette même circonscription, Zoubida Meguenni est conseillère municipale et responsable associative. Elle qui connut ses premiers engagements politiques dans les années 1970 situe l'arrivée de la drogue à la fin de cette décennie, après que la crise économique eut détruit les emplois ouvriers et l'encadrement des quartiers populaires par les syndicats et le parti communiste :

Il ne faut pas l'oublier, nos pères travaillaient ! Je ne partage pas la référence aux pères chômeurs de la génération d'aujourd'hui. C'est ce qui explique que la drogue fasse tant de ravages dans les quartiers : il n'y a plus, au niveau économique, de père. Nos pères étaient des ouvriers. Il y avait à l'époque des syndicats forts, des associations de locataires, des communistes qui géraient...

J'ai même pu grandir dans un milieu assez « culturel » : on avait la Maison pour tous, avec le comédien et dramaturge Jacques Allaire, un ancien révolutionnaire qui avait aidé l'Algérie, essayé de passer des armes pour la libération algérienne. Et puis la drogue est arrivée, dans les années 1979-1981. J'ai vu beaucoup de jeunes, des ados, mourir d'overdose ou de s'être injecté sans le savoir de l'héroïne coupée avec de la mort-aux-rats.

La candidate aux élections législatives de 2012 conserve le souvenir de l'événement qui a déclenché la « Marche des Beurs », et a eu lieu dans la circonscription qu'elle espérait représenter à l'Assemblée nationale :

Le premier jeune des quartiers tué par des policiers l'a été chez moi, à la Busserine. Il s'appelait Lahouari Mohamed, il avait seize ans, c'était il y a trente ans. On a accroché une plaque commémorative à son nom la semaine dernière. Je n'avais pas dix-huit ans à l'époque. On avait attendu le soir, puis ça avait été comme aux Minguettes, dans la banlieue lyonnaise : des voitures renversées, brûlées. Quand les CRS étaient venus, les jeunes les avaient défiés. Mohamed était le petit frère d'un ami. Ça s'était passé au cours d'un contrôle de police. Le policier était jeune, lui aussi, il n'avait pas mis la sécurité à son arme, et il avait tiré à bout portant.

Avant ce drame, on avait déjà fait de petites manifs, mais là, tout d'un coup, on a vraiment pris conscience des inégalités, et je me suis engagée. Ça a été un fait marquant dans mon histoire, cette « Marche des inégalités » partie de Marseille, de la Busserine, avec le prêtre Christian Delorme et le jeune Toumi Djaïdja. On militait dans le tissu associatif, on s'organisait pour partir en colonies, on faisait ses devoirs pour passer le bac. On était issus de familles nombreuses, les éducateurs essayaient de nous aider. À seize ans, j'encadrais déjà des gamins, et je voyais la réalité par les yeux de ces enfants. C'était la bonne époque !

Ayette Boudelaa et le stigmate des « origines »

Ayette Boudelaa, candidate sous l'étiquette « écologiste indépendante », a été « commerçante de proximité ». Elle possédait une boutique de vêtements haut de gamme dans la circonscription. Voulant témoigner par sa personne même qu'il y a place pour un acteur économique florissant dans un quartier défavorisé, elle impute à sa parfaite urbanité avec les jeunes des cités la prospérité de son négoce.

Au cours de notre entretien, elle décrit précisément les tenants et les aboutissants de la contre-société qu'érige le trafic, mais s'insurge contre la stigmatisation dont celui-ci fournit le prétexte lorsqu'on l'accole abusivement aux identifiants de la « diversité ». Elle oppose la génération de ses parents — « arrivés dans les années 1950, tellement reconnaissants à ce pays qu'ils se sont pliés aux droits et aux devoirs, et totalement fiers d'y appartenir, même si c'est ce pays qui les a sollicités pour avoir de la main-d'œuvre à moindre coût » — et les immigrés des années 1970, débarqués au pire moment : aux premiers jours de la crise. Ceux-ci sont « venus sans aucun outil pour les accompagner vers une bonne intégration, permettre de leur faire découvrir leurs droits, et surtout leurs devoirs, afin de mieux éduquer leurs enfants » :

Je rencontre beaucoup de familles qui ont perdu des enfants assassinés au bas de leur immeuble, et qui me disent : « On se sentait perdus, on n'arrivait plus à les tenir. » Ces familles vivent dans des quartiers dont on dit aujourd'hui qu'ils sont des zones de non-droit, où vous ne pouvez pas entrer comme vous le voulez, et où les dealers ont pris la main et appâtent les gamins de dix ou douze ans avec quelques billets. Ces enfants ont des grands frères qui ont parfois réussi leurs études, obtenu des diplômes, mais toujours ont été discriminés et se retrouvent au chômage ou doivent travailler au fast-food. *En voyant ce qui arrive à leurs frères, ils préfèrent quitter l'école et gagner 50 ou 80 euros par jour en faisant le guet au coin de la rue.*

Souvent, ils grandissent dans une famille monoparentale, avec la maman seule, qui se lève parfois à 4 heures du matin pour aller faire des ménages et est livrée à elle-même pour élever quatre, cinq, six enfants ! Et les enfants se disent : « Au moins, je vais pouvoir soulager maman, remplir le réfrigérateur, l'aider à payer le loyer. Je vais faire aussi comme mes collègues, m'acheter une belle paire de baskets, des baskets de marque. » Moi qui suis aujourd'hui mère de cinq enfants, grand-mère de sept petits-enfants, je remercie le Bon Dieu d'avoir pu les élever honnêtement.

Mais je me dis que, tôt ou tard, mes enfants ou mes petits-enfants risquent de se trouver dans la situation de ces jeunes. Je ne veux pas me voiler les yeux et me réveiller un jour en me disant : « Qu'est-ce que tu as fait pour améliorer leur avenir avant d'être rappelée à Dieu ? » Voilà ma vision, la raison pour laquelle je m'engage et veux continuer le combat.

Pour cette candidate, la mention de la diversité et des origines constitue un stigmate dont il n'est fait usage qu'en cas d'échec social. Selon elle, il faut considérer d'abord ces jeunes comme français, qu'ils aient sombré dans la galère ou vivent une *success-story :*

Si vous réussissez, que ce soit en politique, en économie ou dans la finance, les médias mettent en avant votre réussite en tant que Français. Par contre, si vous êtes trafiquant, délinquant, on va dire que vous vous appelez Mohammed, Karim ou Mamadou. Comme en ce moment, avec la crise économique, il y a de plus en plus de gens qui vont voler, ou arracher le sac d'une vieille dame pour récupérer 20 euros et pouvoir s'acheter à manger, forcément, on parle majoritairement de ces gens-là. Et la peur de l'étranger, de l'autre ne fait que s'attiser. C'est un Français lambda qui a fait une bêtise et qui doit payer. Il faut arrêter de parler de ses origines.

Henri Jibrayel : « Tout le monde aime sa ville »

Le vainqueur du scrutin, Henri Jibrayel, a une vision beaucoup plus nuancée de l'état de la circonscription dont il est l'élu. Il me reçoit dans sa permanence, sur le littoral côtier du noyau villageois de l'Estaque qui inspira Cézanne, et dont les murs sont ornés de grands portraits de lui-même et d'images qui évoquent les paysages de Marseille et du Liban. Il rappelle que, « dans toutes les grandes villes portuaires, il y a toujours eu de la délinquance, un milieu traditionnel, que certains appelleraient une mafia ». Mais il note que, par contraste, il n'y a plus ni codes d'honneur, ni hiérarchies dans la criminalité actuelle, une évolution dont il a été le témoin pour avoir vécu toute sa vie à Marseille. Pour autant, il proteste contre la description du territoire qu'il représente à l'Assemblée comme un « État de non-droit » :

> *Comment faire pour régler tous les problèmes de délinquance et de drogue ? Dans certaines cités, les réseaux drainent des centaines de milliers d'euros par jour. Un jeune de treize ou quatorze ans peut aller faire le* chouf *pour 130-140 euros. Qui pourrait lui proposer quelque chose d'équivalent et honnête ? Cela dit, on n'est pas non plus dans un système de caïdat, pas encore, avec des cités où on ne pourrait plus pénétrer. Qu'on arrête de stigmatiser les cités. Sinon, à force, on se trouvera confronté à des gens qui diront : « On est stigmatisés, on est dans un État de non-droit ! »*

Le député plaide pour l'exceptionnalité marseillaise et attribue sa réélection à la qualité du travail social accompli. Il se réfère aux émeutes d'octobre-novembre 2005, qui avaient ravagé les quartiers défavorisés de la France entière sauf ici, mais sans évoquer l'analyse noire selon laquelle le calme était dû à l'emprise des caïds soucieux de ne pas troubler les fructueux flux commerciaux du trafic de drogue sur leur territoire :

> *Ce qui me permet de dire que Marseille est récupérable est l'exemple d'octobre 2005, quand toute la France s'est enflammée, sauf Marseille. La différence avec les autres villes vient de ce que, quand on est dans le XIVe, le XVe ou le XVIe arrondissement, on a l'impression d'être en banlieue, alors qu'on est au cœur de la ville. Et les Marseillais de toutes origines (je suis d'ascendance libanaise), tous les Marseillais sont fiers de leur ville, aiment leur ville. Il est de ce fait plus difficile de lancer une émeute, de casser, comme on le voit dans certaines communes autour de Paris, en Île-de-France.*

La 7e circonscription a fait l'objet d'une compétition électorale féroce où presque tous les coups étaient permis. De notoriété publique, les relations entre ces camarades socialistes que sont le député et la sénatrice-maire, qui a déposé plainte au pénal contre celui-ci pour menaces, et ce dernier contre elle pour diffamation, demeurent exécrables. Henri Jibrayel et son principal rival à gauche, Karim Zéribi, député européen et président de la Régie des transports marseillais, ancien footballeur et chroniqueur dans l'émission de forte écoute « Les Grandes Gueules » sur RMC, se sont accusés réciproquement des pires dérives clientélistes, chacun incriminant l'autre d'être l'agent d'un « système » corrompu et occulte qui gangrène Marseille.

Quant aux « petits candidats » que nous avons rencontrés, ils sont presque unanimes pour les dénoncer tous deux comme porteurs du dévoiement des pratiques électorales et fossoyeurs de la démocratie. Enfin, chacun des deux challengers reproche à ces derniers d'être manipulés par son adversaire afin de lui grappiller des suffrages parmi les votants issus de l'immigration. De fait, il n'a manqué à Karim Zéribi que quelques centaines de voix pour passer la barrière du premier tour, d'autant qu'il n'avait pas atteint 12,5 % des inscrits à cause de l'importante abstention.

Henri Jibrayel, le député réélu, décrit la campagne à grand renfort d'images, achevant ses propos en tirant de la poche de sa chemise un santon de saint Maron — le saint patron des maronites libanais, la confession de sa famille — à qui il offre un baiser de propitiation :

> *La raison de la multiplication des petits candidats est toute simple : comme je suis en délicatesse avec certaines personnalités du parti socialiste, d'aucuns ont dû considérer que l'éparpillement des voix aiderait à me faire perdre. On peut traverser un champ de pâquerettes et en écraser un milliard. Mais si, au milieu du champ, on trouve un arbre centenaire ou tricentenaire, un chêne mélangé à un cèdre, il faut six hommes de deux mètres de haut et munis de haches pour l'abattre ! Ce chêne-cèdre s'appelle Henri Jibrayel !*

L'élu disqualifie ses adversaires en pointant chez beaucoup d'entre eux la tentation de mobiliser un vote maghrébin contre lui, mais estime, résultats à l'appui, qu'elle a fait long feu :

> *Certains ont cru pouvoir faire jouer le communautarisme dans l'élection. On s'aperçoit avec les dix « petits candidats » que ça n'a pas fonctionné. Les gens restent attachés à des valeurs fondamentales, le parti socialiste, l'UMP, le Front national, etc. La somme des dix candidats n'a pas fait mille voix. Par contre, un candidat issu de l'immigration a trompé tout le monde en s'assimilant au parti socialiste, tout en tenant un discours communautariste. Il a réussi à amener à lui tout un électorat communautaire, bien aidé en cela non seulement par mes ennemis, mais par mes « amis » politiques...*

Les stratégies de Karim Zéribi

Ancien membre du Mouvement des citoyens, redevable à Jean-Pierre Chevènement de sa formation politique, Karim Zéribi, que je rencontre dans son bureau de la Régie des transports marseillais, situé dans les quartiers bourgeois du sud de la ville, atteste au contraire qu'il a subi de nombreuses attaques durant la campagne, car il affichait sa laïcité sur sa profession de foi :

> *Quand on écrit sur ses tracts : « Je suis profondément républicain et laïque », des gens vous interpellent dans ces quartiers et vous disent : « Tu n'es donc pas musulman ?*
> *— Pourquoi je ne serais pas musulman ?*
> *— Mais parce que tu es laïque !*
> *— Attends, on va se poser deux minutes, et je vais t'expliquer ce que c'est la laïcité. Ce n'est pas une religion de plus, c'est la possibilité pour le musulman d'être musulman dans ce pays, ou d'être, s'il le souhaite, catholique, protestant, juif, ou encore de ne croire en rien du tout. Je suis musulman, et je suis laïque. Je défends l'idée que ce pays doit être régi par la laïcité !*
> *— Ah, c'est ça la laïcité ? »*

En réponse aux accusations, le candidat s'affiche désireux de définir la conception de la laïcité dont il se veut porteur — l'un de nos rares interlocuteurs marseillais d'ascendance maghrébine à insister sur ce thème avec force :

> *Je m'étais entouré d'une équipe très variée par les origines, et il n'était pas question que j'apparaisse comme le candidat des Arabes ou des musulmans ou des gens issus de la diversité. Je suis un candidat républicain, je suis un* laïque, *je suis un* Français *; par mes origines, dont je suis fier, je suis aussi un musulman, mais non pratiquant, comme 90 % des catholiques de ce pays, mais aussi des juifs ! Quand on dit « musulman non pratiquant », on a l'impression que c'est sacrilège, qu'on doit être obligatoirement pratiquant, peut-être même radical. C'est inouï !*

Karim Zéribi compte déjà près de deux décennies de vie politique à son actif. Mais il se considère toujours comme un *outsider* dans le système marseillais, même s'il en a côtoyé les principaux parrains. Il a en effet grandi à Avignon, et est d'hérédité franco-kabyle dans une ville où les Chaouis des Aurès sont dominants parmi les Maghrébins, dont il décrit les *chikayas*, les querelles :

Si vous êtes d'origine algérienne, les Marocains et les Tunisiens vont hésiter à voter pour vous. Au sein même des Algériens, si vous êtes kabyle, les Chaouis vont dire : « Nous ne pouvons pas voter pour lui, il est kabyle ! » À Marseille, le réseau chaoui est très puissant, y compris au parti socialiste. Il y a aussi Nora Preziosi, l'adjointe au maire Jean-Claude Gaudin et candidate UMP aux législatives, qui est cousine germaine de Samia Ghali !

Ma femme est kabyle de père et de mère, et elle parle kabyle couramment, même si elle est née à Marseille. Mon histoire personnelle est plus compliquée : mon grand-père maternel est kabyle, mais ma grand-mère est franco-française ; pourtant, un certain nombre de gens me disent : « Je n'ai pas voté pour toi parce que tu es trop kabyle !

— Trop kabyle ? Mais je suis français ! Je me suis présenté aux élections législatives pour te représenter toi, pas pour représenter les Kabyles ! »

Déjà candidat aux législatives de 2007 sur ces mêmes territoires où il est fier de résider, il y avait réalisé un score flatteur en dépassant 10 % des voix. Il a donc été approché par les patrons de la droite et du parti socialiste, Jean-Claude Gaudin et Jean-Noël Guérini, en vue de s'assurer ses suffrages aux échéances municipales de 2008. Il a finalement opté pour le second, dont il est devenu le porte-parole et qui l'a gratifié de la troisième place sur la liste socialiste au scrutin européen de 2010 au titre de la « société civile ». Le mauvais score de la gauche ne lui a pas permis de siéger à Strasbourg alors, mais il a rejoint le Parlement européen en juin 2012, après la démission de Vincent Peillon, tête de liste, appelé au gouvernement. Il tente simultanément sa chance aux législatives sous l'étiquette écologiste (EELV), après que son adhésion au parti socialiste eut été refusée par le patron de la fédération, Jean-Noël Guérini, et manque de peu sa qualification pour le second tour :

On est dans un territoire de baronnies, le symbole de l'organisation politique à l'ancienne, avec des filiations, des histoires par-

tagées : ils ont tous grandi ensemble. Quand on ne fait pas partie de la famille, c'est plus compliqué pour se faire une place : on n'a pas la maman qui a été secrétaire du sénateur ou le papa qui a été sénateur lui-même, ou encore un oncle qui vous propose un canton gagnable pour devenir « le jeune conseiller général qui va apprendre son métier »… Parce que la politique, ici, c'est un métier !

Karim Zéribi décrit le système marseillais avec une lucidité qui inclut sa propre stratégie pour s'y frayer un chemin, alors qu'il n'appartient pas aux héritiers de cette curieuse oligarchie. Son capital de voix de 2007 lui permet d'occuper un créneau, mais il n'obtiendra jamais la préséance sur un notable local ayant reçu l'investiture en apanage. Et il devra céder le pas à un homme ou une femme qui a su faire toute sa carrière dans l'appareil et mobiliser un fort réseau dans la circonscription, grâce à une multiplicité de services rendus, voire l'usage discrétionnaire de la manne des subventions publiques pour financer des associations chargées de faire voter les cages d'escalier des cités populaires :

> *Je ne faisais pas partie de cette famille, de ce moule. C'est un peu par obligation qu'on m'y a fait entrer, mais, en réalité, on ne voulait pas que je dérange au cours de l'année qui suivrait les législatives de 2007. En politique, on ne peut pas gagner seul, comme « candidat libre ». En revanche, on peut être une force de nuisance, glaner des voix, freiner des dynamiques de premier tour. Ils étaient plutôt dans cet état d'esprit avec moi : « On va le neutraliser, on va le prendre avec nous, on va lui confier des responsabilités, le faire entrer dans la famille, mais pas vraiment non plus, parce qu'on n'a aucune garantie. »*
>
> *J'ai joué mon rôle et ai profité de l'opportunité. N'étant ni dupe ni naïf, je savais où je mettais les pieds. Porte-parole, j'avais une visibilité, j'allais affronter la droite locale. C'était très intéressant de pouvoir démontrer que j'étais capable d'aller au combat, de débattre, de porter l'initiative de Marseille, d'être la voix du candidat municipal. Parce que, avant cela, je n'étais rien. Personne ne me connaissait.*

Lorsqu'il s'est lancé dans la bataille pour la 7ᵉ circonscription, en juin 2012, Karim Zéribi s'est retrouvé dans une posture paradoxale : il venait d'être nommé député européen sur la liste socialiste, remplaçant Vincent Peillon, qui lui avait cédé sa place, mais il se portait candidat dans les quartiers nord sous les couleurs du parti écologiste EELV tout en utilisant du matériel de campagne dont la charte graphique rappelait le PS. Ses adversaires ne manquèrent pas de dauber sur son ubiquité politique.

En effet, le terrain socialiste était déjà doublement occupé : par la sénatrice-maire Samia Ghali et par le député Henri Jibrayel, qui se livraient une lutte sans merci pour l'hégémonie sur ce territoire. L'enjeu pour Karim Zéribi était d'être présent au second tour, en juin 2012, dans une joute triangulaire avec le candidat du Front national, afin de maximiser sa capacité de négociation. Il échoua de peu :

> *Je fais 21,5 % et je ne peux pas être au deuxième tour parce que le Front national est devant moi de 514 voix. Rappelons qu'on était au-dessous de 12,5 % d'inscrits, avec moins de 50 % de participation, comme en 2007. À un point et demi du FN, qui n'a pratiquement pas fait campagne. Ç'a été un électrochoc, mais le candidat socialiste s'en est malgré tout sorti, parce qu'il y a une dynamique ici, qui est ancrée. Même s'il est dur de mettre le mot « socialiste » sur une politique de ce type qui a pour nom clientélisme.*

Clientélisme et trafic de drogue

L'accusation de clientélisme à l'encontre de la fédération socialiste des Bouches-du-Rhône figurait déjà dans un rapport qui fit grand bruit. Rédigé par le secrétaire national à la rénovation du PS, Arnaud Montebourg, il avait été remis à la première secrétaire Martine Aubry en mars 2011, et, bien que confidentiel, avait simultanément « fuité » dans la presse. Le rapport dénonce un système qui a mis les élus du parti dans la dépendance de subventions du conseil général, attribuées, selon Arnaud Montebourg, en fonction de l'arbitraire de son président, Jean-Noël Guérini :

> *Le conseil général, machine à distribuer des postes d'élus ou d'employés, est utilisé comme instrument clientéliste, non pas aux fins de développer le parti, combattre la droite, faire rayonner nos valeurs et notre idéal, mais tout au contraire d'asseoir sans partage le pouvoir de son président sur le parti.*

Plus loin, celui qui deviendra ministre du Redressement productif après l'élection de François Hollande stigmatise une pratique coutumière selon laquelle :

> *L'argent public sert notoirement à faire pression sur les élus socialistes afin de s'assurer de leur soutien sans faille, pour ne pas dire leur docilité, quand il ne s'agit pas de leur silence.*

Enfin, le système politique marseillais y est décrit en des termes que l'on retrouve en substance dans nos entretiens avec de nombreux « petits candidats » et qui ont motivé leur engagement. Ils font les choux gras des candidats du Front national que nous avons rencontrés. Ceux-ci y voient l'illustration parfaite de la connivence entre droite et gauche qu'ils dénoncent sans relâche en appelant à sanctionner dans les urnes l'« UMPS ». « Chacun, écrit Arnaud Montebourg, connaît l'entente notoire et quasi parfaite entre Jean-Claude Gaudin, le chef local de l'UMP, et Jean-Noël Guérini. »

Si ce dernier s'est « mis en congé du parti » et si la fédération socialiste des Bouches-du-Rhône a été placée sous tutelle, l'intéressé demeure sénateur et président du conseil général. Son influence est inentamée tant qu'il conserve la main sur la manne des subventions départementales. En parallèle, l'arrestation de son frère, entrepreneur, et les enquêtes diligentées par la justice en relation avec les modes d'attribution des marchés publics restent présentes à l'esprit de chacun à Marseille.

Ce système politique clientéliste ainsi que la mainmise du trafic de drogue sur les quartiers nord signent l'exceptionnalité de la ville. Les deux phénomènes sont du reste imbriqués. Outre que la toxicomanie et la dépendance à l'argent public sont toutes deux des formes d'addiction, elles peuvent se combiner dans un seul et même vecteur lorsque le caïd du trafic se fait agent électoral, « viandard » rémunéré par une association vers laquelle tel candidat a détourné les subventions.

Maurad Goual et le vote communautaire

La dénonciation du « système » est un leitmotiv des « petits candidats » issus de l'immigration, mais aussi de ceux du Front national. Ils incriminent là la « fausse démocratie » française qui, otage de logiques clientélistes et mafieuses, les priverait de toute chance d'être élus. Quoi qu'il en soit, les scores très faibles des premiers traduisent l'hiatus entre la fonction de tribun du peuple dont ils se drapent, sûrs d'incarner une vérité dont le « système » veut interdire l'expression, et leur capacité à entraîner et mobiliser ce même peuple. La pureté des intentions proclamées peut s'accommoder à l'occasion de motivations moins limpides, mais l'émergence de tant de ces candidats aux législatives de juin 2012, pour la première fois, n'en mérite pas moins l'attention.

Au moment où Samia Ghali arrivera en tête au premier tour de la primaire socialiste d'octobre 2013, puis lorsqu'elle rassemblera sur son nom plus de dix mille suffrages, la voix des enfants d'immigrés se fera entendre avec force à Marseille. Mais ce phénomène, qui surprendra les leaders d'opinion, n'est que l'aboutissement le plus spectaculaire d'un lent travail de politisation d'une population demeurée jusqu'alors en deçà des urnes. Confinée dans le monde associatif civil ou religieux, faisant intrusion sur la scène publique par des marches, des manifestations ou des émeutes, parvenues à leur paroxysme à l'automne de 2005, cette population prend désormais conscience de son poids électoral, même si celui-ci se montre éparpillé. Beaucoup des « petits candidats » d'ascendance maghrébine ne maîtrisent pas encore le langage et les enjeux du répertoire politique institutionnel, hésitent entre une démarche sociale et laïque ou communautaire à marquage musulman. Leur éreintement incantatoire du « système » retraduit en termes électoraux le sentiment de rejet ou d'exclusion communément imputé à la xénophobie, au racisme, voire à l'« islamophobie » des élites françaises ainsi que de la population « de souche ». Dans ce registre, la victimisation est une ressource, comme la culpabilisation de l'adversaire.

Pour l'entrepreneur Maurad Goual, résident des quartiers sud, où il a été conseiller municipal de l'UMP, dont il dénonce aujourd'hui la rhétorique anti-islamique, la décision de se présenter dans une circonscription populaire à forte population musulmane est un choix politique à plusieurs détentes. La lutte contre le « clientélisme » du parti socialiste est sa première motivation, et il fait état d'une sorte d'entente des « petits candidats » destinée à faire obstacle aux ambitions de l'un des challengers de gauche. Mais il est également désireux, en affichant explicitement une identité musulmane dans l'arène électorale, de se dresser contre l'automaticité du « vote à gauche » des immigrés et de leurs enfants, et de promouvoir au contraire des valeurs de droite qui seront agrégées à une éthique religieuse conservatrice :

Dans les XIVe et XVe arrondissements, on est vraiment avec les masses populaires ; dans le XVIe, ce sont plutôt des retraités aisés et d'anciens pêcheurs, notamment à l'Estaque. C'est un système où il n'y a pas de fonctionnement politique, ni d'idéologie, seulement du clientélisme : « Tu me donnes, je vote », quelle que soit l'étiquette politique. C'est aussi un secteur où, paradoxalement, le Front national ne fait pas campagne, mais bénéficie d'un électorat assuré de 20 % au minimum.

Mais je n'ai pas été vraiment déçu du résultat et de la centaine de voix qui m'ont manqué. Le but de ma candidature était de dénoncer les pratiques clientélistes des candidats de gauche, car c'est bien là le problème ! L'ensemble cumulé des petits candidats a empêché Karim Zéribi d'aller au second tour. En soi, pour nous, c'est une victoire.

Pourtant l'animosité envers les candidats de gauche investis par les partis n'a pas touché tous les adversaires à l'identique :

> *J'ai commencé la campagne en faisant quelque chose qui a choqué le député sortant, Henri Jibrayel : j'ai fait un salut républicain. Je suis allé me présenter à lui, et il m'a demandé : « Qu'est-ce que je peux faire pour toi ?*
> *— Je représente des idées de droite, plutôt gaulliennes, mais je ne veux surtout pas faire une campagne de caniveau comme en 2007.*
> *— Écoute, c'est tout à ton honneur... »*
> *Très rapidement, l'entrevue a été ébruitée, par lui je pense. On a dit que j'étais son cheval de Troie pour l'électorat de droite, communautaire, islamique, et que c'est lui qui finançait ma campagne. J'ai préféré ne pas prêter attention à ces rumeurs !*

Paradoxalement, c'est le candidat d'origine maghrébine Zéribi, avec les gros moyens qu'il a mobilisés, qui a focalisé la rancœur la plus amère des petits candidats de même ascendance, mais dont le budget s'avérait très insuffisant devant l'affichage massif de leur adversaire. Plusieurs d'entre eux lui firent reproche de n'être qu'un musulman de façade, espérant par contrecoup récolter le vote des fidèles. Maurad Goual a été très impliqué dans le projet (inabouti) de grande mosquée de Marseille aux côtés de l'État algérien et du maire, dans l'aménagement de carrés musulmans dans les cimetières de la ville, et il pensait en tirer profit, mais la traduction de cette aura de piété dans les urnes n'a pas eu lieu :

> *J'ai voulu croire en un vote communautariste, soit ethnique, soit cultuel, mais c'était une erreur, ça n'a pas été le cas. Dans les XVe et XVIe arrondissements, l'électorat vote pour celui qui lui donne à manger, qui lui fournit un logement, parce qu'il est dans*

le besoin. Il y en a même qui votent Front national. Ça, je peux le
comprendre, en cas de chômage, de précarité.

De même, son éloge de la libre entreprise et le modèle de
réussite qu'il voulait faire partager n'ont guère mordu sur un
électorat qu'il dépeint comme aliéné par le clientélisme et l'impact du trafic :

> *Pour eux, un Maghrébin, un candidat d'origine maghrébine,*
> *est inévitablement, génétiquement, de gauche. Je leur ai dit :*
> *« Vous vous trompez ! Il faut même qu'on soit au Front national ;*
> *c'est un parti républicain, il n'est pas interdit par la loi. Il faut*
> *que les Maghrébins soient partout. Pas par opportunisme, mais*
> *par conviction.*
>
> *— Non, Maurad, seulement communistes et socialistes, ils ne*
> *nous aiment pas les autres, tu ne peux pas...*
>
> *— Tu crois vraiment qu'ils t'aiment, les socialistes ? À te*
> *faire vivre à la cité de la Bricarde, au milieu des cafards ? Tu*
> *es heureux d'habiter là-bas, avec ta cage d'escalier délabrée, les*
> *voitures ventouses qu'on n'enlève pas au bout de six ans, au*
> *milieu des trafics de drogue qu'on autorise et qui financent les*
> *candidats que vous soutenez ? Tu trouves que c'est normal ?*
> *Moi, non. J'habite à la Panouse, dans le IXe arrondissement*
> *[quartiers sud], tu sais où c'est ? Je paye le même loyer que toi,*
> *mais mes enfants jouent avec des enfants de médecins, d'avocats,*
> *d'élus ! Avec qui jouent tes enfants ? Ils ne jouent pas ! Parce*
> *que le dealer leur dit "Dégagez !" et que toi, tu te tais. Tu as le*
> *droit de choisir ta vie, mais ne viens pas me dire que je me suis*
> *trompé. »*

Selon Maurad Goual, les multiples affiliations qui laminent la
population d'ascendance maghrébine, qu'elles soient sociales,
nationales, ethniques ou humaines, culminent et se résorbent
en une seule : l'appartenance à l'islam. Mais sa captation par les
entrepreneurs politiques petits et grands s'avère plus malaisée
que ceux-ci ne l'espéraient :

L'unique certitude identitaire qu'ait un gamin des quartiers nord, qu'il s'appelle Mohamed, Mamadou ou Ismaël, est religieuse : il sait qu'il est musulman, ce n'est pas négociable. Après, il ne sait pas pour autant qui il est. Moi, par exemple, je suis français depuis quarante ans, mais avant j'étais quoi ? C'est quoi l'Algérie pour moi ? Elle n'a rien fait pour que les Algériens de France apprennent leur histoire. Nous sommes schizophrènes ! Et cette schizophrénie s'ajoute à notre précarité sociale et humaine.

Salim Laïbi, Alain Soral, *Dieudonné et le complot « satanique »*

Armé de ce diagnostic de schizophrénie politique, le docteur Salim Laïbi propose des remèdes radicaux d'arracheur de dents. Il exacerbe chez ses électeurs un sentiment de persécution confinant à la paranoïa et nourrit leurs suspicions devant un ennemi « satanique » dont il prescrit l'extirpation du corps social au davier. Malgré de multiples relances, il n'a jamais honoré — seul de tous les candidats sollicités — les rendez-vous dont nous étions convenus.

Âgé de trente-six ans en 2012, il pose sur son affiche électorale en veste et cravate noires, de trois quarts, arborant un bouc noir, le visage sévère. En fond, la baie de Marseille est barrée d'un sceau rouge, « UMPS dégage », qui marie le *motto* du Front national avec le slogan des révolutions arabes. Il n'a obtenu lui aussi qu'un faible nombre de voix, 241, soit 0,80 % des suffrages exprimés. Pourtant, il bénéficie d'une aura particulière auprès des autres « petits candidats » dont certains le tiennent pour le « meilleur » d'entre eux. Il la tire d'une intense exposition sur les réseaux sociaux et la Toile, notamment grâce au site du mouvement « Égalité et réconciliation », animé par l'idéologue et activiste Alain Soral, qui fait le lien entre le Front national et la jeunesse française d'origine immigrée.

Auteur d'un livre autoédité et vendu en ligne sous le titre *La Faillite du monde moderne. Aux premières loges d'un chaos pla-*

nifié, signé du pseudonyme « Le Libre-Penseur », Salim Laïbi anime un site Internet homonyme. Il y dénonce sans relâche le complot judéo-maçonnique, cause de la décadence matérielle et morale de l'Occident et de l'univers. Avec des accents parfois apocalyptiques, il y appelle à « détruire cette modernité, cette folie, ce suicide collectif », qu'il assimile aux visées sataniques contre l'humanité dont les musulmans seraient avertis dans la deuxième sourate du Coran, selon sa lecture personnelle.

Faisant toujours précéder son nom de l'abréviation *Dr,* il anime polémiques et controverses tous azimuts, à la manière d'Alain Soral, en des domaines scientifiques fort éloignés de l'odontologie. La « dissidence » dont se réclame Salim Laïbi est une nébuleuse hétérogène de contempteurs de la « pensée unique » qui se retrouvent sur les réseaux sociaux et dans de multiples conférences à travers la France, dont l'apothéose a lieu sur la scène du théâtre de la Main d'or, à Paris, géré par l'humoriste Dieudonné. Mêlant les registres et les traditions pamphlétaires de la presse d'extrême droite de l'entre-deux-guerres et d'un certain gauchisme post-soixante-huitard, de *Gringoire* et de *L'Idiot international,* cette mouvance, où l'insulte et l'attaque *ad hominem* sont monnaie courante, réserve ses traits les plus acérés à ses traîtres et dissidents, selon la logique des sectes.

Lorsqu'il se lance dans la critique littéraire, le dentiste internaute Laïbi fustige en termes acerbes l'écrivain controversé Marc-Édouard Nabe, natif de Marseille, qu'il portait auparavant aux nues. Il plaide à présent contre lui en faveur d'une lecture littérale des « livres interdits » (pour antisémitisme) de Céline, dans lesquels l'auteur de *Bagatelles pour un massacre* conchie les loges, la banque juive, les Rothschild, et autres. Ses vidéos sont suivies par des dizaines de milliers de surfeurs en ligne, et ses apparitions font salle comble, comme nous avons pu le constater au théâtre parisien de la Main d'or, le 9 mars 2013. Il dut y donner deux fois de suite la même conférence pour satisfaire un public qui patientait massé à l'extérieur, composé de jeunes venus de banlieues populaires d'Île-de-France, mais aussi de « bobos », mêlant « Gaulois » et Antillais, enfants d'immigrés arabes ou africains, musulmanes en *hijab* et gauchistes en catogan arborant des badges au portrait d'Hugo Chavez, décédé quatre jours plus tôt. La communauté de sens qui se retrouve dans ces conférences s'attribue volontiers le nom d'« éveillés » parce que ses membres auraient échappé à l'endormissement diffusé par les médias mensongers et comploteurs, dont la mise en scène du 11 Septembre pour l'imputer à al-Qaida est considérée comme l'acte le plus abominable. Communiant dans le conspirationnisme, l'antidote leur est injecté par des « médias alternatifs », un ensemble de réseaux sociaux qui se réclament du propos d'Alain Soral et sont listés comme « amis » sur son site « Égalité et réconciliation ».

Pour le meeting de campagne de Salim Laïbi, le 30 mai 2012 à Marseille, sont venus tout exprès le soutenir depuis Paris les deux vedettes des « éveillés » : Dieudonné, présenté comme « humoriste préféré des Français, plus gros vendeur de billets de spectacle vivant de France », et Soral — en tee-shirt noir orné d'une reproduction de la pièce de 1 franc 1973. Sept cents spectateurs les acclament dans une salle du populaire IIIe arrondissement, où l'on pratique aussi bien les mariages halal que les concerts hip-hop. La vidéo, reprise par plusieurs dizaines de sites, totalise plus de cent mille vues : « Vous le connaissez tous, annonce d'emblée le meneur de jeu, vous avez vu au moins une de ses vidéos sur Internet, vous connaissez son pseudonyme, LLB "Le Libre-Penseur" ! Il n'a eu de cesse de dénoncer les aberrations du système politique, les scandales médicaux, les incohérences sociétales. Il se présente aujourd'hui à la députation pour la 7e circonscription de Marseille, Monsieur… euh, pardon, le docteur Salim Laïbi ! »

L'adoubement par Dieudonné, lui-même candidat à Dreux pour le « parti antisioniste », commence par sa fameuse « quenelle » à la salle, bras tendu vers le bas, main opposée sur l'épaule. Ce signe de reconnaissance des fans se veut un bras d'honneur à l'*establishment* ; ses adversaires y voient un « salut nazi contrarié » inventé par l'humoriste après le scandale suscité lorsque, sur un plateau télévisé, il avait levé le bras à la manière hitlérienne, déguisé en sioniste religieux. Le geste sera repris en chœur dans la liesse à la fin du meeting.

Soral, quant à lui, est projeté vers l'avant par la masse muscu-
leuse de ses biceps et pectoraux de culturiste, que met en valeur
son ample tee-shirt noir à manches courtes. Après le caboti-
nage du comique, l'idéologue prend la posture du tragédien.
Voix sourde, débit haché, regard taurin et tête penchée, pour
accentuer le poids des mots, son crâne brille sous les projec-
teurs comme une sorte d'ampoule qui illuminerait notre monde
plongé dans les ténèbres sataniques. Il situe son soutien à Salim
Laïbi dans l'arche d'alliance que veut bâtir son mouvement
« Égalité et réconciliation » entre Français de souche modestes
et Français enfants d'immigrés. Les deux groupes sont également exploités par un cartel d'oppresseurs qui décline les traits
caractéristiques du « sionisme » et de la franc-maçonnerie, et
sera vilipendé avec la récursivité d'un programme informatique
tout au long de la rencontre :

> *Chacun a bien compris ici, parce que sinon je pense que vous ne*
> *seriez pas là, qu'il y a un tout petit nombre de gens qui nous domi-*
> *nent en nous divisant, ce qu'on appelle « diviser pour régner », et*
> *qui ont utilisé beaucoup d'intelligence machiavélique, car ils sont*
> *intelligents, pour nous pousser à nous taper dessus. Il y a une*
> *crise sociale très grave aujourd'hui, dont sont victimes les gens qui*
> *sont au bas de l'échelle sociale, c'est une évidence !*
>
> *Et qui est au bas de l'échelle en France ? Le petit Gaulois de*
> *base issu de la paysannerie et de l'histoire ouvrière, ce qui est le*
> *cas de l'immense majorité des Français, et le Français récent, qui*
> *est venu ici en général pour travailler, et travailler dur, parce*
> *qu'on ne fait pas venir des immigrés en France pour leur offrir*
> *Le Vésinet. […] Et le système, qui est responsable et qui a peur*
> *d'une union des victimes de cette violence sociale qui le chasse-*
> *rait du pouvoir, met toute son intelligence perverse, qu'on appelle*
> *maintenant satanique, à nous pousser à nous battre entre nous.*

Le combat de Soral, « qui n'a pas toujours été compris »,
explique-t-il, est de « contrer cette stratégie satanique », et
d'unir « petits Blancs » et enfants d'immigrés musulmans « victimes des mêmes menteurs et des mêmes prédateurs » — *applau-*

dissements et sifflets dans la salle. Le combat est difficile, car les deux groupes ont été « dressés » à se battre l'un contre l'autre. Côté nationaliste, on reproche à Soral « d'être baboucholâtre ; immigrationniste, on n'ose pas, parce que je ne suis pas immigrationniste, vous êtes tous Français ici », et, côté immigrés, on lui fait grief de sa sympathie pour Jean-Marie Le Pen, alors que, « en tant que Gaulois, on a aussi notre mouvement de libération nationale, qui s'appelle le Front national », dont cet électeur de Marine Le Pen se veut proche, même s'il maintient une posture critique. La botte secrète de Soral est la traduction en langage postmoderne de l'antienne national-socialiste, l'union de « la gauche du travail » et de « la droite des valeurs » :

> *Quand on regarde nos origines sociales, on vient tous de la gauche du travail, et quand on regarde comment on se tient dans la vie, on appelle ça la droite des valeurs : le respect des traditions, le respect de la hiérarchie, de la parole donnée, le respect des anciens, tout ce qu'on essaie de détruire aujourd'hui pour faire de nous des consommateurs soumis — et la question c'est : soumis à qui et à quoi ?*

Comme par une ironie involontaire, les propos de Soral sont interrompus, sur les sites de partage où l'on peut accéder à la vidéo de ce meeting, par des clips publicitaires vantant divers produits de grande consommation, sans doute intercalés par l'hébergeur, et grâce auxquels ces images très regardées dégagent un profit pour leur auteur. En revenant à sa harangue, on apprend qu'au service de ce complot satanique ourdi par « un tout petit nombre de gens » se rangent en premier lieu les journalistes. Ancien « journaliste encarté » démissionnaire, Soral témoigne qu'un « journaliste qui travaille, ça n'existe pas : parce que c'est soit un chômeur, soit une pute » — *applaudissements*. À preuve, les informations régionales de la chaîne de télévision France 3 ont présenté Salim Laïbi comme « candidat du Front national », alors qu'il existe un authentique candidat du FN dans la 7e circonscription. Commentaire de Soral : même si « Salim n'est pas un haineux du Front national, il a com-

pris que le combat c'était l'UMPS [...]. Vous tenez sans doute
les médias, vous tenez l'appareil politique, mais au niveau du
peuple, un mot très sain, vous avez déjà perdu le combat ! »

Une adjointe de Jean-Claude Gaudin, qui a déclaré que la
venue de Dieudonné pouvait constituer un trouble à l'ordre
public, fournit l'occasion d'identifier plus explicitement l'ennemi. Vilipendée pour son apparence physique, ses « fautes
de français », moquée pour son patronyme, elle est vitupérée
comme incarnant « assez ouvertement et objectivement les intérêts israéliens à Marseille » :

> *Qu'elle n'ait pas envie de voir cette réconciliation, qui effec-*
> *tivement l'agace, c'est évident, parce que la réconciliation inter-*
> *communautaire n'est pas du tout la politique israélienne ! Vous*
> *le savez, là-bas, c'est la purification ethnique systématique et le*
> *droit du sang intégral, le contraire de ce qu'ils nous vendent*
> *en France : les leaders communautaires du PS nous vendent le*
> *droit du sol intégral, mais eux pratiquent le droit du sang inté-*
> *gral [...]. Nous sommes là pour remettre ces gens à leur place :*
> *nous, nous sommes la France telle que nous la respectons, qui est*
> *capable d'accueillir très vite des gens sur un consensus minimal*
> *qui est fait de valeurs, tandis que vous, vous êtes dans la haine,*
> *dans la manipulation.*

Après cette entrée en matière théorique, il reviendra au candidat à l'élection législative, harnaché d'un micro-casque, télé-
commande en main, de faire un exposé illustré de diapositives
pour décliner en termes concrets et adaptés aux spécificités de
la 7ᵉ circonscription des Bouches-du-Rhône les grands thèmes
de la *Weltanschauung* d'Alain Soral. Même s'il concède que sa
notoriété le dispense de se présenter, puisqu'il a produit « plus
de cinq cents vidéos visualisées quelques millions de fois », Salim
Laïbi précise au jeune public qu'il est universitaire. Outre son
doctorat de chirurgien-dentiste obtenu au CHU de la Timone, il
a, dit-il, décroché « quelques maîtrises et DEA » qui lui donnent
une « légitimité intellectuelle » pour expliquer qu'il n'est pas au
« même niveau » que ses principaux adversaires, Henri Jibrayel

et son challenger Karim Zéribi, décrits comme des incompétents doublés d'autodidactes.

Glosant sur les origines juives de la conseillère municipale précédemment incriminée par son mentor, révélant qu'elle a été scoute israélite, il la fait huer par le public en affirmant qu'elle est membre du CRIF et illustre son propos d'une diapositive où figure le drapeau marseillais d'argent à croix d'azur chargée au cœur d'une étoile de David, tandis qu'il harangue la salle :

— *On est où, ici, aujourd'hui ? À Marseille ou à Tel-Aviv ?*
— *À Marseille !*

Son auditoire, ajoute-t-il, peut légitimement se demander pourquoi il s'est porté candidat à ces élections puisque la démocratie n'est qu'une illusion et que ce sont en réalité les banques (juives notamment) qui décident de tout. Elles sont aidées des loges maçonniques, dont les « Frères-la-truelle » sont immiscés partout dans les réseaux de pouvoir, de Vincent Peillon, le ministre de l'Éducation nationale, qui a déclaré que « la franc-maçonnerie est la religion de la République française » — montage vidéo à l'appui, les propos du ministre sont décontextualisés et détournés de leur sens —, jusqu'aux turpitudes des élus socialistes du Pas-de-Calais qui feraient leurs agapes maçonniques dans les locaux municipaux avec l'argent des cantines scolaires. À Marseille en particulier, renchérit-il, les loges, où se côtoient comme larrons en foire ceux qui font semblant de s'affronter sur la scène politique publique, tiennent la vie politique locale, et ses deux principaux adversaires dans la 7ᵉ circonscription sont stigmatisés comme membres supposés du Grand Orient de France.

Devant cette immense conspiration satanique pointée du doigt en multipliant les exemples concrets, les masses aliénées par l'idéologie dominante sont démunies lorsque les représentants du système se présentent aux élections : ainsi, à Marseille, « des associations dirigées par des *bachagas* maghrébins mènent des troupeaux d'imbéciles voter pour eux ». Cette candidature du docteur Laïbi à la députation est donc la dernière tentative pour dire la vérité au peuple pacifiquement, sans quoi il n'y aurait plus qu'à « prendre les kalachnikovs ».

La sanction des urnes a été sans appel pour ce discours, dont le passage permanent à la limite lui vaut l'assuétude des internautes, friands du dévoilement infini des turpitudes des puissants dans un voyeurisme politique qui démange comme un prurit de pornographie. Les vidéos « visualisées quelques millions de fois » ne se sont guère transmuées qu'en moins de trois cents voix dans les isoloirs marseillais de la 7e circonscription. Mais on ne saurait sous-estimer l'impact du métalangage de ce dentiste ardent des quartiers nord, qui mêle rhétorique de tréteaux et imprécations en ligne ; il peut influer sur la représentation du monde qu'élaborent des populations où la sensation de marginalisation, le ressentiment social, les exacerbations identitaires sont à la merci d'un habile populiste tribunitien.

Dûment salués par Salim Laïbi depuis l'estrade, plusieurs « petits candidats », allant de la droite à l'extrême gauche, ont tenu à être présents à son meeting de campagne. L'un d'eux m'a décrit « le docteur » comme la boîte à idées d'une coordination informelle destinée à créer un mouvement politique méridional puis national où la jeunesse issue de l'immigration retrouverait sa dignité aux côtés d'autres laissés-pour-compte du « système » lors des échéances électorales à venir.

Omar Djellil : de SOS-Racisme
au Front national via *la mosquée*

Dans une veine qui recoupe par endroits celle de Laïbi, Omar Djellil s'est porté candidat dans la 4e circonscription, regroupant les quartiers populaires dégradés du centre-ville, du Panier à la Belle de Mai. En a été élu député Patrick Mennucci, ultérieur vainqueur de la primaire socialiste d'octobre 2013 pour la mairie de Marseille. Mais la notoriété de cet autre petit candidat ne vient pas tant des « réseaux alternatifs » sur Internet que d'une importante couverture par les médias classiques, de la presse écrite à la télévision, émoustillés par un parcours politique qui défie le sens commun.

Autant le sombre Laïbi exècre les journalistes, tout uniment accusés de prostitution, autant le jovial Djellil apprécie le contact avec les faiseurs d'opinions, qu'ils soient folliculaires ou universitaires. L'hebdomadaire allemand *Der Spiegel* a consacré un long portrait à ce candidat musulman, ex-trésorier de mosquée, autrefois membre d'un gang puis de SOS-Racisme, qui s'affiche désormais avec Jean-Marie Le Pen. Son confrère français *Le Point* lui a ouvert ses colonnes lorsqu'il a manifesté, seul, en septembre 2012, contre des caricatures de *Charlie Hebdo* jugées offensantes pour les musulmans — celles-là mêmes qui avaient valu aux journalistes de l'hebdomadaire satirique d'être voués au bûcher par un rappeur du film *La Marche*. Quant au site « Égalité et réconciliation », il l'avait porté aux nues quand, apostat de SOS-Racisme, Djellil abjurait le « racisme anti-Blancs » qu'aurait prôné, selon lui, son ancienne famille politique ; ultérieurement il encourrait la fulmination de l'anathème d'Alain Soral — soutien de Marine Le Pen — pour avoir comparé défavorablement celle-ci à son père.

Acceptant de m'accorder un entretien sur la recommandation d'un candidat d'origine algérienne d'une autre circonscription, qui s'affiche à droite, je le retrouve au vieux quartier arabe derrière la porte d'Aix dans le taxiphone où il travaille temporairement, à côté du « marché Soleil ». C'est un ensemble de friperies, d'alimentations halal, d'agences de voyages pour rentrer au pays ou se rendre en pèlerinage à La Mecque qui se sont développées autour de la mosquée *al-Taqwa* (la piété), dont il a été le trésorier jusqu'à ce qu'il se présente aux législatives de juin 2012. Au téléphone, il m'a annoncé qu'il serait en compagnie d'une de mes vieilles connaissances : je retrouve en effet un « collègue », comme on dit à Marseille, qui m'avait aidé lorsque j'arpentais ce même quartier en préparant mon livre *Les Banlieues de l'islam*, à la fin des années 1980. Il est aujourd'hui chargé de mission auprès du maire Jean-Claude Gaudin pour suivre les questions liées au culte musulman.

La mosquée étant en travaux et le local du taxiphone trop passant, nous descendons la rue d'Aix aux façades décrépies pour trouver un café maure où nous nous attablons, Omar Djellil et moi, devant un thé à la menthe. Il introduit en ces termes le cheminement qui l'avait conduit à se présenter en indépendant :

> *À Marseille, je suis celui dans la communauté musulmane qui a la plus grande couverture médiatique, d'autant que mes liens d'amitié avec Jean-Marie Le Pen ont pris des proportions extraordinaires ! Un musulman, religieux, avec Jean-Marie Le Pen, c'était le bouquet !*

L'amitié affichée entre le président d'honneur du Front national et l'ex-trésorier d'un lieu de culte connu localement comme la mosquée du Bon-Pasteur, du nom de la rue où elle est située, a abondamment défrayé la chronique. D'autant que c'est dans cette même rue qu'avaient été prises les premières photos de prière sur la voie publique en France dans les années 1980, un phénomène que Marine Le Pen comparerait, en décembre 2010, à l'occupation nazie. Mais le paradoxe ne s'arrête pas à cet instantané de la vie d'Omar Djellil : ce charismatique quadragénaire portant beau, sourire charmeur, prolixe et loquace, né dans une famille de militaires algériens de l'armée française, a commencé chasseur de skinheads, puis a milité à SOS-Racisme et au Mouvement de la jeunesse socialiste, où il a exercé des responsabilités, a tâté ensuite du centrisme façon François Bayrou avant de finir son parcours à l'autre extrême du spectre politique français.

Côté islam, il est passé de l'indifférence religieuse aux Frères musulmans de l'Union des organisations islamiques de France (UOIF), a fréquenté l'imam marocain Tareq Oubrou à Bordeaux, puis s'est éloigné de celui-ci lorsqu'il s'est rapproché du maire de la capitale vinicole mondiale Alain Juppé ; il a fait un bout de chemin avec Tariq Ramadan, et s'est enfin identifié au salafisme. Entre-temps, durant la décennie 1990, il est allé combattre en Bosnie dans les rangs des musulmans contre les Croates, après avoir en vain cherché à s'engager en Algérie durant la guerre civile contre le Groupe islamique armé (GIA) qui avait massacré certains de ses cousins. Mais le consulat d'Algérie avait dédaigné les offres de services de ce descendant de militaires détenteur de la seule nationalité française et lui avait refusé le visa. Telle est, résumée à grands traits, la saga autobiographique touffue narrée par un candidat voulant renouer le pacte électoral entre les musulmans et un Jean-Marie Le Pen qui, en 1958, avait donné la prunelle d'un de ses yeux pour le député de l'Algérie française Ahmed Djebbour.

L'itinéraire politique déconcertant d'Omar Djellil se réclame d'un activisme infatigable fondé sur la justice sociale, doublé d'un dépit politique récurrent :

> *J'ai eu un parcours militant de gauche très actif, et je pense que mon engagement présent est aussi la conséquence de ma déception de cette gauche qui, à l'époque, était très populaire. Je ne vais pas remonter jusqu'à Jaurès, mais, bien après encore, il y avait une gauche très vivace dans les quartiers populaires, le monde ouvrier. Aujourd'hui, on a une gauche éloignée des réalités sociales. Je fais partie des gens qui, à un moment donné, ont ressenti une certaine trahison par rapport aux idéaux, aux convictions, qu'ils étaient censés incarner.*

Au terme de son parcours polymorphe et multicolore, Omar Djellil voit dans le « patriotisme musulman » l'idée à développer à Marseille — un concept politique qui n'est pas sans rapport avec la démarche du mouvement « Fils de France » dirigé par le Bordelais natif du Berry Camel Bechikh, l'un des porte-parole de la « Manif pour tous » contre le mariage gay. Mais ce patriotisme ne peut s'accomplir dans la cité phocéenne, où les musulmans demeurent divisés. Pour surmonter pareille division, l'alliance avec le Front national apparaît comme le vecteur le plus efficient, même si la voie est semée d'embûches :

> *Le système est tellement bien huilé que vous pouvez avoir à Marseille une communauté de trois cent mille musulmans qui se montre incapable de faire élire un seul conseiller d'arrondissement ! C'est cette réalité que je veux casser. Quand j'ai annoncé ça, la gauche*

et la droite ont mis quatre Maghrébins face à moi, en pensant :
« Celui-là, il ne faut en aucun cas qu'il prenne le pouvoir ! »

Omar Djellil passe une grande partie de son entretien à dénoncer les « petits candidats » d'origine immigrée comme autant de sous-marins lancés par les diverses factions du « système » clientéliste local pour torpiller les candidats musulmans sincères et semer le trouble dans les rangs des bons croyants. Cette volonté d'aliéner les musulmans, de les maintenir dans un état d'extranéité, passe, à gauche, par la valorisation de l'identité immigrée et, à droite, par la dévalorisation de l'identité islamique. Pour la contrer, il n'est d'autre voie que la « réconciliation » nationale — un terme que l'on retrouve chez Alain Soral — avec ce représentant par excellence de l'identité française qu'est, aux yeux d'un Djellil marqué par son parcours militaire et celui de ses aïeux, le Front national :

> *Parler de réconciliation nationale ou vouloir intégrer la composante musulmane comme une réalité à part entière de la communauté nationale sont des discours qui ne sont pas du tout portés par le système. La thèse des socialistes, c'est : « Vous êtes Français d'origine immigrée, de la diversité, minorité soit invisible, soit visible, on ne sait jamais, mais en tout cas vous êtes de la deuxième, troisième, voire cinquième génération. » Bref, on n'est jamais français.*
>
> *À l'UMP, les débats « identitaires » ne cherchent qu'à nous sortir du corps national : les petits croissants, les pains au chocolat, etc. Pourtant, je sens qu'il y a quand même un espace d'expression pour nous au sein du Front, parce qu'on est dans une logique patriotique. Après, il y a effectivement un Front idéologique exécrable, nauséabond, que je connais très bien, mais à côté de ça vous avez des gens avec qui vous pouvez discuter, dialoguer, construire.*

À l'intérieur du Front national, Omar Djellil distingue une ligne sociale regroupant les exclus de toutes origines contre les élites et le système, dans laquelle il se reconnaît, et une ligne identitaire valorisant les « Français de souche », qu'il vomit.

Pareille différenciation a été proposée par divers observateurs du parti et confortée par un sondage de l'Ifop publié en août 2013 par le quotidien *Le Monde* qui distinguait les sympathisants frontistes du Nord, issus de l'électorat populaire, souvent transfuges du vote communiste, et ceux du Midi, qui viennent d'un électorat de droite radicalisé, les seconds étant hostiles à l'impôt de solidarité sur la fortune que les premiers approuvent en majorité. Dans cette dichotomie, Marine Le Pen, candidate à Hénin-Beaumont, dans le Pas-de-Calais, en juin 2012, incarnait la fibre « sociale » et ouvrière nordiste, tandis que sa nièce Marion Maréchal-Le Pen, élue du Vaucluse, épousait une sensibilité « identitaire » et bourgeoise méridionale. Omar Djellil voit au contraire chez la présidente du Front la représentante du courant identitaire et racialiste antimusulman — cristallisé par ses propos comparant les prières de rue à l'invasion nazie —, auquel il oppose son père Jean-Marie Le Pen, défenseur d'Ahmed Djebbour, accueillant les musulmans patriotes dans la nation, et ce d'autant plus volontiers qu'ils ont porté l'uniforme français.

Dans le récit que me fait Omar Djellil de sa conversion frontiste, tout se déclenche avec le déni de patriotisme opposé aux musulmans par le dirigeant marseillais du FN Stéphane Ravier. Ce dernier, « mariniste » identitaire selon Djellil et candidat en juin 2012 dans la 3ᵉ circonscription, ne fut devancé que de 699 voix par la députée socialiste sortante Sylvie Andrieux. Ravier avait déclaré sur les antennes d'une télévision locale en décembre 2011 que l'armée d'Afrique ayant libéré Marseille à la fin de la Seconde Guerre mondiale ne comprenait pas de musulmans. En réagissant à cette déclaration, Omar Djellil mit en branle un processus qui conduisit à la rencontre et à l'entente cordiale entre ce musulman d'inspiration salafiste, ancien combattant du djihad en Bosnie, et le lieutenant de parachutistes Le Pen, qui avait combattu les fellaghas en Algérie. Se rendant au siège du conseil régional pour protester auprès de la délégation du Front contre les propos de Stéphane Ravier, Omar Djellil y est reçu par un élu d'origine antillaise, opposant notoire à ce dernier, avec lequel le courant passe bien. Il invite ensuite celui-ci à lui rendre sa visite à la mosquée *al-Taqwa*, une expédition inédite qu'il narre en des termes empruntés au récit d'aventures, alors que la rue du Bon-Pasteur se trouve à 50 mètres du conseil régional :

> *Je lui ai dit : « Puisque tu nous as reçus, nous aussi nous allons te recevoir ! » Et on l'a invité à la mosquée. On le voit bien dans la vidéo, il enlève ses chaussures, et il dit : « C'est la première fois que j'entre dans une mosquée ! » C'était vrai : c'était la première fois qu'un militant d'extrême droite entrait dans une mosquée ; ça ne s'était jamais vu en Europe. Et là, il m'a dit : « Je pensais que vous lapidiez, que vous flagelliez. » Je lui ai répondu : « Non, rien de tout ça. C'est une mosquée tranquille, les gens font la prière, c'est tout. »*
>
> *Ensuite, je lui ai fait visiter le quartier. C'était aussi la première fois qu'un militant du Front national franchissait la porte d'Aix. Quand je lui ai fait rencontrer les commerçants du marché Soleil, il s'est extasié. Pour la première fois, il discutait avec des gens dont, d'habitude, il avait peur. Il m'avait d'ailleurs demandé d'appeler le DPS, le service d'ordre du Front national, pour l'escorter ! Je lui avais dit : « Ne t'inquiète pas, on n'en a pas besoin, le DPS, ici, c'est nous ! » À la fin, il a rédigé un communiqué dans lequel il disait qu'il avait discuté avec des responsables de la communauté musulmane dans un dialogue sain, responsable, et qu'ils étaient... français !*

La rencontre avec Jean-Marie Le Pen se fit par l'intermission de cet élu — qui quitta néanmoins le Front national peu après. Les marques d'estime et d'amitié dont Omar Djellil dit avoir été gratifié, les promesses verbales de candidature en position favorable sur une future liste frontiste aux élections régionales proviennent d'abord de la fraternité d'armes du président d'honneur du Front avec un homme dont la famille a versé son sang pour la France — mais qui, en dépit de cela, ne se sent pas aimé par celle-ci parce qu'il est arabe et musulman.

Rétrospectivement, le parcours d'Omar Djellil peut se lire comme une demande d'amour à la patrie perpétuellement insatisfaite. Elle l'a conduit à changer continûment d'objet aimé transitionnel, substituant le centrisme à SOS-Racisme et à la chasse aux skinheads, le salafisme aux Frères musulmans et à l'indifférence religieuse, jusqu'à ce qu'il pense avoir trouvé dans le Front national le porteur sincère et véridique de l'amour qu'il attend de la France. Et c'est à cette absence d'amour qu'il impute, tant chez ses coreligionnaires que chez les « Français de souche », les crispations identitaires :

> *Tout ce qui se passe aujourd'hui relève d'un communautarisme identitaire : soit occidental, avec la génération « Bloc identitaire » ou « Riposte laïque », des groupes violemment anti-islamiques, soit chez nous, avec des mouvements comme* Forsane al-Izza [un mouvement islamiste dissous en février 2012, dont les responsables ont été arrêtés en mars suivant après l'affaire Merah] *et d'autres : vous avez une série d'acteurs qui sont des anticoagulants, qui nous empêchent de créer de l'harmonie.*
>
> *Une fois, on m'a posé la question : « Est-ce que tu aimes la France ? » J'ai répondu : « Pour que j'aime la France, il faudrait que la France me fasse sentir qu'elle m'aime ! » La France d'aujourd'hui ne peut pas me donner ce sentiment d'appartenance, mais le Front national, si. Quand je suis venu au Front, il y avait des gens qui n'étaient pas pour les musulmans ; quand ils ont vu que j'avais fait l'effort d'aimer mon pays, ils ont complètement changé d'attitude envers moi : ils n'étaient pas sectaires.*

Au terme de la quête d'Omar Djellil, la rencontre extraordinaire avec Jean-Marie Le Pen est vécue comme une sorte de parousie — cette venue du sauveur dans la tradition chrétienne, dont on retrouve fréquemment la thématique dans les vidéos diffusées par « Égalité et réconciliation ». Elle correspond, dans la doctrine islamique, au jour de la Rétribution (*yawm ad-dîn*), dont Allah est célébré comme le roi (*malik*) dans la première sourate du Coran, récitée au quotidien par les musulmans pieux. Elle remet en ordre une société fragmentée et déchirée, marquée, à Marseille en particulier, par la déliquescence politique et économique et l'inanité des promesses démocratique et républicaine :

> *Il y a une tradition à Marseille dont personne n'ose parler :*
> *beaucoup d'élus négocient des subventions en faveur des associa-*
> *tions, qui, en retour, doivent reverser 40 % aux élus. Ça, c'est*
> *Marseille : on est dans une logique de corruption généralisée.*
> *Avec pour conséquence la désertification économique. On n'est pas*
> *capable de créer une dynamique dans le centre-ville, où l'on n'a*
> *que des petits commerces de précarité.*

Quand les candidats des quartiers nord se focalisent sur le trafic
de drogue, le candidat des quartiers dégradés du centre souligne
le contraste entre l'affichage de la cité phocéenne et sa réalité :

> *Sur la Canebière, qui est l'artère principale de la ville, les*
> *Champs-Élysées de Marseille, quand vous vous promenez, vous*
> *voyez de vieilles femmes maghrébines se prostituer pour 15 euros,*
> *10 euros la passe. C'est de la prostitution de misère. Quand vous*
> *interpellez le commissaire, il vous dit : « Mais Monsieur, on n'a*
> *pas le droit d'arrêter les prostituées ! »*

En somme, les institutions ne sont plus qu'un système de
mensonge, une entité dénuée de réalité :

> *Il n'y a pas de démocratie, pas de République. Vous avez une*
> *élite qui vit en caste, qui sollicite le peuple pour s'engraisser par le*
> *biais des impôts ! Mais lorsque vous faites un débat à l'Assemblée*
> *nationale pour demander aux députés de se justifier sur l'utili-*
> *sation des réserves parlementaires, on vous dit : « Il ne faut pas*
> *demander où va cet argent ! »*

Ce n'est pourtant pas dans l'histoire sainte de l'islam que le
candidat musulman Omar Djellil va chercher le modèle alternatif à ce qu'il considère comme une décadence contemporaine,
ainsi qu'aurait dû le faire le salafiste qu'il se dit fier d'être, mais
dans l'histoire romaine, tout droit sortie des manuels de l'école
laïque :

Sous Rome, vous pouviez être un sous-citoyen, vous aviez quand même la possibilité de devenir un vrai citoyen ! Regardez l'armée romaine : la plupart des grands généraux n'étaient pas des Romains, mais des Barbares qu'on avait intégrés. Au fil du temps, on a fait en sorte qu'ils bénéficient d'une ascension sociale. Là, dans notre république, l'ascenseur est en panne : les responsables se reproduisent entre eux !

Par une ultime ironie de l'histoire, c'est le djihad accompli en Bosnie qui a produit au final chez Omar Djellil l'identité politique permettant la rencontre avec Jean-Marie Le Pen en une fraternisation d'anciens combattants :

Nous étions des paramilitaires qui venions soutenir l'armée musulmane à Mostar [ville du front croato-bosniaque des années 1990]. *C'est là que je me suis forgé véritablement une idée de l'altruisme. C'est ce que j'ai vécu là-bas qui m'a donné mon identité politique. J'ai combattu, j'ai fait ce que j'avais à faire, je ne le regrette pas. Si je devais retourner en Bosnie, j'irais, parce qu'en Bosnie, à l'époque, il y avait de vrais djihadistes, pas des guignols comme en Afghanistan ou en Irak. Il y avait des populations exterminées, il y avait un génocide, une purification ethnique. Je l'ai vécu, c'est ce qui a forgé mon identité militante jusqu'à aujourd'hui. Je n'en suis pas revenu avec, dans mes bagages, une envie de « faire péter la France ». Bien au contraire, ça m'a permis de pouvoir discuter et d'être en amitié avec Jean-Marie Le Pen, qui connaît mon parcours, parce que je lui ai tout raconté.*

Marie-Claude Aucouturier : Front national et front social

Par Omar Djellil, j'ai fait la connaissance de Marie-Claude Aucouturier, candidate du Front national dans la même circonscription, qui a obtenu presque 30 % des voix dans son duel final contre Patrick Mennucci. Le Front a été présent au second tour dans quatre des sept circonscriptions marseillaises, dont trois duels pour les trois sièges des quartiers nord. Bien qu'ils se soient théoriquement trouvés en concurrence au premier tour, les deux apologistes de Jean-Marie Le Pen ne tarissent pas d'amabilités réciproques — la candidature de témoignage du « patriote musulman », qui a recueilli 198 suffrages, ne risquait guère de gêner l'accès du Front au second tour, et aurait pu au contraire l'aider à y gagner quelques « voix islamiques ».

Rendez-vous est fixé avec la candidate, qui est en outre conseillère régionale, au siège du conseil, à deux pas de la mosquée du Bon-Pasteur. Son bureau étant situé en rez-de-chaussée, en contrebas d'une traverse qui débouche sur les HLM du Panier, il est muni de larges barreaux afin de parer aux effractions. Je suis face à elle et à la fenêtre. Pendant qu'elle me parle, j'observe simultanément dans le haut de mon champ de vision de nombreux passants qui défilent en arrière-plan, tels les personnages de la caverne dans *La République* de Platon. En ce début d'après-midi, la majorité des femmes portent le *hijab*, et beaucoup sont accompagnées de jeunes enfants ou promènent des bébés encapuchonnés en poussette. Les hommes alternent entre vêtement à l'européenne et tenue d'hiver des salafistes, dite « habit cloche » : bonnet de laine sur le crâne, anorak enfilé sur la djellaba, épaisses chaussettes bien visibles sortant des chaussures de sport. Il souffle ce 14 mars un mistral glacial, qui hulule en s'immisçant dans les huisseries. Cela rendra difficilement audibles les propos correspondant aux plus fortes rafales, lorsque j'en entreprendrai la transcription.

Si je suis rompu depuis une trentaine d'années aux entretiens avec des islamistes de tout poil, des Frères musulmans aux salafistes et aux djihadistes, c'est la première fois que je rencontre un élu du Front national, et j'appréhende quelque peu de ne pas maîtriser les codes de son discours. L'étonnant dialogue avec Omar Djellil, le *monitoring* du site « Égalité et réconciliation » d'Alain Soral m'ont fourni une sorte d'entrée en matière, un sas de décompression entre l'univers musulman, dont je suis le plus familier, et celui-ci. Comme pour tous mes interlocuteurs, je pratiquerai avec les frontistes l'empathie heuristique, cette technique qui permet de rendre l'échange aussi fluide et signifiant que possible — et dont me tiennent rigueur avec une même acrimonie, depuis plus de trois décennies de vie professionnelle, les doctrinaires de tous bords.

Marie-Claude Aucouturier, sexagénaire, achève à Marseille une carrière de cadre supérieur qui a conduit cette Parisienne de naissance et d'éducation à s'installer il y a un quart de siècle, au gré d'une mutation, dans la cité phocéenne. C'est peu avant son déménagement qu'elle a pris sa carte au Front national. Elle en est un des cadres méridionaux les plus solides, disposant d'une forte implantation et d'une connaissance fine de son terrain, qu'elle laboure inlassablement et dont elle est investie candidate à chaque élection. Le Front national, jusqu'au renouvellement tout récent de son recrutement, qui coïncide avec la présidence de Marine Le Pen depuis janvier 2011, a peiné à trouver des candidats bien implantés. Peu étaient capables de tenir un discours articulé dans un environnement journalistique et politique longtemps hostile à l'extrême droite. Cela n'a pas empêché le Front d'atteindre ou de dépasser régulièrement le quart des suffrages exprimés dans maints scrutins, sur le nom du parti ou de sa présidente, sans que les électeurs aient identifié leur candidat local, qui parfois ne collait pas même une affiche à son portrait. Dans le Midi, en outre, le Front a souffert de la dissidence de beaucoup de ses dirigeants régionaux, qui ont suivi le polytechnicien Bruno Mégret, lieutenant « félon » de Jean-Marie Le Pen, dans sa scission en 1998.

Cette époque est aujourd'hui révolue, avec l'arrivée de nombreux jeunes instruits dans un parti qui recueille l'adhésion de 32 % des vingt-cinq-trente-quatre ans, selon un sondage effectué par l'Ifop en octobre 2013 et portant sur les intentions de vote aux élections européennes de juin 2014 — le premier sondage qui ait jamais classé le Front en tête des partis français avec 24 %, contre 22 % à l'UMP et 19 % au PS. Cette classe d'âge est la mieux représentée parmi les électeurs potentiels du Front par rapport à toutes les autres, des plus jeunes aux plus vieux, et elle est la plus importante de ses soutiens (seulement 26 % des vingt-cinq-trente-quatre ans se prononcent pour le parti socialiste, et un maigre 13 % pour l'UMP). Enfin, ce parti talonne le PS dans les catégories socioprofessionnelles supérieures (17 % contre 18 %) et devance légèrement tant la droite que le centre (16 % chacun).

Cette percée du Front dans des groupes d'âge et des niveaux d'éducation qui lui étaient auparavant hostiles augure d'autant plus un renouvellement de son *leadership* que la perspective de succès électoraux attire de nouveaux entrants, mieux éduqués et plus jeunes. Ainsi Marie-Claude Aucouturier a-t-elle pris pour suppléant un étudiant en droit « très réfléchi et cultivé... mais on ne l'a pas choisi au hasard ! » Et elle-même a accompli des études universitaires. Cette exigence intellectuelle est mise au service d'une attention accrue à la question sociale et d'une analyse rationnelle qui construit méthodiquement l'argumentaire du vote pour le Front.

D'emblée, l'entretien porte sur la paupérisation de sa circonscription, l'élue frontiste s'employant à traduire le ressenti d'un déclin dont l'explosion de la criminalité n'est à ses yeux que le symptôme :

> *La Belle de Mai, dans le IIIe arrondissement, est le quartier le plus pauvre non seulement de Marseille, mais de l'ensemble des communes des Bouches-du-Rhône. Il y a là des cités où le taux de chômage atteint 50 %, ce qui est énorme. Et la situation ne cesse de s'aggraver : les commerces ferment, les personnes âgées me le disent quand je les rencontre. C'était vivant il n'y a pas si longtemps, mais les boutiques ont baissé le rideau les unes après les autres à cause du manque de moyens des habitants.*

Le constat de la candidate du Front est semblable à celui de la plupart des autres candidats des quartiers nord, voire de la sénatrice-maire du « XV-XVI », Samia Ghali. Mais s'y ajoute chez elle la perception d'un irrépressible déclin, recueilli dans les récits des populations les plus anciennes, et exprimé par les fermetures de commerces — là où la candidate Zoubida Meguenni comparait la génération de son père, les ouvriers immigrés encadrés par le parti communiste et les syndicats, « la belle époque », à la sienne, dévastée par le chômage. De cette situation est rendu coupable le système politique local, décrit comme le fruit d'arrangements contre nature entre les deux partis majoritaires de droite et de gauche :

> *Depuis que je suis à Marseille, c'est Jean-Claude Gaudin qui est maire de la ville, tandis que le conseil général est socialiste, tout comme le conseil régional, depuis 2004. Il y a donc une espèce d'équilibre, mais dans lequel les habitants du secteur ne retrouvent plus ce qu'ils attendent de leurs élus, à savoir qu'un jour ou l'autre ça aille mieux pour eux, qu'il y ait un déclic. Le déclic n'a pas lieu.*

Le propos est assez proche de l'incrimination de ce même « système » par la masse des « petits candidats » issus de l'immigration maghrébine. Quant à sa perception de l'emprise ahurissante de la délinquance, elle recoupe celle que nous a décrite Samia Ghali à propos de la jeunesse malade et de l'école, voire le clip *Marseille la kalash* du rappeur Kalif Hardcore. À cette différence près que la population de la 3ᵉ circonscription est plus mêlée que celle de la 7ᵉ, le tissu urbain ancien et vétuste y prédomine sur les cités, et la prédation peut s'y exercer sur place, notamment envers les populations âgées, les possesseurs d'automobiles ou les porteurs de bijoux qui habitent le quartier :

> *La délinquance touche tous les secteurs : hier* [13 mars 2013], *deux personnes ont été abattues, une troisième grièvement blessée, dans le XIIIᵉ arrondissement* [4ᵉ circonscription], *qui est très proche du IIIᵉ. Bon, voilà, c'est comme ça maintenant. Vous refusez une cigarette à quelqu'un dans la rue, et, même si vous ne fumez pas, ça peut déboucher sur n'importe quoi. Je ne dis pas qu'il y a des tirs de kalachnikov à tous les coins de rue, mais en tout cas il y en a trop !*
>
> *Dans une cité normale, les gens ne se font pas tirer dessus, comme on le voit aujourd'hui. Ça devient de plus en plus fréquent et concerne des gens de plus en plus jeunes. J'ai discuté avec des*

enseignants pour qui c'est un très gros problème. Les adolescents
n'ont plus de repères, ils sont prêts à n'importe quoi. On ne se
prépare pas un bel avenir social dans ces secteurs si l'on ne fait
pas quelque chose. Juste avant les législatives, place Jules-Guesde, le
parking a été carrément attaqué : des équipes de délinquants se sont
postées aux entrées et sorties et ont détroussé les automobilistes...

La localisation de la permanence de Marie-Claude Aucouturier dans le quartier du Panier, la citadelle de la *zal'a*, des
arracheurs de colliers, décourage les femmes d'assister aux réu-
nions, qui ont lieu en soirée :

> *Compte tenu du manque de transports en commun dans cet*
> *endroit et de l'insécurité ambiante, y compris dans la rue, si les*
> *dames viennent, il faut que je m'organise pour les raccompagner*
> *chez elles. Même en été, il commence à faire nuit assez tôt, et elles*
> *ne veulent pas rentrer seules, ce qui se comprend. L'unique bus à*
> *proximité ne passe plus après 21 heures de toute façon. Ce n'est*
> *pas une situation toujours facile à gérer si on veut garder sa*
> *petite chaîne en or ou ses boucles d'oreilles. Plus ça va et moins*
> *les dames portent leurs bijoux. Les hommes non plus d'ailleurs :*
> *mon adjoint a failli se faire arracher sa chaîne dans la rue de la*
> *permanence !*

La lutte contre l'insécurité, l'un des quatre thèmes cardinaux
du Front national, se décline dans ce cadre tout naturellement.
La conseillère régionale Front national embraye sur une description qui ressemble à ce que disent les candidats de la 7e
circonscription, tout en étant très attentive à montrer que ce
sont les Français « de toutes origines » qui sont victimes de la
situation :

> *L'idée que la sécurité est la première des libertés est l'opinion*
> *la mieux partagée ici. Les habitants ont l'impression d'être pris*
> *en otage, de ne pas pouvoir aller et venir comme ils le souhai-*
> *tent. À partir d'une certaine heure, la rue est occupée par des per-*
> *sonnes qui n'ont pas forcément les meilleures intentions. Dans le*

XVe arrondissement [7e circonscription] où je vis, il y avait un chouf, un guetteur, pour les dealers, à 30 mètres ; maintenant, il y en a deux ou trois. Ils ont étendu leur petit commerce. Je peux vous assurer qu'on ne se sent pas trop en sécurité quand on les rencontre.

Je connais un épicier à côté de ma permanence qui ouvre la nuit. Il bosse, paie ses impôts, mais il en a assez. Il en a plus qu'assez : « Je vais vendre mon commerce. Je ne fais plus assez d'affaires, et je suis racketté. On est en insécurité permanente ! Il ne faut pas croire que, parce que je suis arabe, je serais mieux traité que les autres. C'est le contraire : si je ne coopère pas, ils m'en veulent plus à moi qu'à d'autres, qui ne seraient pas de même origine. » Je m'arrête beaucoup chez lui, on discute. Ce n'est pas une question d'origine : quand on travaille, quand on aspire à vivre tranquillement, quand on est un citoyen honnête qui veut donner une situation à ses enfants, on en arrive à se dire que ce n'est plus possible. Il m'a confié : « Mes enfants, je vais les mettre dans une institution privée. Je ne veux pas qu'ils fréquentent n'importe qui ! »

Le logement est un enjeu majeur dans la circonscription. Marie-Claude Aucouturier note que le nombre de travailleurs pauvres, qui ne peuvent pas payer un loyer au prix du marché libre, augmente. Ils sont pris dans un cercle vicieux. En effet, pour l'accès au parc HLM, « le premier critère est généralement le nombre d'enfants par foyer », ce qui favorise les familles prolifiques, dont la plupart sont celles des immigrés récents. Les célibataires et les couples avec pas ou peu d'enfants sont contraints de se serrer dans les taudis insalubres des marchands de sommeil. C'est à pareille attention aux questions sociales que la candidate attribue la popularité croissante du Front : n'étant pas aux affaires, auxquelles sont étroitement associées à Marseille droite et gauche à travers les figures de leurs ténors respectifs, Jean-Claude Gaudin et Jean-Noël Guérini, les frontistes exercent la fonction de tribun qui était autrefois l'apanage du parti communiste. Mais le spectre qu'ils ratissent est beaucoup plus large, car ils ne se font pas exclusivement les hérauts de la « classe ouvrière » :

En ce moment, si le Front national monte dans les sondages,
ce n'est pas pour rien. On ne passe pas derrière les gens pour
leur dire : « Attention, il faut être pour nous ! » C'est une
réaction qui se fait naturellement, compte tenu des événements
sociaux et autres : la crise économique, l'Europe, etc. Les gens
commencent à se demander s'ils ont bien fait de voter pour le
traité européen.

Forte de son quart de siècle de militantisme, la candidate
retrace l'évolution de son électorat et de ses sympathisants. Le
socle de pieds-noirs nostalgiques de l'Algérie française, d'héritiers de l'extrême droite traditionnelle et de retraités du
prolétariat immigré d'Europe du Sud désarçonné par les comportements d'une génération désœuvrée originaire d'outre-
Méditerranée, ce tripode qui avait structuré le Front marseillais
s'est considérablement élargi. Ce rajeunissement du FN est si
frappant que les photographes de presse ne parviennent plus
à le représenter comme un parti de vieux :

Il y a toujours une frange de personnes âgées, mais de moins en
moins. Je le vois avec mon équipe : quand les journalistes faisaient
des photos, aux repas, aux meetings, ils prenaient toujours les
personnes âgées. Maintenant, ils ont du mal à en trouver et sont
donc bien obligés de prendre des jeunes.

Selon elle, les barrières politiques ont sauté sous l'effet de
la désespérance sociale et de l'angoisse par rapport au devenir
de la société, sur laquelle la candidate s'abstient d'émettre un
jugement en termes ethniques ou culturels :

De plus en plus de gens nous rejoignent qui n'étaient pas du
tout d'obédience Front national auparavant. À la Belle de Mai,
un ancien bastion de la résistance communiste pendant la guerre,
j'ai un électorat chez eux maintenant. Certains me l'ont dit carré-
ment : « On vote pour vous. » Quand je suis sortie, place Cade-
nat, l'ex-fief du PCF, d'un bureau de vote, un monsieur est venu

vers moi et m'a dit : « Madame, permettez-moi de vous féliciter, je viens de voter pour vous, et toute ma famille également. Jusqu'à présent, je votais communiste ! »

Ce basculement du vote ouvrier vers le FN remonte à la fin du siècle passé, mais le phénomène s'est accru au fur et à mesure que se rétractait, telle une peau de chagrin, le réseau d'encadrement syndical des luttes sociales, de comités de locataires, de mobilisation et de discipline qui constituait la contre-société communiste française. Tandis que le pays se désindustrialisait, que les emplois ouvriers disparaissaient vers le tiers-monde, remplacés par le travail précaire du secteur tertiaire, et que les revenus du trafic de drogue et de la délinquance prenaient une part croissante dans l'économie des cités, le système de valeurs et la culture communistes, qui donnaient leur arcature aux classes populaires, se sont effondrés. À ce vide vertigineux se substituent aujourd'hui le Front national et le salafisme, deux disciplines de vie analogiques, dont chacune est portée par l'adhésion à un mythe fondateur : la nation française pour le premier, l'*oumma* islamique pour le second. En dépit de l'opposition de surface entre ces deux grands récits qui semblent antagoniques, il existe de profondes concordances entre eux. C'est ce que montrent les surprenantes congruences entre le discours de certains candidats musulmans et frontistes — que l'idéologie de Soral pousse au paroxysme et fait passer à la limite.

Pour le Front, cette fascination envers l'islam comme son double inversé s'exprime principalement en termes de révulsion, et la lutte contre l'« islamisation de la France » vient désormais en tête de ses quatre thèmes cardinaux. C'est du reste l'un des ressorts de son influence croissante dans les milieux de droite, qui demeuraient réticents jusqu'à il y a peu à une idéologie dont ils trouvaient nauséabonds les relents vichyssois. Tant la droite « orléaniste », libérale, que la droite « bonapartiste », dans sa version gaulliste, déployaient de fortes réserves envers un courant de pensée dont les chefs avaient collaboré avec l'occupant nazi et sombré dans l'antisémitisme de la solution finale. Et le gaullisme même s'était structuré là contre.

Ces barrières ont aujourd'hui cédé, dans le renversement de toutes les valeurs né de la crise sociale qui caractérise la société postindustrielle.

Marie-Claude Aucouturier a observé ces changements dans ses tournées, parmi les gens qui acceptent ses tracts et parlent avec elle :

> *C'est assez amusant, mais des gens qui viennent de la droite tra-*
> *ditionnelle, de l'UMP, nous rejoignent, estimant que la droite ne*
> *se démarquait plus suffisamment ; nous, nous disons l'« UMPS ».*
> *Si vous avez l'occasion un jour d'assister à une plénière du conseil*
> *général, vous constaterez que l'UMP vote à plus de 90 % les rap-*
> *ports présentés par le PS. Donc, les partis ne servent plus à rien.*
> *Avant, nous n'avions presque pas de gaullistes chez nous. Mais*
> *les problèmes entre Jean-François Copé et François Fillon pour la*
> *direction de l'UMP, à l'automne 2012, les ont beaucoup décré-*
> *dibilisés. Ce n'était pas beau à voir, c'était même malsain, cette*
> *bagarre sur la place publique.*

Par rapport à l'islam, l'élue frontiste, tout en assumant l'inté-gralité des valeurs de son parti, se montre sensible aux concor-dances précitées. Dans son activité routinière de distribution de tracts à « toutes sortes d'individus qui viennent chercher de l'information sur le Front national », elle ne « choisit pas les gens à qui [elle] les donne », et se déclare « aussi à l'aise avec un monsieur d'origine algérienne » qu'avec tout autre. Si elle est « totalement défavorable » à « tout ce qui est ostentatoire », confortée par ses discussions avec « un ami imam, qui est reli-gieux » et lui a expliqué « que beaucoup de choses sont presque de la provocation » et ne relèvent pas de la réalité de l'islam, si elle s'insurge qu'on puisse lui faire consommer de la viande halal à son insu, elle estime que la citoyenneté française donne le droit à pratiquer la religion de son choix, et que la laïcité en est la garante.

> *Maintenant qu'on a une population musulmane qui est ins-*
> *tallée ici, qui vit bien — je pense à tous les gens qui sont par-*

faitement intégrés —, la seule chose qui nous distingue, c'est la religion. Mais comme c'est du domaine du privé, on n'a pas à en tenir compte. La fête de l'Aïd fait partie du rite des musulmans ; c'est dans leur culture, dans leur religion, mais il faut qu'elle soit encadrée, que quelqu'un n'aille pas égorger un mouton dans sa baignoire. On est obligé de prendre en compte ce problème. On ne peut pas empêcher des gens qui sont chez nous, qui payent des impôts, qui se comportent normalement, de pratiquer leur religion. Mais ça doit rester d'ordre privé.

Ce respect du « domaine du privé » lié à la croyance ou aux opinions évoque chez mon interlocutrice sa propre expérience fondatrice, qui l'a conduite à l'adhésion au Front national. Bonne élève au lycée, elle avait été traumatisée par une enseignante communiste qui s'était mise à la persécuter lorsqu'elle avait découvert qu'elle allait au catéchisme : « Ce qu'elle représentait politiquement, je me suis mis à le haïr de toutes mes forces. » Plus tard, dans la progression de sa carrière professionnelle, elle estime avoir pâti de son engagement politique, qui lui a fermé de nombreuses portes : « Professionnellement, j'ai tenu le choc, je n'avais pas d'états d'âme. Je n'ai pas voulu me laisser impressionner, car j'estime qu'en démocratie chacun a le droit de s'exprimer. On n'avait pas à me reprocher mes idées ! »

JR à la Belle de Mai

Le quartier de la Belle de Mai, qui fait partie de la 4e circonscription et auquel se réfère la candidate du Front national, symbolise à la fois l'effondrement de l'industrie de Marseille et la disparition de sa classe ouvrière organisée d'antan. S'y est substituée l'immigration d'outre-Méditerranée exclue du marché du travail à celle qui, jadis venue du sud de l'Europe, souffrait certes de l'exploitation capitaliste, mais bénéficiait du plein-emploi. L'emblème de cette histoire de notre déclin moderne est le destin de la manufacture des tabacs, qui occupait une vaste emprise de 45 hectares dans ce quartier improbable.

Un noyau villageois y fut enserré par des usines puis des barres et des tours HLM, enclave rouge du prolétariat coincée entre la voie ferrée et le boulevard National qui joignait la gare au port — où est désormais installée la mosquée Sunna, le plus grand lieu de culte salafiste de la ville. Autour des cigarières et de leurs grèves à répétition contre leurs conditions de travail s'était fédéré un mouvement syndical et communiste puissant, qui recrutait ses membres parmi les immigrés venus de Toscane comme parmi les paysans dépaysannés descendus des montagnes de l'arrière-pays, et où l'on entonnait *L'Internationale* en un patois hybride d'italien et de provençal. Après la Seconde Guerre mondiale, l'État jacobin et centralisateur français, gestionnaire de la Régie des tabacs (Seita), spécialisa la manufacture dans la cigarette brune : la Gauloise et la Gitane prêtèrent leurs traits aux jeunes cigarières de la Belle de Mai alors que le monde basculait dans le tabac blond venu d'outre-Atlantique.

L'usine partit en fumée en conséquence de cette erreur stratégique de nos énarques et de nos polytechniciens, et fut fermée en 1990. Sur son emprise fut créée la « Friche », un vaste projet culturel dédié à de multiples activités tentant de restaurer le lien social, parmi lesquelles le théâtre vivant, et notamment celui du monde arabe, afin de valoriser par l'invocation de sa haute culture l'identité d'une population parmi laquelle le chômage atteignait le record national de 50 % de la population active — à en croire nos entretiens avec les candidats locaux.

En 2013, un extraordinaire projet artistique du jeune artiste JR transforma le visage du quartier. JR s'était notamment fait connaître à Clichy-Montfermeil en affichant de gigantesques portraits des jeunes habitants sur les murs décrépis des cités HLM des Bosquets, symboles de la déréliction sociale en région parisienne, au pied desquels est située la mosquée Bilal où éclatèrent les émeutes de l'automne de 2005. Il poursuivit son travail à travers le monde, permettant aux Tunisiens d'encoller partout leurs portraits sur les façades en 2011 après la chute de Ben Ali, dont l'image unique scandait de son uniformité menaçante le paysage de l'ère de la dictature. Puis il fit recouvrir le mur de séparation israélo-palestinien d'immenses photographies mêlées de Juifs et d'Arabes qui ne communiquaient plus dans une réalité que scindait la barrière de béton, transformée par ses soins en un immense panneau d'affichage.

À la Belle de Mai, JR a fait placarder des clichés en noir et blanc issus des archives familiales des habitants, qui en retracent l'histoire individuelle ; agrandis à l'échelle d'un pignon d'immeuble, d'une palissade, ils sont encollés sur les bâtiments vétustes et font percoler la multitude des vies anonymes et laborieuses venues d'ici et d'ailleurs avec un espace urbain en perdition dont ils assurent soudain une rédemption, ramenant à la surface l'humanité enfouie dans les mémoires collectives. Son exposition urbaine, qu'il a nommée *Unframed*, est tout à la fois hors cadre et recadrage. J'ai retrouvé JR à la Belle de Mai après Montfermeil, Tunis et Jérusalem, comme si, chacun avec son langage, nous nous faisions signe en récurrence sur les mêmes scansions d'un monde en partage, sans jamais nous concerter au préalable.

JR a prolongé son travail en encollant le pignon le plus célèbre de Marseille, corniche du Président-John-Fitzgerald-Kennedy, au sortir du quartier des Catalans dont il domine la plage face au Cercle des nageurs. Une photo de Zinedine Zidane, héros national de l'intégration par le football, s'y étalait sur une immense bâche, sous la légende *Made in Marseille*. Elle était parrainée par une marque d'équipementier sportif, dont j'avais croisé les souliers de sport, entre autres, dans les casiers à chaussures de la mosquée de Fontvert au mois de mars. La bâche finit lacérée par les bourrasques du mistral, et ses lambeaux furent prestement évacués par les services municipaux. Sur ce pignon d'où vent emporta l'icône d'une de nos grandes illusions, JR a encollé, en juillet 2013, le cliché anonyme d'une *Bella di mai*, une belle de toujours : jeune Marseillaise de mère indochinoise, lycéenne des années 1960, énigmatique Joconde photographiée à l'avers de la Passion française.

Nasséra Benmarnia : « *L'Aïd dans la cité* »

C'est de la Belle de Mai que s'est élancé à la conquête de Marseille à l'échéance des municipales de 2014 celui qui fut élu en juin 2012 député socialiste de la 4ᵉ circonscription, Patrick Mennucci. Dans cette perspective, remporter l'élection législative représentait une étape indispensable dans une stratégie qui le conduirait en tête des primaires socialistes le 20 octobre 2013. Un fort antagonisme opposait le candidat au président du conseil général, Jean-Noël Guérini, dont il avait vivement dénoncé les pratiques, dans la foulée du rapport rédigé par Arnaud Montebourg stigmatisant la gestion de la fédération socialiste des Bouches-du-Rhône.

Pour gagner l'élection de juin 2012, il avait fort à faire. Il lui fallait affronter, outre « quatre Maghrébins » — pour reprendre l'expression employée par Omar Djellil, adversaire particulièrement vindicatif —, dont certains avaient pour mission de lui grappiller le plus de voix communautaires possible dans une circonscription fortement peuplée par des électeurs d'ascendance algérienne, la maire « guériniste » de secteur des IIᵉ et IIIᵉ arrondissements de Marseille et conseillère générale Lisette Narducci. Cette municipalité de secteur représente environ la moitié de la circonscription, l'autre étant couverte par le secteur des Iᵉʳ et VIIᵉ arrondissements, dont Patrick Mennucci lui-même est maire.

Lisette Narducci n'avait pas obtenu l'investiture socialiste, mais se présentait avec la force de son appareil municipal et le soutien des réseaux du président du conseil général, dans l'intention de barrer la route du second tour au principal rival de ce dernier, et de mettre obstacle à ses ambitions pour conquérir l'hôtel de ville et exercer dans la foulée l'hégémonie sur le socialisme marseillais au détriment de Jean-Noël Guérini. Il ne manqua au premier tour que deux cents voix à celle-ci pour pouvoir se maintenir contre son adversaire socialiste. Il était donc crucial pour le candidat Mennucci de disposer d'un fort appui local dans la circonscription, qui puisse contrebalancer la dissidence « guériniste » à gauche et lui garantir de passer avec une forte avance le premier tour.

En outre, dans la perspective des primaires socialistes en vue de l'élection municipale de 2014, la sénatrice Samia Ghali n'avait pas fait mystère de ses propres ambitions. En plus de son grand charisme, sa popularité, que lui avait value, au-delà des rangs socialistes, son combat contre la drogue et son appel à l'armée pour rétablir l'ordre, ainsi que la bienveillance que lui avait toujours témoignée le président du conseil général, elle disposait d'un atout formidable en tant que première candidate d'ascendance algérienne, capable de susciter un fort réflexe d'identification parmi l'important électorat concerné, indépendamment des allégeances partisanes. Cela serait du reste démontré par son score aux primaires, dont elle sortit en tête au premier tour grâce au suffrage massif des quartiers nord. Et son résultat était suivi avec attention depuis Alger.

Pour l'ensemble de ces raisons, Patrick Mennucci jeta son dévolu, au titre de suppléante, sur Nasséra Benmarnia, directrice de l'« Union des familles musulmanes » (UFM), une association implantée de longue date à Belsunce, au cœur du « quartier arabe » de l'hypercentre et de la circonscription. Créée en 1996, seule association à référent musulman — mais se définissant comme laïque et apolitique — agréée par le mouvement familial français, elle dispose d'un important réseau relationnel et d'un vaste carnet d'adresses grâce à son rôle de représentation des intérêts des familles, souvent démunies culturellement, auprès des pouvoirs publics. Depuis 2003, l'UFM avait également animé une initiative culturelle annuelle, « L'Aïd dans la cité », rassemblant aux dires des organisateurs quelque trente mille personnes pendant une semaine à l'occasion de la « grande fête » du calendrier musulman, l'Aïd-el-Kébir.

Ce festival aux activités profanes organisait des spectacles musicaux et des conférences, des ateliers de cuisine maghrébine ou de calligraphies arabe et berbère. Il fut très vite considéré comme un créateur important de lien social dans la cité phocéenne, permettant à sa population sociologiquement musulmane de mieux s'identifier culturellement à Marseille. Transcendant les clivages politiques, il bénéficia d'un vaste éventail de soutiens et d'un large spectre de subventions en provenance de la mairie, la préfecture, les conseils général et régional, autant d'instances contrôlées tant par la droite que par la gauche au cours de la décennie écoulée.

Si le compagnon de Nasséra Benmarnia, ancien « marcheur » de l'automne de 1983, était engagé à droite, elle-même n'avait pas d'affiliation partisane explicite, quoiqu'elle confessât avoir été séduite par certains thèmes de la rhétorique de Nicolas Sarkozy lorsqu'il était candidat puis président, et ne l'avoir jamais dissimulé. L'édition 2011 de « L'Aïd dans la cité » fut dédiée à « Mohamed Bouazizi, martyr du printemps arabe », en présence de sa famille venue tout exprès ; celle d'octobre 2012, qui suivit les élections législatives de juin, à la célébration du cinquantenaire de l'indépendance de l'Algérie et à la glorification de son identité.

Ce fut le chant du cygne du festival à la suite d'une plainte déposée en octobre 2012 par le candidat Omar Djellil contre son adversaire Patrick Mennucci, qu'il accusait de favoritisme parce que l'association avait touché une importante subvention du conseil général à la fin de juin 2012 alors qu'il en était vice-président. Même si Nasséra Benmarnia avait démissionné de ses fonctions à l'UFM avant de se porter suppléante, la brigade financière entendit le député, désormais candidat socialiste à la mairie de Marseille, en décembre 2013. L'affaire aboutit à un simple « rappel à la loi » pour ce dernier, avant d'être classée le 2 janvier 2014. Mais toutes les subventions publiques ayant été coupées, l'association ne put tenir le festival en 2013 à l'exception de quelques conférences — reflet, entre autres choses, des conflits aiguisés par la compétition féroce pour la mairie de Marseille en mars 2014. S'il était élu maire, Patrick Mennucci a annoncé qu'il ne pratiquerait pas le cumul de mandats. Sa suppléante devrait donc lui succéder au Palais-Bourbon.

Cette jeune quinquagénaire, née dans une fratrie de douze enfants de parents originaires de l'Ouest algérien immigrés dans les années 1950 dans un village du Midi, s'installa à Marseille dans la décennie 1980. Après avoir consacré trois décennies de sa vie au monde associatif, elle décida pour la première fois de sauter le pas de l'engagement politique à l'occasion des élections législatives de juin 2012, ayant été plusieurs fois sollicitée de divers côtés :

> *Je n'avais pas senti le moment opportun. On voulait me faire entrer dans un plan de communication, c'était une opération « casting », ça ne m'intéressait pas, ni aux municipales, ni aux régionales. Par contre, pour les législatives, il y avait une vraie possibilité de toucher de près à ce que c'est que de faire de la politique. Et puis, au bout de trente ans de militantisme, je pense qu'on est obligé de faire le constat : quand vous restez à tambouriner à la porte, à un moment donné, quand on vous ouvre, vous entrez !*

En investissant son capital associatif aux côtés de Patrick Mennucci, qui affrontait une dissidence socialiste en la personne de Lisette Narducci, elle estime avoir démontré que ce ne sont plus les partis traditionnels qui détiennent toutes les cartes, en particulier dans un quartier populaire :

> *À un moment donné, l'électeur est libre de choisir qui est son candidat, et plus encore dans ce qu'on appelle les « quartiers populaires ». Les gens comprennent un peu plus les choses que ce qu'on imagine. Je crois que, face au diktat de la monarchie républicaine qui s'est installée dans le paysage politique, ils ont montré quelles étaient leurs intentions. C'était du renouveau : ils voulaient des gens qui les représentent et qui leur ressemblent davantage.*

L'engagement de proximité, prolongement de sa pratique associative, a été la clé du succès de l'élection :

> *On est dans un secteur très pauvre, avec dans notre circonscription le IIIe arrondissement, le plus pauvre de Marseille — et de France. Les gens ont d'autres préoccupations que de se poser la question de leur prochain député. Ça a donc été une campagne de proximité, où on est allés chercher les voix une à une, compliquée*

parce qu'on avait une dissidence au sein de la circonscription.
Comme je n'appartiens pas au parti socialiste, j'avais le recul néces-
saire : s'intéresser parfois à certains ragots, à des rumeurs liées à
la campagne ou à une dissidence nous faisait perdre du temps.

Sa candidature comme suppléante se voulait d'abord une participation au débat d'idées porté par les Français issus de l'immigration maghrébine, qui est la sienne. Telle fut l'opportunité
que lui offrit cette campagne, alors qu'auparavant elle avait le
sentiment d'être instrumentalisée « pour remplir les quotas » :
cocher deux cases en même temps, la parité et la diversité, ou,
comme elle l'exprime en termes imagés, la femme « et en plus
Ben couscous et musulmane ».

Le récit du parcours personnel, qui culmina dans cette campagne, avait commencé par l'invocation, comme c'est fréquent
à Marseille, de l'engagement familial armé avec le FLN durant
la guerre d'Algérie :

> *Je milite depuis que je suis très jeune, parce que j'ai un papa*
> *qui a combattu pour la libération durant la guerre d'Algérie et*
> *une maman qui l'a beaucoup aidé, côté français, en organisant les*
> *réseaux de collecte pour acheter les armes destinées au FLN. J'ai*
> *baigné dedans depuis que je suis toute petite. J'ai longtemps milité*
> *dans le réseau associatif algérien. Et puis, dans les années 1980,*
> *il devint évident pour moi que mon pays, c'était ici, la France, et*
> *que le rêve du retour ne concernait plus que mes parents.*
>
> *Ma réalité a donc été française, mais avec une fierté d'origine,*
> *un attachement à l'Algérie, à une culture et une identité dont*
> *je suis fière et dont je ne souhaite pas me déposséder, comme un*
> *Corse, un Bourguignon ou un Alsacien peuvent être fiers de leur*
> *identité. Mon devenir, ma vie de femme, la construction de ma*
> *famille se feraient sur le territoire français parce que, après tout,*
> *je me sentais complètement française.*

Ainsi, à l'intérieur de cette identité « complètement française », la candidate suppléante revendique-t-elle de plein droit
l'expression de sa spécificité musulmane :

Je suis française, mais pas gauloise, française, mais pas de l'identité judéo-chrétienne. J'ai une autre religion. La France, je la côtoie depuis longtemps, même si elle fait semblant de ne pas s'en apercevoir. Ça ne fait que trente ans qu'elle découvre ses musulmans. Pourtant, l'histoire coloniale a créé un lien de plus d'un siècle avec la religion musulmane.

Je n'ai pas envie de faire semblant : je suis musulmane, pratiquante. Je le répète, je me sens complètement française, mais en même temps ça ne me gêne en rien de m'impliquer dans une vie de musulmane. J'ai envie de pratiquer ma religion, que mes enfants puissent recevoir une éducation musulmane, qu'on puisse librement s'absenter de l'école les jours des fêtes les plus importantes de la communauté musulmane sans devoir déclarer « enfants malades ». Est-ce contraire à la laïcité ? Mes enfants, à Noël, à Pâques, pour l'Ascension ou la Pentecôte, ils sont à la maison. Alors pourquoi pas le jour de l'Aïd ?

L'acceptation du fait islamique en France a ainsi été au cœur de son engagement associatif, dans une perspective culturelle au sens large :

Aujourd'hui, vu la diversité de la communauté nationale, ça ne devrait plus poser de problème. Peut-être a-t-il fallu, pour faire admettre le fait musulman comme un fait français, s'impliquer davantage sur ces questions. Après, le débat est difficile, il faut être pour ou contre, toujours dans une case. Si vous êtes contre la loi sur le voile [la loi de mars 2004 prohibant les signes religieux ostentatoires à l'école], *est-ce que ça veut dire que vous adhérez au mouvement intégriste et que vous voulez des* burqas *sur tous les trottoirs de France et de Navarre ? Entre les deux, il y a la majorité musulmane silencieuse de ce pays, et il est difficile d'arriver à la faire entendre. Ensuite, tout le sens de mon engagement politique vient de ce qu'il y a de vraies discriminations, de vrais problèmes dans la façon dont on perçoit les quartiers populaires, les personnes issues de l'immigration.*

C'est justement le rôle qu'a joué, dans son esprit, le festival de « L'Aïd dans la cité » : donner une visibilité à une haute culture arabo-musulmane qui permette à la fois à ceux qui s'en réclament de s'identifier à des références valorisantes, de « sortir du mouton dans la baignoire » et de partager celle-ci avec des concitoyens non musulmans en étant fiers de leur héritage et de leurs origines.

Ces initiatives ont suscité de vives polémiques sur de multiples sites identitaires allant de « Riposte laïque » à « Défrancisation », qui ont abondamment critiqué l'usage des deniers publics dans ce qu'ils voyaient comme la subvention d'une religion. Ces sites et les associations qu'ils recouvrent comptent beaucoup d'adeptes dans la région Provence-Alpes-Côte d'Azur, ainsi que le manifestent les scores élevés du Front national aux diverses élections. Sur ce phénomène, c'est encore une fois à partir de l'histoire algérienne que Nasséra Benmarnia analyse le devenir de la France d'aujourd'hui :

> En termes sociologiques, beaucoup de gens qui n'ont pas digéré la guerre d'Algérie sont présents dans cette région. Cela inclut beaucoup d'anciens sympathisants de l'OAS, qui ont développé cette culture pied-noir, qui est très concentrée autour de l'aigreur, de la revanche, etc. En face, vous avez aussi une importante communauté algérienne.
>
> Tout cela explique le score du Front national. Que n'entend-on dire : « Ils ont voulu leur indépendance, eh bien, qu'ils rentrent chez eux ; ils veulent être musulmans, qu'ils repartent » ? Sauf que « chez eux », c'est ici !

Stéphane Ravier contre le métissage

Stéphane Ravier est le leader marseillais du Front national. Candidat en juin 2012 dans la 3ᵉ circonscription, située au cœur des quartiers nord, autour des XIIIᵉ et XIVᵉ arrondissements de la ville, il n'a perdu au second tour que de 699 voix, avec 49,1 %

des suffrages, contre la socialiste Sylvie Andrieux, patronne du secteur, fille du sénateur Antoine Andrieux, ancien bras droit du maire de Marseille, Gaston Defferre. Pourtant, durant la campagne, celle-ci avait été mise en congé du parti, car elle était poursuivie en justice sur l'accusation d'avoir détourné des subventions publiques afin de financer des associations fictives dont la seule finalité était d'assurer sa réélection. Lors du procès qui, en mai 2013, a lourdement condamné la députée et ses principaux collaborateurs — qui ont fait appel —, l'activité des « viandards », qui pervertit le déroulement des élections, en particulier dans les quartiers populaires du nord de la ville, a été démontée et exposée avec ampleur pour la première fois.

Comme indiqué précédemment, le terme imagé « viandard » désigne, dans l'argot politique marseillais, ces agents électoraux, plus ou moins liés au monde souterrain de la délinquance et du trafic de stupéfiants, qui persuadent, par divers moyens, des électeurs de milieux démunis, fréquemment issus de l'immigration — la « viande » —, d'aller voter, par cages d'escalier entières. Leur suffrage va alors au candidat qui a fait rémunérer les « viandards » à travers les associations subventionnées par l'argent public détourné. Le procédé est très organisé : il inclut le démarchage à domicile, l'accompagnement au bureau de vote et la vérification que telle ou telle famille « a voté » dans son intégralité. Ce phénomène, connu de chacun dans la cité phocéenne, n'a pas peu contribué au discrédit de la chose publique, ainsi qu'au rejet du « système ».

Presque tous les candidats qui nous ont accordé un entretien nous en ont parlé pour s'en offusquer, à l'exception de ceux qui s'en sont servi et ont préféré le minimiser, voire le passer sous silence. Le candidat Laïbi appelle ces apporteurs de voix bachagas, du nom des chefs traditionnels algériens sur lesquels s'appuya la colonisation française. La plupart des « petits candidats » et ceux du Front national en ont fait leur argument de prédilection pour dénoncer la perversion de la démocratie à Marseille, voire pour en prononcer l'inanité dans une nation qui tolère pareilles pratiques. Le rapport d'Arnaud Montebourg à la secrétaire nationale du parti socialiste Martine Aubry, en mars 2011, avait déjà levé un coin du voile, en identifiant à la présidence du conseil général des Bouches-du-Rhône, dispensatrice des subventions, la racine du mal.

Dès le début de l'entretien, c'est à la manipulation d'électeurs parlant à peine français que Stéphane Ravier se réfère pour expliquer sa courte défaite. Il confie qu'un de ses assesseurs lui a raconté comment des « Français d'origine comorienne qui ne maîtrisaient pas trop la lecture de notre langue » se sont vu remettre directement leur bulletin de vote dans tel bureau — sans que l'assesseur, novice et stupéfait, fasse même consigner l'événement au procès-verbal. C'est à une multitude de pratiques déloyales, pour lesquelles il renvoie au procès de son adversaire, en cours au moment de nos entretiens, qu'il attribue un résultat qui l'a frustré de peu de la victoire. Nombre de mes interlocuteurs n'appartenant pas à son parti politique m'ont témoigné qu'il aurait dû gagner. Technicien dans une grande entreprise, où sa notoriété frontiste lui a interdit, à ses dires, tout espoir de carrière à cause du veto des appareils syndicaux, il a été séduit dès son adolescence par Jean-Marie Le Pen, dont il a suivi un meeting au parc Chanot, le centre de congrès proche du Stade-Vélodrome, où j'ai assisté, le 8 août 2013, avec une vingtaine de milliers de fidèles, à la prière de l'Aïd-el-Fitr, qui célèbre la fin du ramadan, en présence de la sénatrice Samia Ghali et du député Patrick Mennucci.

Au milieu des années 1990, Stéphane Ravier occupait des responsabilités au Front national de la jeunesse et devint vite élu local. Il est un de ceux qui restèrent dans le parti, vidé de ses cadres régionaux par le « putsch » de Bruno Mégret au terme de cette décennie. Il dispose aujourd'hui d'une solide implantation et surtout d'une forte légitimité, construite dans les années difficiles, légitimité qu'on lui reconnaît d'autant plus volontiers que le Front a désormais le vent en poupe. Sur son affiche de campagne, il pose devant une vue de Marseille prise depuis le Vieux-Port en contre-plongée, dominée par la haute silhouette de Notre-Dame-de-la-Garde sous laquelle se distinguent les tours HLM mêlées à l'habitat vétuste de l'hypercentre. Visage émacié, cheveux courts, il fixe l'objectif, pour donner l'impression de regarder dans les yeux le spectateur, en cravate azur sur veste argentée, les couleurs du drapeau marseillais. Sous le ciel barré du slogan « Insécurité, saleté, immigration, baisse du pouvoir d'achat : ras-le-bol ! », son nom se détache en grandes capitales azur, tandis qu'un cartouche blanc sur fond rouge posé en oblique clame : « Les Marseillais d'abord ! »

Petit-fils d'ouvrier savoyard communiste et responsable cégétiste émigré à Marseille, fils d'un ouvrier qui n'hésita pas à s'expatrier pour assurer un bon revenu au foyer, Stéphane Ravier a grandi dans les quartiers nord. Il évoque avec nostalgie un tissu social qui n'était pas déchiré comme aujourd'hui selon des clivages ethnico-confessionnels et où les immigrés se fondaient dans la France, à l'instar de ses grands-parents maternels venus d'Italie :

> *Ma mère, dans les Alpes, a voulu entrer au collège de Gap. On a expliqué à mes grands-parents italiens qu'il n'y avait pas assez de place : priorité aux « gens d'ici ». Ils n'ont contacté aucune association — ça n'existait pas à l'époque — ni brûlé de voitures ou de gymnases ni crié à l'« italianophobie » ! Ils se sont dit : « Puisqu'on veut rester en France, le mieux est de devenir français. » Ils ont donc été naturalisés assez vite puis se sont fondus dans la communauté nationale. C'était quelque chose qui allait de soi.*
>
> *Tout le monde comprenait qu'à un moment donné il fallait faire le sacrifice d'une partie de soi pour s'insérer dans le creuset français. Évidemment, mes grands-parents ont gardé un attachement particulier pour l'Italie, mais je ne les ai jamais entendus parler italien à la maison ni me dire : « Il faut être fier d'être italien, la France, ce n'est pas si beau que ça, blablabla… » Il y avait une reconnaissance naturelle : la France a fait l'effort de nous accueillir. [Mon grand-père] est venu chercher du travail en France parce qu'il n'y en avait pas en Italie.*

C'est cette fusion dans le « creuset français » que le dirigeant frontiste ne retrouve plus aujourd'hui, en particulier dans les quartiers nord de Marseille, où il a passé toute sa vie :

> *Ce qui ne se disait pas avant, parce que c'était naturel, c'est qu'il n'y a qu'une seule communauté en France, la communauté nationale. Cela n'interdit pas d'avoir des attaches : dans le domaine privé, vous pouvez faire tout ce que vous voulez. Mais il faut se sentir de ce pays d'abord et en être fier. Malheureusement, aujourd'hui, on en est à réclamer cet état d'esprit des nouvelles générations, de nouvelles vagues d'étrangers qui s'installent chez nous. On voit bien que le communautarisme, le fait de fragmenter la nation, la République, amène à une société « multiconflictuelle ». S'ils veulent devenir français, c'est tout à fait possible, mais à condition qu'ils fassent l'effort d'abandonner une partie d'eux-mêmes. C'est le prix à payer s'ils souhaitent que la France les accueille.*

Dans une vision du monde qui fait en partie écho aux thématiques popularisées par Alain Soral, Stéphane Ravier incrimine des élites globalisées et coupées du peuple qui ont bradé nation et souveraineté :

> *Il faut que nous retrouvions notre souveraineté dans tous les domaines, militaire, économique, budgétaire, monétaire, mais aussi la maîtrise de nos frontières, de notre politique migratoire. Tout ça, nous l'avons abandonné volontairement, remis à des institutions supranationales, européistes et mondialistes, à des gens qui ne sont même pas élus, à des intellos autoproclamés qui ont décidé à la sortie de leurs grandes écoles de ce qui était bien pour nous, les peuples européens. Ce qui consistait à nier nos histoires et nos identités. Il faut absolument sortir de ce système qui nous broie. Pour redevenir maîtres chez nous, reprendre en main notre destin et mener la politique que nous voulons, il nous faut redevenir souverains !*

La technostructure bruxelloise — que d'autres candidats n'appartenant pas seulement au Front ont dénoncée durant cette enquête comme étant l'organe décisionnaire antidémocratique suprême de l'Union européenne — est vue comme l'instance par excellence qui a vidé de sa souveraineté l'Assemblée nationale, réduisant les représentants du peuple à une fonction symbolique, voire décorative. La « dilution de l'identité française » dans un immense « magma européen » s'est vue encore aggravée, disent-ils, « par un déferlement migratoire — dans un contexte de crise économique généralisée — qui a immensément accru le chômage », mettant les travailleurs à la merci des patrons :

> *Non seulement on tolère qu'il y ait huit millions de pauvres dans ce pays, mais on continue à faire entrer la pauvreté. C'est suicidaire pour tout le monde, pas seulement pour les Français : pour les étrangers qui arrivent et qui ont peut-être vu sur leur écran de télévision qu'en Europe — et particulièrement en France — c'était le paradis, qu'on pouvait vivre d'un torrent de miel et d'avantages sociaux. Eh bien, nous n'avons tout simplement plus les moyens de tout cela.*

C'est par le biais social qu'est introduite la question identitaire. La crise économique, qui se traduit par la baisse du pouvoir d'achat, les licenciements et le chômage, crée les conditions d'une exaspération que renforce le sentiment de se trouver comme chassé de son propre pays, après l'avoir été de son travail et avoir assisté à la dégradation de ses conditions de vie. L'affichage de l'islam dans l'espace public comme marqueur dominant au cœur même de la cité devient la figure emblématique d'une immigration d'abord ressentie comme « pesante » :

> *Au-delà de ce volet économique et social, il y a le volet identitaire. Nous avons le droit et même le devoir de défendre l'identité de notre nation qui est mise à mal par cette politique d'immigration délirante qui fait que nos paysages, nos villes, nos campagnes sont en train de changer, que nos lois sont altérées, nos traditions, mêmes culinaires ou vestimentaires, remises en cause, tout comme les relations entre les hommes et les femmes.*
>
> *Il y a seulement vingt ans, les Marseillais n'auraient jamais pu imaginer que la situation de l'immigration serait telle un jour qu'on verrait des musulmans prier dans la rue, à deux pas de*

> *la Canebière, en l'occurrence la rue Poids-de-la-Farine, que j'ai rebaptisée « rue du Poids-de-l'Immigration »...*
> *Si on leur avait dit qu'il y aurait soixante-dix mosquées, la* burqa *dans les rues — la* burqa, *pas le voile —, ils auraient répondu : « Mais vous débloquez ! » Quand vous en parliez, il y a vingt ou vingt-cinq ans, les gens vous disaient : « Vous exagérez ! Dans les quartiers nord peut-être, mais pas ici sur la Canebière ! »*

Cette vision obsidionale du monde n'est pas sans rappeler, paradoxalement, les théories marxistes qui accusaient le patronat de constituer d'« immenses armées de réserve de chômeurs » pour faire pression sur le niveau des salaires. Mais à ce raisonnement presque livresque se mêle vite, avec la force d'une évidence visuelle, le bouleversement culturel introduit par la présence massive d'une immigration dont le poids serait tel qu'il affecterait la totalité de la vie quotidienne, y compris dans ses aspects les plus intimes, comme la vêture, l'alimentation ou la vie de couple.

L'islamisation de l'espace civil est décrite dans ce propos comme le symptôme le plus ostensible et traumatisant de la rupture du lien social français, comme une perturbation de tous les repères. On y retrouve, argumentée à partir d'une mise en perspective du vécu local, la rhétorique des principales campagnes de Marine Le Pen, en particulier l'assimilation des prières de rue à l'invasion nazie, qui valut à la présidente du Front national la levée de son immunité de parlementaire européenne en juillet 2013, mais qui a correspondu à une progression très importante de sa cote de popularité. L'évocation des prières de rue à côté de la Canebière en fournit l'écho précis et illustratif dans le propos politique de Stéphane Ravier, qui, fort de cette thématique, a manqué de peu d'emporter l'élection de 2012 dans la 3ᵉ circonscription :

> *Quand on annonçait toutes ces choses à nos compatriotes, ils nous prenaient pour des malades, et pas seulement nos adversaires : même ceux qui étaient à notre écoute avaient du mal à nous croire. Vingt ans plus tard, on s'en rend compte. Après, cha-*

cun est libre de considérer ces changements comme quelque chose de positif ou pas. Quoi qu'il en soit, ils sont là.

Derrière, cachés par les grandes mosquées, il y a d'autres problèmes, comme les déficits sociaux, le chômage, etc. Dès 1982, Jean-Marie Le Pen a parlé de mondialisation, d'ouverture des frontières, d'une politique d'immigration qui ne servait que le patronat. Mais il ne s'en prenait pas aux Arabes. Hier comme aujourd'hui, on le considère comme d'extrême droite, néofasciste, alors qu'il évoque simplement une politique d'immigration bien précise qui nuit à tout le monde.

En dépit de ses propos virulents sur les mosquées et les prières de rue, qui lui ont valu l'animosité particulière du candidat « patriote musulman » Omar Djellil, le dirigeant frontiste marseillais ménage un électorat arabe potentiel susceptible de le rejoindre sur la question sociale ou sur la lutte contre l'insécurité, dont il est une des premières victimes :

Qui veut encore se servir de son nerf optique voit bien que ça s'entasse à Pôle emploi, que nos industries, nos entreprises sont délocalisées, les salaires compressés à la baisse, que l'insécurité n'est plus endiguée, qu'on est dans le laxisme. On ouvre chaque jour un peu plus l'immigration, on avance dans l'européisme, le mondialisme, alors que François Fillon lui-même a confessé en 2007 que la France était ruinée, qu'il n'y avait plus d'argent dans les caisses.

Dans un tel argumentaire, la force du symbole marseillais tient à ce que le centre historique, qui constitue le cœur de l'identité de la ville et s'est vu, par sa notoriété, érigé en monument de la mémoire française dans son ensemble, est touché de plein fouet. Tout habitant ou visiteur de la deuxième ville de France ne peut manquer de le constater *de visu*, souligne d'ailleurs le leader frontiste. Ailleurs dans l'Hexagone, la relégation en banlieue des marqueurs de l'islamisation du territoire contribue à rendre celle-ci invisible aux classes moyennes résidant ou travaillant dans les centres-villes rénovés.

C'est ce stigmate phocéen ostentatoire que vise à résorber la ponction des fonds bruxellois destinée à faire de la ville, en 2013, la « capitale européenne de la culture », habillage de la gigantesque opération de réhabilitation de la partie de l'hypercentre incluse dans les quartiers nord, le quartier Euroméditerranée en plein chantier. Cette appellation hybride lui a du reste valu, pour des raisons opposées, deux types de critiques. Pour les gauchistes et défenseurs des populations immigrées installées dans ces zones vétustes et vouées à l'expulsion, « euro » est vécu comme antagonique à « africain » ou « arabe » : c'est le sens de la fameuse chanson de la rappeuse Keny Arkana *Marseille, capitale de la rupture*. Pour le Front national, ces quatre lettres sont doublement abominables : elles font allusion à la monnaie commune haïe, contre laquelle ils militent pour la restauration du franc, dont s'ornait le tee-shirt d'Alain Soral lors du meeting de soutien au candidat Salim Laïbi, ainsi qu'à l'Europe, l'un des quatre cavaliers de l'Apocalypse frontiste, avec l'islamisation, l'immigration et l'insécurité :

> On parle d'Europe ouverte sur le Maghreb, mais chacun se rend bien compte qu'il ne s'agit pas d'une Europe « européenne », comme on nous l'a vendue dans les années 1950-1960, mais d'une étape vers un libre-échange économique planétaire pour arriver à terme à une sorte de gouvernement mondial. Or, tout le démontre, ce système-là a fait les preuves de son échec cuisant, voire de sa nocivité, et doit être abandonné.

La dilution de l'identité nationale des classes populaires est perçue, dans la doctrine frontiste, comme le résultat d'une stratégie perverse de pouvoir des élites dominantes, elles-mêmes *mondialisées*. Cet adjectif au goût du jour évoque l'usage des termes « apatride » ou « cosmopolite » par l'extrême droite de l'entre-deux-guerres pour dénoncer le capitalisme transnational au moment de la grande crise de 1929 et dans ses lendemains. Il lui avait permis d'engranger d'importants succès électoraux, en France et plus encore en Italie ou en Allemagne. Cette tradition a été reprise, notamment à la fin du siècle dernier, par l'une

des boîtes à idées de l'extrême droite hexagonale, le *think tank*
Grece. Son acronyme hellénisant pour Groupe de recherches et
d'études sur la civilisation européenne visait à refonder celle-ci
sur le socle philosophique du paganisme antique pour faire
pièce à une filiation judéo-chrétienne jugée par trop « sémiti-
sée ». Sa revue, *Éléments*, attachait beaucoup d'importance à souligner l'aliénation — emprunt au vocabulaire marxiste — des
populations maghrébines immigrées en Europe, type idéal de
la déculturation par réduction de celles-ci à l'état de consommateurs des produits les plus standardisés et dégradés du libre
marché. La prochaine cible de cette déculturation serait la
population autochtone des classes populaires européennes. On
retrouve la trace de cette idéologie dans le propos de Stéphane
Ravier, quand il pointe le métissage comme un instrument d'op-
pression idéologique :

> *On veut nous faire avaler le métissage comme l'« aboutissement
> ethnique » de l'idéologie mondialiste. C'est ce qu'avait déclaré
> Sarkozy : la République n'a pas d'autre choix que de se métis-
> ser. Ce n'est d'ailleurs même pas un choix, c'est une obligation.
> Or les sociétés multiconfessionnelles sont aussi multiconflictuelles.
> C'est une réalité que ces gens-là ne veulent pas voir. Ils sont dans
> l'idéologie et la volonté de créer un monde nouveau, le « citoyen
> du monde », le « consommateur-contribuable », interchangeable :
> « Ce n'est pas grave s'il y a du chômage en France : dans une
> autre partie du monde, on crée des emplois. »*
>   *Il n'y a plus de démarche nationale, de sentiment national, de
> priorité nationale. L'homme nouveau passe par la négation de
> ce qu'il a pu être pendant des siècles : l'attachement à sa terre, à
> sa culture régionale et nationale, à ses racines cultuelles. On ne
> respecte plus rien. On broie, on mélange, on touille : il en ressort
> quelqu'un qui n'a plus aucun repère, plus aucune racine.*

Dans ce propos, comme c'était déjà le cas chez les idéologues
du Grece, la déstructuration des jeunes Maghrébins de France,
en proie à l'américanisation et à la déculturation, apparaît
comme une anticipation du destin qui frappera le reste de la

société s'il subit sans résister le métissage abominé. Le paradoxe est que la réaffirmation identitaire musulmane dans l'espace public, que fustige Stéphane Ravier, est justement conçue comme une manière de lutter contre pareille déstructuration, et ce d'autant plus lorsqu'elle est prise en main par les imams salafistes. La construction imaginaire d'une *oumma*, communauté des croyants pure et vertueuse qui corsète les identités à la dérive, peut être renvoyée dos à dos avec la revivification du mythe fondateur de la nation par l'idéologie frontiste :

> *Prenez ces jeunes Français, nés ici, mais d'origine maghrébine : ils sont complètement bombardés par un modèle de société américain et ne sont plus que des unités de consommation et de production. Ils sont de la troisième génération, et pourtant ils ne se sentent toujours pas français. On leur a d'ailleurs dit que ce n'était pas la peine de le devenir. Ils se sentent donc arabes, alors même qu'ils sont français. Ils sont sous l'emprise du modèle de culture de masse américain. Ils ont beau savoir que la France est un pays de tradition catholique, ils se sentent plutôt musulmans, mais pas vraiment non plus. Finalement, à force de vouloir être tout, ils ne sont rien. À force de vouloir être « franco-quelque-chose », ils sont de nulle part.*

À l'instar de la plupart des candidats issus de l'immigration qui nous ont accordé des entretiens, le candidat frontiste rejette la « diversité », notion très en faveur durant le quinquennat Sarkozy. Mais là où ces candidats la perçoivent comme une forme de discrimination subtilement déguisée sous une rhétorique faussement généreuse, il préfère y voir le mode de contrôle privilégié d'un électorat dont les réflexes communautaires sont encouragés par ceux qui en récupèrent les suffrages grâce à l'action des « viandards », tandis que la nation est vilipendée par les institutions mêmes qui devraient exalter sa mémoire et son histoire :

> *La diversité est une arme de destruction — et de réélection — massive, qui permet à ceux qui sont au pouvoir de maîtriser, de manipuler les personnes d'origine étrangère en en faisant de la*

« *chair à voter* ». *On leur fait croire qu'on s'occupe d'eux, que la France se serait conduite d'une façon inhumaine quand elle était présente dans ce qu'on appelait à l'époque les colonies et, en Algérie, dans ses départements français. Il y a une entreprise d'autodénigrement et d'autoflagellation qui crée de façon artificielle et infondée des fractures entre ces néo-Français et les Français d'origine ou de souche européenne.*

Au terme de sa logique, le leader du Front national à Marseille pousse le paradoxe jusqu'à se faire, sinon un défenseur des Roms, du moins un analyste des raisons pour lesquelles ces derniers — dépourvus de pouvoir de nuisance électoral — sont devenus les boucs émissaires de tous les péchés de la France multiethnique, l'exutoire de sa haine de soi. En septembre 2012, dans une cité du XVe arrondissement, des habitants excédés avaient chassé *manu militari* des Roms récemment installés dans un campement sauvage, suite à la multiplication des cambriolages et à la dégradation des lieux constellés d'excréments, puis avaient brûlé les restes du camp. Ils en avaient avisé la maire de secteur, la sénatrice Samia Ghali, qui avait déclaré à l'AFP que, si elle ne cautionnait pas ces actions, elle pouvait néanmoins les comprendre lorsque les autorités n'intervenaient pas pour faire respecter la loi. Selon Stéphane Ravier, en revanche :

S'il y a une catégorie d'immigrés sur laquelle on s'acharne, ce sont bien les Roms. On peut démonter leurs camps, comme dans les quartiers nord : ça sert de défouloir. Le pauvre Rom, il est européen, pas musulman, du moins en général, mais il ne vote pas [les Roms roumains ou bulgares peuvent en réalité, sous condition de résidence, voter aux élections municipales]. *Il n'est pas issu de communautés installées antérieurement et constituées en associations capables d'agir électoralement. Le Rom, c'est une soupape de sécurité, un souffre-douleur. Même la gauche s'en prend à eux.*

Les dilemmes de Nora Preziosi

Dans la bataille des législatives pour le siège de la 3ᵉ circonscription des Bouches-du-Rhône, la droite a dépêché au combat Nora Remadnia-Preziosi face à la socialiste (en congé) Sylvie Andrieux et au frontiste Stéphane Ravier. Adjointe au maire Jean-Claude Gaudin, déléguée à l'action familiale et au droit des femmes, Nora Preziosi a obtenu 20,21 % des suffrages au premier tour, mais n'a pu se qualifier pour le second : du fait de la faible participation, son score n'a pu atteindre le seuil fatidique de 12,5 % des inscrits.

Les grands-parents et parents de la candidate UMP sont originaires du djebel des Aurès, « les montagnes où il y a des guerriers », me dit-elle quand nous faisons les présentations, de cette ethnie chaouia dominante chez les Marseillais d'ascendance algérienne. « Dans la guerre d'indépendance, je crois que le premier coup de feu est parti de là, du pays des moudjahidin ! » Et en effet, c'est au milieu des gorges de Tighanimine, dans les Aurès, que, le 1ᵉʳ novembre 1954, le jeune instituteur Guy Monnerot était extrait d'un autocar et abattu par le FLN, acte éminemment symbolique de ce jour de la « Toussaint rouge » qui marqua le début de la guerre d'Algérie.

La candidate est née quelques années plus tard au sein d'une fratrie de treize enfants dans des baraquements des quartiers nord, qui deviendront la cité Fontvert, aujourd'hui notoire pour le trafic de drogue et la criminalité, celle-là même où j'assisterai à la prière du vendredi, le 15 mars 2013, au soir duquel le jeune Nabil sera exécuté par les caïds, qui lui infligeront le supplice du « barbecue ». Elle-même y a trempé dès son jeune âge la forte personnalité qui deviendra la sienne :

> *Je suis née dans les bidonvilles de Marseille, quand mes parents sont arrivés d'Algérie. Je dis toujours : « Si les rats ne m'ont pas mangée, ce ne sont pas les gens qui vont le faire aujourd'hui. »*

Éduquée chez les sœurs, elle dut quitter l'école à seize ans suite au décès de son père pour gagner sa vie et celle de sa famille et devenir artisan coiffeur. Très élégante, on la voit sur son affiche électorale poser en souriant devant les barques de pêche du Vieux-Port, réincarnation berbère de la Fanny de Pagnol. Elle a épousé l'un des ténors du barreau marseillais, issu d'une lignée corse illustre, neveu du capitaine Preziosi, Compagnon de la Libération et héros de la France Libre, à qui la légende prête, lors d'une mission en Libye, la paternité du colonel Kadhafi. Cette mère heureuse de deux enfants est entrée en politique à la suggestion de Renaud Muselier, alors député et dauphin du maire, qui souhaitait féminiser la droite marseillaise en conséquence des lois sur la parité et élargir son assise dans les quartiers nord. Cela s'est fait d'autant plus aisément qu'elle se revendique gaulliste, tout en descendant, côté algérien, d'une famille FLN :

> *Mon père était gaulliste, mais mes parents sont chaouis. Je suis peut-être l'unique élue UMP de France à ne pas être une enfant de harkis, la seule fille de moudjahid. Mon père s'est battu pour que l'Algérie reste algérienne, tout en ayant un grand respect pour de Gaulle.*

Remarquée par le président de la République Nicolas Sarkozy, à qui elle voue une immense admiration — de nombreux portraits dédicacés ornent son bureau de la mairie de Marseille où elle m'accorde un entretien —, elle reçut pour tâche, difficile, d'aller à la bataille électorale sur des territoires contrôlés par la gauche où les candidats de droite ne se bousculaient pas. Elle y mit une énergie et y déploya un style politique qui ne sont pas sans évoquer ceux de sa parente Samia Ghali, sénatrice et maire socialiste du secteur, mitoyen, des XVe et XVIe arrondissements. Mais là où celle-ci dut mener le combat au sein du parti pour s'imposer à tout un système jusqu'au second tour des primaires socialistes d'octobre 2013, c'est face à un électorat peu acquis à la droite que « Nora » dut concilier les contraires.

La fille des quartiers nord était candidate d'une UMP qui ne décida de l'investir que deux mois avant le scrutin et la laissa se débrouiller sans gros moyens dans une circonscription non gagnable où elle était prise entre l'enclume d'une gauche clientéliste et le marteau du Front national :

> *Quand on me dit « Tu fais partie de la diversité, tu es musulmane », je ne veux pas l'entendre. Ma communauté, ce sont les Marseillaises et les Marseillais, je n'appartiens pas au groupe des musulmans ni ne les représente. Une femme politique juive ne représente pas plus les juives qu'une femme catholique, les catholiques. Je pense qu'on représente une ville.*
>
> *Quand vous venez de la cité, que vous avez réussi votre vie, ces gens-là ne vous soutiennent pas. Je vais être cruelle, mais c'est presque une nouvelle colonisation dans ces cités : si vous êtes blonde aux yeux bleus, on a du respect pour vous, mais si vous êtes issue de l'immigration, c'est fini. C'est grave. Moi qui me bats contre cet état de choses, je ne peux plus le supporter.*
>
> *Quand j'arrive dans les quartiers, on ne m'appelle pas « Mme Preziosi », mais « Nora », alors que les autres ont droit à des « Monsieur », des « Madame »… Je suis française et républicaine, mon pays c'est la France, mon drapeau est bleu, blanc, rouge. Je veux qu'on me respecte pour ce que je suis, pour ce que je vaux.*
>
> *J'espère voir d'autres Nora prendre la suite, parce que je ne vais pas rester éternellement en politique. Je souhaite qu'il y ait des filles courageuses, parce que être née dans les cités et avoir les couleurs de l'UMP, c'est très difficile !*

La candidate se trouve confrontée à de nombreux dilemmes. Pour une partie de son électorat potentiel, issu comme elle de l'immigration d'Afrique du Nord, elle est réduite, quoi qu'elle fasse ou dise, au rôle de simple représentante de la communauté, au motif que lui sont assignées des caractéristiques ethnoculturelles particulières. Dans une logique clientéliste, on lui préférera une « blonde aux yeux bleus » (son adversaire socialiste Sylvie Andrieux est blonde) à qui on prêtera probablement des accès privilégiés à la manne des subventions du conseil général, beaucoup plus riche que la municipalité de Marseille.

De plus, dans les quartiers populaires, quelle que soit l'origine des électeurs, le parti de droite est assimilé aux riches et aux possédants, qui ont relégué les pauvres dans le nord de la ville, isolé et mal desservi par les transports en commun. Ainsi, les votes d'opposition à la gauche, qu'ils viennent des noyaux villageois « gaulois » ou de certaines cités exaspérés par le chômage ou la délinquance qui se sont aggravés durant six décennies de domination socialiste ou communiste sur les quartiers, sont captés par le Front national — comme l'a démontré le score de son candidat, Stéphane Ravier. L'état présent des quartiers est si calamiteux que ceux qui ne peuvent plus bénéficier du clientélisme et n'émargent pas à l'économie souterraine de la drogue votent pour le Front national ou rejoignent les salafistes.

Tel est le bilan qu'a tiré Nora Remadnia-Preziosi de sa campagne difficile. Elle a pu y mesurer la dégradation de la situation par rapport à ce qu'elle a connu dans son enfance, tant par le recul de la mixité culturelle au profit de cloisonnements communautaires que par la disparition du travail ouvrier. Selon elle, le premier problème à résoudre est le chômage :

> *On entre dans une période de violences dévastatrices. Avec, d'un côté, des pauvres qui cambriolent des pauvres ; de l'autre, des communautés entières parquées dans les mêmes cités. Il faut de la « diversité », mais de la vraie. Quand j'étais petite, je n'avais pas besoin de voyager : en bas de l'immeuble, il y avait des Arméniens, des Juifs, des Corses, des Sénégalais, des Comoriens, des Marocains... On vivait bien. On savait quand c'était l'Aïd, Noël, shabbat. On était une famille, et c'est ce qu'il faut recréer : plus vous mettez de gens d'une même communauté ensemble, plus il y a régression.*
>
> *Aujourd'hui, une minorité de jeunes ne se sentent plus français, vont dans les mosquées et confondent l'islam, qui est une religion magnifique, comme le catholicisme ou le judaïsme, de paix, d'amour et de tolérance, avec les sectes qui prolifèrent dans les quartiers, et qui font peur. Même les musulmans en ont peur. Des petits que j'ai vus naître et à qui je veux faire la bise me disent : « Non, Nora, je ne peux pas t'embrasser.*

> — *C'est quoi ta secte, il faut que tu m'expliques, je suis musul-*
> *mane, moi aussi. Mon père a toujours embrassé les femmes, ma*
> *mère a toujours embrassé les hommes. Moi, j'embrasse toute la*
> *journée des hommes parce que c'est mon travail. Explique-moi.*
> — *Je ne sais pas, c'est péché. C'est* haram. »

En parallèle, le ressentiment envers les politiques prêtées à
la gauche, comme l'octroi du droit de vote aux étrangers, se
traduit, selon la candidate UMP, par des suffrages pour le Front
national, jusque dans l'électorat « de la diversité » frappé par le
chômage, qui considère les Roms comme un repoussoir :

> *On entend dire : « Ces gens-là viennent, et on leur donne tout. »*
> *Je ne suis pas d'accord. Ça me fait de la peine, mais c'est ce que les*
> *gens répètent en permanence. Le Front national, pour eux, c'est*
> *un ras-le-bol. Ça ne va pas plus loin. Dans mon parti, l'UMP,*
> *vous savez comment ils ont expliqué mon échec ? En disant que des*
> *gens avaient rabâché à l'électorat non musulman : « Ne votez pas*
> *pour Nora Preziosi, elle ne fait pas partie de notre communauté ! »*
> *J'ai été touchée au plus profond de moi-même, parce que ma seule*
> *communauté, c'est Marseille ! On a fait du porte-à-porte pour*
> *expliquer aux gens : « Ne votez pas pour Nora. Elle ne s'appelle*
> *pas Preziosi, c'est une Arabe ! » Est-ce cela la gauche ? Est-ce cela*
> *la France, la République ?*

Eu égard à la courte durée de sa campagne, et aux multiples
oppositions et préjugés auxquels elle a dû faire face, la candidate estime que le cinquième des suffrages, qu'elle a obtenu,
représente un succès. Pour le second tour, elle n'a pas appelé
au front républicain pour battre le Front national, refusant de
« cautionner » les pratiques de son adversaire socialiste.

Géographiquement situés dans le nord de Marseille, les 3ᵉ, 4ᵉ
et 7ᵉ circonscriptions des Bouches-du-Rhône sont politiquement
axées au sud de la mer : elles portent la greffe des anciennes
colonies d'outre-Méditerranée sur le corps civique français. Les
vagues migratoires successives qui constituent le retour récursif
du refoulé colonial ont atteint leur paroxysme à Marseille, où

la distribution de populations de l'ex-Empire donne une très large prédominance à l'Algérie, sur le Maroc, les Comores, la Tunisie, l'Afrique noire et le Levant. L'Algérie, qui comportait des départements, a envoyé des députés à l'Assemblée nationale jusqu'à la première législature de la Ve République et a fait juridiquement partie de la France avant 1962.

L'indépendance, en mars de cette année-là, a mis fin *de jure*, après cent trente-deux ans de colonisation et huit années de guerre, à l'Algérie française. Mais il s'est créé *de facto* dans l'ancienne métropole une sorte de France algérienne, alimentée en premier lieu par les flux de l'immigration de travail, alors que la guerre se déroulait encore, mêlant la kalachnikov et le couteau du FLN et de l'OAS à la pelle et à la pioche des chantiers des Trente Glorieuses.

Cette « colonie algérienne », pour reprendre les termes du grand sociologue Abdelmalek Sayyad, a connu « trois âges » durant les décennies ultérieures. Le premier fut l'envoi en France des communautés rurales que la terre ne nourrissait plus, en provenance surtout des Aurès dans le cas de Marseille ; le deuxième correspondit à la perte de contrôle de ces communautés sur des individus qui « bricolaient » leur rapport à la société française, d'abord dans le plein-emploi de la croissance industrielle, puis à travers le chômage massif de la fin du siècle dernier ; le troisième, à la sédentarisation d'une « colonie », issue à la fois du croît démographique exceptionnel de familles d'origine rurale où les fratries d'une dizaine d'enfants étaient la norme, et de flux persistants de nouveaux entrants, légaux comme clandestins, rejoignant des cités populaires où les opportunités de travail régulier étaient en chute libre, mais où l'économie des trafics assurait la survie, au prix d'une insécurité galopante. La crise économique et sociale consécutive à l'envolée des prix du pétrole après la guerre israélo-arabe d'octobre 1973 vint bouleverser le modèle social français et son État-providence. Les premières victimes en furent les travailleurs les plus précaires et les moins qualifiés, parmi lesquels les immigrés d'Algérie, mais aussi du reste du Maghreb, d'Afrique et du tiers-monde, furent les plus touchés.

Paradoxalement, grâce à l'essor des recettes des hydrocarbures, l'Algérie devint un pays très riche, doté d'importantes réserves de change — même si la redistribution inégalitaire de cette rente se traduisit par la guerre civile de la décennie 1990 qui déborda sur la France par un terrorisme islamiste, rémanence aux couleurs du djihad de la guerre d'indépendance. Elle s'accompagna de nouvelles migrations dans un contexte où la France et l'Europe s'appauvrissaient et voyaient leurs économies décliner, leurs emplois disparaissant au profit des empires manufacturiers à bas salaires d'Asie, et leurs déficits se creusant avec l'alourdissement de la facture pétrolière. Dans ces conditions de rétrécissement du marché, l'espace de l'insertion sociale des enfants d'immigrés du Sud — venant principalement d'Algérie à Marseille — se comprima dramatiquement.

Ce sont les conséquences de cette situation qu'ont décrites les candidats qui m'ont accordé un entretien, chacun la présentant à partir de son vécu particulier. Avec le nouveau siècle, l'économie numérique, l'ouverture des frontières de l'espace européen, la mondialisation des flux de biens et de services précipitent l'ampleur de cette crise en touchant désormais, après les enfants d'immigrés peu éduqués, au tréfonds des classes populaires françaises. La crise menace aujourd'hui les classes moyennes qui, pour la première fois depuis la fin de la Seconde Guerre mondiale, perdent leurs emplois qualifiés, voient baisser leur niveau de vie et, surtout, appréhendent que leurs enfants ne s'en sortent moins bien qu'elles. C'est dans ce contexte anxiogène que la confiance dans les institutions et les valeurs de la République commence à se dissoudre et qu'apparaissent, exacerbés dans les quartiers populaires, deux modèles alternatifs qui se développent en parallèle.

Dans les populations de souche musulmane, on observe la prégnance croissante de mouvements qui, s'ils ne sont pas majoritaires, tant s'en faut, prônent la rupture en valeurs avec une société délitée et lui substituent une « communauté des croyants » — en arabe *oumma* — pure et vertueuse, vecteur de la rédemption sociale par la morale et la foi. Implantés sur le territoire français, ils ont pour objet d'y prescrire des normes, nourries non seulement d'une inspiration religieuse auprès des oulémas saoudiens, mais d'allers et retours avec le pays d'origine — musulman — de la famille. Dans certains cas, il se produit même une inversion symbolique du flux migratoire : là où les parents venaient chercher dans l'Hexagone le travail et où la plupart de leurs enfants acquirent une forme de citoyenneté, certains de ces rejetons, arborant barbe abondante ou voile intégral, retournent vivre au bled dont leurs géniteurs avaient fui la misère, pour s'y accomplir pleinement dans leur foi intense loin de l'« islamophobie » imputée à la laïcité française.

Au cœur de la 4e circonscription, la « mosquée du boulevard National », dirigée par l'un des plus célèbres imams salafistes algériens, qui la possède en propre, prêche l'*oumma* comme substitut à la nation des impies, tandis que ses fidèles, qui boudent les urnes du Satan, préparent leur *hijra*, leur émigration pieuse, vers la terre d'islam de leurs ancêtres. Ce sentiment — dont l'expression ultime se déploie dans le salafisme, mais se retrouve, plus diluée, chez de jeunes fidèles en nombre croissant — manifeste sa force dans sa capacité à attirer de jeunes non-musulmans sans plus d'espoir dans les valeurs de la société française. Ils se convertissent avec l'ardeur du néophyte. Mais, par-delà ces phénomènes extrêmes qui font les titres des gazettes, un mouvement plus profond, moins spectaculaire, s'est engagé, qui fait aujourd'hui de l'islam dans ces banlieues et quartiers populaires un régulateur social et une complexe ressource électorale, courtisée par de nombreux candidats. Or cet islam, à Marseille, est très largement inscrit dans le mixte franco-algérien.

En parallèle se manifeste la montée continue d'un Front national qui surligne les effets et les symptômes de la crise sociale et économique, notamment à travers leur dimension culturelle — comme le résume son principal slogan, qui porte l'opprobre sur l'immigration, l'islamisation, l'insécurité et l'Europe. L'antidote unique à ces maux — comme l'*oumma* pour les salafistes — est l'exaltation de la nation française souveraine, sans que la composition de cette panacée ni son efficience soient plus claires que celle de la Communauté des croyants islamistes.

Et, de même que le salafisme multiplie les conversions chez les non-musulmans, le Front national, par ses ressources propres ou à l'aide de ses affidés dans les « médias alternatifs » dont Alain Soral est la figure de proue, pénètre progressivement dans une partie de la jeunesse musulmane française. Or cela se produit en parallèle avec la dénonciation de l'islamisation, des prières de rue, de l'expansion du halal, etc., par la présidente du Front.

Ces contradictions ne sont qu'apparentes. Elles le cèdent en effet au message cardinal que véhiculent ces deux idéologies : la perte des repères sociaux en appelle à l'urgence absolue de rebâtir un système de références qui offre un gilet de sauvetage identitaire, un corset de certitudes culturelles. Celles-ci passent par la fragmentation du corps civique en renvoyant à un *autre* à exclure par stigmatisation. Les salafistes, pour rompre avec leurs concitoyens « impies », réactivent l'étymologie classique du terme coranique *kuffar* (*kafir* au singulier) — les « mécréants » que le Livre saint voue à l'extermination — en extrapolant sur l'appellation des Européens par le mot *Gouères* (au singulier, *Gaouri*).

Ce terme, qui est aujourd'hui commun dans l'argot musulman français pour désigner les « Gaulois », généralement, mais non systématiquement, avec une nuance péjorative, signifie étymologiquement « infidèles ». Il constitue la vulgarisation du turc *gavour* (le *giaour* de Byron et Delacroix), apporté en Tunisie et en Algérie par les janissaires ottomans, et qui vient lui-même d'une déformation de l'arabe *kuffar/kafir*. Le parler salafiste français, en faisant des *Gouères* des *kuffar*, ramène cette appellation à sa source coranique qui anathématise des mécréants à exterminer, et parmi lesquels les salafistes rangent tous les non-musulmans, y compris les juifs, les chrétiens, voire les « mauvais musulmans ». Quant au Front national marseillais, la juxtaposition des mots « insécurité, immigration, saleté, baisse du pouvoir d'achat » sur l'affiche de campagne de son leader suffit, en les mettant sur le même plan, à dévaloriser une population qui devient la cause des trois autres maux dénoncés d'un seul souffle, et à étendre le « ras-le-bol » qui la prolonge à ceux qui appartiennent à la religion dont certains adeptes pratiquent les prières de rue.

La référence inversée et parallèle à l'*oumma* et à la nation aux deux extrêmes du spectre des détracteurs de la démocratie française telle qu'elle s'exerce aujourd'hui prend-elle, dans le contexte marseillais, une importance d'autant plus grande que le « système » politique local est corrompu et clientéliste ? Dans pareil cadre, la référence à l'islam devient-elle un objet de fixation particulier, car la dénonciation de ses extrémistes compte comme une ressource politique « islamophobe » pour les uns, tandis que, pour les autres, la cooptation de tel ou tel de ses réseaux affecte la participation électorale des fidèles ? Quand un imam qui prône à ses ouailles l'abstention bénéficie d'un logement du parc social, qu'en attend la municipalité qui lui en facilite l'octroi — entre le maintien de l'ordre dans la rue qu'il prêche et les voix qu'il distrait quand, sans cela, elles auraient profité à la gauche ? Quand la responsable d'un large réseau associatif musulman devient la suppléante d'un candidat, quelle est la signification de ce pacte ? Et dans ce vaste mercato, comment s'articule l'interpénétration des sociétés et des États des deux rives de la Méditerranée, et tout particulièrement, à Marseille, de l'Algérie et de la France ?

Pour élucider mieux ces enjeux, nous allons les mettre en perspective. Quitter le littoral méditerranéen pour la frontière belge, l'accent marseillais pour le parler chti, et traverser de part en part l'Hexagone pour nous transporter au cœur de la région Nord-Pas-de-Calais, où nous entrons — comme tant de travailleurs immigrés avant nous — par Roubaix, en suivant cette méridienne franco-algérienne foulée à l'automne de 1983 par la « Marche des Beurs ».

II

La roubaisienne

Mille et une cheminées

La surprise Roubaix

Dans la 8e circonscription du Nord, qui comprend la plus grande partie de Roubaix et la ville voisine de Wattrelos, le candidat soutenu par le parti socialiste et investi par les Verts aux élections législatives de juin 2012 est le conseiller municipal roubaisien Slimane Tir, vice-président de la communauté urbaine Lille métropole.

Né en Kabylie en 1956 dans l'Algérie encore française, arrivé algérien dans l'Hexagone après l'indépendance en 1964, réintégré dans la nationalité française en 1989, tête de file des écologistes et Verts, militant associatif dès la décennie 1980, président de la radio multiculturelle et polyglotte locale Pastel- FM, il est élu municipal depuis un quart de siècle, l'un des premiers en France à être issu de l'émigration algérienne. Il a été préféré comme candidat au député sortant socialiste, le quinquagénaire Dominique Baert, maire de Wattrelos, dans le cadre des accords d'appareils entre les deux partis alliés dirigés par Martine Aubry et Cécile Duflot, réservant cette circonscription rose à un Vert. Le sortant, natif de Roubaix et directeur à la Banque de France, s'est en conséquence présenté en indépendant et a été pour cela exclu du PS.

Dans cette circonscription populaire dont, nous dit-on, « personne ne veut à droite » et où l'électorat originaire d'Algérie est important, l'UMP a investi la quadragénaire Salima Saa, membre de son bureau national, présidente de l'Acsé — l'Agence nationale pour la cohésion sociale et l'égalité des chances, principal organisme subventionnant les quartiers populaires — où elle a été nommée durant la présidence Sarkozy. Cadre supérieur, cette fille d'officier issue de la communauté des « rapatriés » — ou harkis — a fait ses études dans le Nord. Le Front national, bien implanté à Roubaix depuis trois décennies, où il effectua l'une de ses premières percées nationales aux élections de 1983, contribuant à la défaite historique de la gauche en cette année où Roubaix accueillit la « Marche des Beurs » partie de Marseille, est représenté par Françoise Coolzaet. Cette visiteuse médicale est issue d'une famille frontiste lilloise venue de la gauche et du monde ouvrier immigré des Flandres et d'Espagne.

Parmi les « petits candidats », Rachid Rizoug, né en Algérie puis élevé en France où il avait rejoint son père ouvrier, se déclare consultant et agent immobilier. Entré en politique avec le Mouvement des citoyens de Jean-Pierre Chevènement, cessant de boire de l'alcool en 1989, puis directeur un temps du journal *Islam Hebdo*, feuille régionale qui ne publia que quelques livraisons, il détient le record du nombre de candidatures sous des étiquettes changeantes à divers postes électifs depuis les années 1990. Quant à Farah Gouasmi, commerçant trentenaire, il se présente au titre du « parti antisioniste », dont le sigle est une carte de France sur laquelle figure un drapeau israélien barré d'une croix rouge. Il est le fils de Yahia Gouasmi, chef du parti, candidat potentiel à la présidence de la République en mai 2012, mais dépourvu des parrainages nécessaires, né sunnite en Algérie puis converti au chiisme en France avec sa progéniture. Le père a fondé à Dunkerque le « centre Zahra » pour propager l'obédience aux douze imams du chiisme et à la République islamique d'Iran. Il a été reçu en grande pompe à Téhéran par le président Mahmoud Ahmadinejad en compagnie de Dieudonné, également candidat de ce parti à Dreux. Seul de tous les candidats précités, le rejeton n'a pas donné suite à mes demandes de rendez-vous, mais il s'est exprimé en ligne et sur les réseaux sociaux. Ce candidat parachuté, sans implantation locale, a choisi

Roubaix à cause de sa forte signification symbolique et de l'importante composante musulmane de son électorat.

Contrairement aux attentes de la plupart des observateurs, Dominique Baert a été réélu, l'emportant très largement sur Slimane Tir avec près de 70 % des voix dans un contexte de très forte abstention. Ce dernier — talonné au premier tour par la candidate du Front national — figurait sur la « liste noire » de Marine Le Pen, ciblant les candidats à faire battre impérativement au second tour. La campagne a été marquée par de fortes polarisations autour de la personne de l'ex-favori malheureux, qualifié par ses opposants de « Vert vert » eu égard aux liens qu'ils lui attribuaient avec la mouvance « islamo-gauchiste » locale. Celle-ci avait défrayé la chronique notamment par des conférences multiples de Tariq Ramadan, convié par une association bénéficiant de subventions municipales, « Rencontre et dialogue ». Le célèbre prêcheur genevois de l'islamisme, aujourd'hui installé au Qatar et gravitant dans la nébuleuse de cette gazomonarchie, fit de Roubaix, au tournant du siècle, son laboratoire dans l'Hexagone, relayé localement par son « Collectif des musulmans de France », dont deux membres éminents animaient l'association concernée. Source de polémiques, d'un procès en diffamation gagné par l'association, dont l'avocat ne fut autre que Me Brochen, époux de la maire de Lille Martine Aubry, la question de l'interpénétration entre islam et politique à Roubaix a été abondamment débattue dans les médias régionaux et nationaux, mêlant fantasmes des uns et dénégations des autres, voyant s'affronter partisans du multiculturalisme et de l'intégration. Dans l'ancienne « Mecque du socialisme », les drames sociaux se sont ajoutés aux clivages culturels et religieux jusqu'à aboutir à un résultat électoral étonnant puisque Slimane Tir était le candidat officiel du duo EELV-PS.

Roubaix n'a pas été la seule circonscription de la région nordiste à créer la surprise aux élections législatives de juin 2012 : dans la 10e voisine, qui regroupe la ville socialiste de Tourcoing et une partie de sa périphérie, François Hollande avait obtenu 57 % des voix à l'élection présidentielle de mai 2012. La candidate socialiste et conseillère municipale Zina Dahmani, ardente militante laïque, n'est pourtant pas parvenue à profiter de la vague rose consécutive pour ravir le siège du député sortant Christian Vanneste, ténor de la « droite populaire », mais en congé de l'UMP pour ses propos « homophobes », et candidat dissident malheureux. C'est l'ancien suppléant de celui-ci, Gérald Darmanin, vingt-neuf ans, investi par le parti, qui emporta le scrutin. Dans ses déclarations à la presse, il a rappelé qu'il portait le second prénom musulman de Moussa, étant issu d'un couple mixte populaire et immigré, et a souligné durant notre entretien les congruences entre les valeurs de droite et celles de l'islam socialement et moralement conservateur pratiqué par son électorat.

Mais c'est la joute médiatique « Front contre Front » entre Marine Le Pen et Jean-Luc Mélenchon, dans le bassin minier mitoyen, à Hénin-Beaumont, qui a magnétisé l'attention nationale et mêlé questions identitaires et dissolution du lien social en faisant fond sur la misère de la désindustrialisation et la corruption des politiciens — exacerbant la rhétorique populiste à droite comme à gauche. Dans cette circonscription où les puits ont fermé et où les turpitudes d'un ancien maire socialiste devaient se traduire par une condamnation en première instance à de la prison ferme, le notable socialiste local Philippe Kemel, dont la mère naquit à Oran, ne l'a emporté à l'arraché face à la présidente du Front national que de 118 voix. Dans la 12ᵉ circonscription du Pas-de-Calais voisine, également marquée par les malversations imputées à l'ancien député socialiste, la candidate du Front, Tamou-Charlotte Soula, née en Algérie de parents kabyles, convertie au catholicisme en 2006, a obtenu plus de 43 % des suffrages au second tour.

Tradition ouvrière

Comme Marseille, mais avec une histoire politique différente, Roubaix et son environnement régional ont vu se présenter aux législatives de nombreux candidats issus de l'immigration maghrébine, dans un contexte de déclin économique et de crise sociale. Un tel climat était également propice au Front national anciennement implanté, mais dont certains candidats ont obtenu à ce scrutin des scores inouïs.

Dans la « ville aux mille cheminées » et sa région, empreintes de deux siècles d'industrialisation intensive qui ont scarifié le paysage d'usines aujourd'hui fermées et de friches, la culture ouvrière a imprégné les mentalités. Les syndicats y ont éduqué et mobilisé aux côtés de leurs camarades français des prolétaires immigrés venus en masse de Belgique, de Pologne, puis d'Europe du Sud et enfin d'Algérie, du reste du Maghreb et d'Afrique pour fournir leurs bras aux mines et aux filatures. Jules Guesde, qui fut député de Roubaix au tournant du XXᵉ siècle, prophète ouvriériste de la résistance violente au capitalisme, qualifiait cette commune, droit sortie du *Germinal* d'Émile Zola et dont il fit le sanctuaire de son parti ouvrier français, de « ville sainte du socialisme révolutionnaire ». Les municipalités socialistes ininterrompues de 1912 à 1983 y ont assuré l'interface conflictuelle avec un patronat richissime, fondant son insolente prospérité sur l'exploitation âpre des travailleurs mêlée au paternalisme chrétien, avant que l'effondrement du monde industriel européen fasse fuir les patrons vers des cieux plus cléments à leurs profits, laissant leurs ouvriers au chômage sur le carreau.

Le Roubaix d'aujourd'hui est l'héritier improbable de cet enchevêtrement de la bourgeoisie et du prolétariat dont l'habitat s'avoisinait, serré autour des usines gigantesques. Paradoxe de Roubaix : cette ville classée la plus pauvre de France vit naître les première et troisième fortunes françaises — Bernard Arnault, en 1949, et Gérard Mulliez, en 1931, dont l'enseigne mondialement connue Auchan est une variation sur le nom du quartier roubaisien des Hauts-Champs où fut implanté le premier de ces supermarchés.

Ornée des monuments orgueilleux de l'Atlantide industrielle disparue, mitée par ses friches, couverte de maisonnettes évoquant le décor des *Misérables* de Victor Hugo et cachant des courées insalubres, parmi lesquelles démolitions et rénovations ont fait surgir des constructions neuves, la ville, avec quatre-vingt-quinze mille habitants aujourd'hui, a perdu près du quart de sa population depuis la crise. Elle est désormais traversée de part en part par une zone franche urbaine à la fiscalité adoucie pour tenter d'attirer les sièges sociaux d'entreprises dans ses bâtiments inoccupés.

Celle-ci part du bastion ouvrier, puis gauchiste et enfin islamique du quartier de l'Alma-Gare, dominé par les immeubles de La Redoute, vétéran déclinant de la vente par correspondance installé dans les lieux depuis 1837 ; à l'ombre de ses hauts murs, les prolétaires guesdistes du tournant du XXe siècle faisaient le coup de poing avec la maréchaussée, et, cent ans plus tard, en mars 1996, les djihadistes du « Gang de Roubaix », dirigé par des Chtis convertis à l'islam retour de Bosnie, s'y retranchèrent lors de l'assaut des policiers du RAID. Elle longe ensuite le très élégant musée de la Piscine ouvert en 2001, où les collections de peinture sont aujourd'hui présentées dans l'ancien établissement de bains art déco rénové, qui fut le plus fameux temple de l'hygiénisme populaire, à son inauguration en 1932. Elle passe au-devant du grandiose hôtel de ville, œuvre de Victor Laloux, l'architecte de la gare d'Orsay, sur les bords de la Seine. Tout en pierre de taille, le fronton monumental surchargé de bas-reliefs édifiants et d'allégories moralisantes vantant l'industrie textile, incitant les ouvriers à la productivité et la tempérance, magnifiant les outils de travail comme autant de masses d'armes — peignes, épeules, rots, navettes —, exaltant le bélier géniteur du troupeau des moutons lainiers comme les églises l'agneau de Dieu, ce bâtiment dont le grand escalier est digne d'un opéra célèbre l'apogée de la prospérité de Roubaix, advenue lors de l'Exposition universelle industrielle de 1911.

Au-delà, le parcours de la zone franche urbaine laisse à droite le château de la Motte-Bossut — l'ancienne « filature monstre » aux cent vingt mille broches, fermée en 1981 après cent vingt ans d'activité et abritant aujourd'hui les Archives du monde du travail, édifiée dans le style de l'architecture militaire médiévale, avec son auvent évoquant un pont-levis, ses tours d'escaliers, ses pignons à redents, son immense cheminée crénelée. Puis il serpente à travers un gigantesque et tout récent *mall* de la mode à l'enseigne anglo-saxonne où l'on vient faire son shopping *discount* depuis la Belgique frontalière. Le restaurant rapide Quick, au coin du *mall* et au cœur de la « cité renouvelée » vantée par la municipalité, s'est inopinément converti au halal lors du ramadan de 2010, suscitant une vive polémique entre le maire et diverses associations islamiques, tandis que Marine Le Pen en personne se mêlait de l'affaire, dénonçant l'« islamisation forcée de la France ». La zone franche urbaine aboutit, dans le quartier vétuste et misérable du Pile, à l'ancienne usine de la Condition publique, où se conditionnait la laine, désormais espace d'exposition de la création artistique contemporaine et de happenings branchés — derrière lequel monte la coupole d'Abou-Bakr, l'une des deux premières mosquées monumentales de « la ville la plus musulmane de France », dont la première pierre fut posée en 2012 par le maire René Vandierendonck.

« *La ville la plus musulmane de France* » ?

Cette mosquée est dirigée par des enfants de harkis — autrefois tenus pour des traîtres par les Algériens nationalistes. On observe fréquemment dans ce milieu, de nos jours, l'ostension islamique traduite par le port de la tenue salafiste : la montre de la religiosité contribue éminemment à surmonter les vieilles rancœurs. Lors de mon passage à la mosquée provisoire où se serraient des centaines de fidèles pour la prière du vendredi, le 12 avril 2013, le responsable de l'association islamique, qui a abandonné sa carrière d'ingénieur dans un groupe de distribution d'électroménager appartenant à l'association familiale Mulliez pour se consacrer à la piété, m'a fait faire la tournée du chantier de la future mosquée cathédrale, où trônait sur des vérins l'imposante coupole *made in Turkey*, qui venait d'être livrée. Il était vêtu d'une djellaba raccourcie sur les chevilles, barbe surabondante, et m'entretint durant la visite d'une émission consacrée à la guerre civile en Syrie, à laquelle j'avais participé la veille sur la chaîne culturelle Arte.

En le quittant, j'étais allé voir à la Condition publique, distante de quelques mètres, l'exposition du plasticien Bernard Lallemand, « Elements of Dreams », où figure l'installation vidéo *La Toilette* (2011). Dans ce film onirique, l'artiste pose nu, allongé sur le dos, immobile, sur un lit d'hôpital, tandis qu'une infirmière semble lui faire une toilette mortuaire qui se transforme après quelques minutes en caresses. Au cours du processus, Éros vient partager avec Thanatos le rituel, donnant un sens équivoque à cette chorégraphie rêvée, provoquant délibérément quelque malaise chez le spectateur. Étonnant contraste entre deux visions du monde aux antipodes, celles du salafiste raide dans sa djellaba et du créateur explorant cliniquement et graphiquement l'inconscient freudien, séparées par une mince cloison de briques rouges. Pourtant, la toilette funéraire est un rite très important de l'inhumation musulmane, et la laveuse de morts un personnage central du passage de la terre au ciel. Mais son érotisation ici-bas appartient à un registre blasphématoire, les félicités de la chair n'étant accessibles au bon croyant trépassé qu'auprès des houris qu'il rencontrera dans l'au-delà.

À l'été, à la fin du ramadan, j'avais retrouvé par hasard, en lisant le *New York Times,* le responsable de cette association islamique. Il déclarait à la journaliste en reportage dans « une ville où la population musulmane est, en proportion, l'une des plus vastes du pays » qu'il se « sent[ait] bien en portant ces habits-là, ici, à Roubaix ». Le quotidien de l'intelligentsia libérale américaine, chantre du multiculturalisme et pourfendeur coutumier de l'« intégration à la française », ouvrait sur la mosquée Abou-Bakr, le 5 août 2013, un article dithyrambique pour la municipalité qui accueillait avec ferveur (*embraces*) sa population musulmane et respectait tous les préceptes de la religion révélée au Prophète Mahomet. Peut-être sa journaliste y traduisait-elle à sa façon le vieux dicton yiddish « Heureux comme un juif en France » en un moderne « Heureux comme un musulman à Roubaix ». À moins qu'elle n'ait été suffoquée de nostalgie par les ressemblances entre certains sites de Roubaix et ceux des grandes villes industrielles du XIXᵉ siècle nord-américain, Baltimore, Philadelphie, New York, couverts de majestueux *buildings* néoclassiques célébrant le triomphe du capitalisme du temps jadis.

Trois semaines après la parution de l'article, la mosquée accueillait en grande pompe deux prédicateurs salafistes célèbres dépêchés d'Arabie saoudite, drainant des milliers de fidèles venus en autocar depuis la France, la Belgique, l'Allemagne et les Pays-Bas pour communier dans l'orthodoxie la plus rigoriste de l'islam sunnite — sous la surveillance des services de renseignement, scrutant leur propos. En septembre 2010, l'ancien trésorier de la mosquée avait dû démissionner après le scandale suscité par ses déclarations lors d'une émission télévisée où il s'était déclaré favorable à l'application de la charia en France et des châtiments corporels dès que les musulmans y seraient majoritaires.

Le legs de l'Algérie

À Roubaix, les Algériens et leurs descendants sont majoritaires parmi la population d'origine maghrébine. Leur histoire mêle le legs colonial, l'adhésion au milieu ouvrier français et le côtoiement des partis de gauche et d'extrême gauche, ainsi que les affrontements sanglants durant la guerre d'indépendance de 1954 à 1962 entre factions opposées. Les Kabyles y étaient nombreux, premiers émigrants venus de leurs montagnes arides après la guerre de 1914-1918 pour en fuir la misère, ces « paysans dépaysannés », comme les nomma Pierre Bourdieu, qui fit d'eux le premier objet d'étude de sa théorie fameuse, la sociologie de la domination.

Ils partaient peiner dans les filatures et les peignages, envoyant au bled les mandats qui nourrissaient les enfants des tribus et augmentaient régulièrement celles-ci d'un nouveau rejeton neuf mois après les vacances annuelles. Dans l'entretien qu'il m'a accordé, le candidat Slimane Tir évoque avec une ironie filiale ces pères « *jet-setters* » du prolétariat immigré et leur progéniture conçue lors des congés payés au pays. Ces enfants rejoindraient leur géniteur plus tard dans l'Hexagone à l'occasion du regroupement familial, quand s'enclencherait peu à peu la sédentarisation dans la métropole à laquelle la guerre d'indépendance avait pourtant arraché l'Algérie.

Cette vie écartelée entre deux mondes est retracée dans le volume de contes recueillis à Roubaix au tournant des années 1980 auprès des mères et des aïeules kabyles par l'écrivaine publique Marie Féraud, sous le titre *Histoires maghrébines rue de France*. S'y mêlent, dans l'imaginaire des femmes, sultans et commissaires de police, djinns et travailleurs sociaux, expédition chez Tati à Barbès et épopée à travers les oasis et le Djurdjura. Dans un de ces récits, où le merveilleux le dispute au propitiatoire, une femme découvre un bébé en rentrant du marché sur le seuil de sa maisonnette ouvrière, « le mois précédant le jeûne de ramadan ». Elle l'abrite chez elle, va lui préparer un biberon, et se rend compte abasourdie, en lui apportant son lait chaud, qu'il est devenu un vieillard :

> « *N'appelle pas la police — lui dit-il. Si je suis venu chez toi aujourd'hui, c'est pour t'avertir au nom de Dieu, toi et tous les musulmans de cet endroit. T'avertir que vous perdez votre religion, que vous tous qui êtes en France, vous êtes en train d'oublier vos coutumes, vos traditions, et que vous allez disparaître. Qu'au prochain ramadam* [sic] *toi et les tiens devrez respecter le jeûne, l'aumône pour les pauvres et la prière. Dis cela à tout le monde, répète cet avertissement. Les musulmans doivent se purifier et se retrouver. » Sur ce, le vieillard disparut. On raconte que la femme sacrifia un mouton et prépara un repas pour toute sa parenté. Nombreux furent ceux qui écoutèrent son récit. On raconte aussi que la femme et tous ceux qui entendirent cette histoire se mirent du henné sur la paume des mains en signe de compréhension et de reconnaissance. Ainsi nous l'a-t-on rapporté, ainsi le rapportons-nous.*

Dans les premières décennies de l'émigration, les obligations rituelles étaient peu respectées, à l'exception de l'interdit sur la viande de porc, le *hallouf*. L'Hexagone est alors classé par les

oulémas en « terre d'impiété » (*dar el-kofr*), dans laquelle les
musulmans se trouvent de manière transitoire, car ils sont cen-
sés revenir en « terre d'islam » maghrébine après avoir amassé
leur pécule. Et, dans le *dar el-kofr*, il n'existe pas d'instance islamique qui puisse faire appliquer les injonctions et les préceptes
sacrés, ce qui les en dispense *de facto* (la classification changera à
la fin des années 1980, faisant de la France pour partie une terre
d'islam). La travailleuse sociale, dans sa transcription française
de ce conte kabyle, publiée en 1985, semble si peu familière
avec le ramadan, rarement observé à l'époque, omniprésent
aujourd'hui, qu'elle l'orthographie fautivement « ramadam »,
rappelant l'usage vernaculaire du français colonial pour lequel
le « ramdam » désigne aux yeux des non-musulmans le vacarme
et le désordre dont s'accompagnent les nuits blanches et festives
du mois sacré.

La colonie algérienne de Roubaix a connu un drame fondateur — sur lequel les contes font silence, transmis par une
tradition orale dont les mères sont les diseuses, elles qui incarnent, dans la culture kabyle matriarcale, le rassemblement de
la communauté et en taisent les déchirements. Car les hommes
se sont battus entre eux à mort : la ville s'est faite la chambre
de résonance de la guerre d'indépendance, entre 1954 et 1962.
Le Mouvement national algérien, créé par Messali Hadj, le père
occulté de l'indépendance, qui avait lancé son action dès 1926,
y occupait le haut du pavé, au détriment du FLN né avec l'insurrection de 1954. Cette place forte de l'immigration représentait
un enjeu énorme pour la collecte de l'impôt révolutionnaire
à laquelle tous les Algériens de Roubaix, en cette époque de
plein-emploi, étaient tenus d'obtempérer sous peine de mort.
Le butin de ce racket servait à financer l'organisation et acheter les armes. Les tueurs des deux mouvements s'y mitraillaient
mutuellement entre les exécutions des mauvais payeurs, et l'on
estime le bilan des affrontements à près de trois cents morts en
moins de huit années.

Il revient à un homme, enfant de la cité et de ces massacres,
d'en avoir fait le récit : Lakhdar Belaïd, né en 1964, à la fois
localier au quotidien *La Voix du Nord*, fils du chef du MNA sep-

tentrional durant la guerre — auquel il a consacré une biographie au titre provocant de *Mon père, ce terroriste* — et maître roubaisien du roman noir à la Dashiell Hammet avec ses deux polars *Sérail killers* et *Takfir sentinelle*. Si le premier plonge dans les affres de la guerre d'indépendance et de ses suites, convoquant les fantômes du MNA et du FLN dans l'ambiance des années 1980, avec un héros inspecteur de police fils de harki, le second identifie les précurseurs d'al-Qaida chez les djihadistes qui défraient la chronique de Roubaix dès les années 1990 — à l'ombre des guerres civiles d'Algérie et de Bosnie — et qui meurent les armes à la main lorsque l'assaut est donné à leur planque du quartier de l'Alma-Gare.

L'Alma-Gare, phalanstère gauchiste

À Roubaix comme ailleurs, la fin des Trente Glorieuses a coïncidé avec Mai 1968. Mais le marasme économique dans une ville qui n'avait été que la gangue urbaine de l'industrie lainière, désormais sinistrée, y a pris des proportions de désastre social inouï, et la révolution culturelle qui a accompagné l'ère postindustrielle s'y est engagée sous de terribles auspices. Car l'existence même de la cité faisait question lorsque s'évaporait son essence. L'éviscération des usines, dont les murs immenses dissimulant des friches et les hautes cheminées mortes striant de partout le ciel sont la douloureuse remémoration quotidienne, n'a laissé vivant que l'habitat vétuste des maisonnettes et des courées.

Le logement dégradé s'est substitué au travail posté disparu comme identité sociale : le chômage ne constituant pas une définition valorisante de soi, on se retrouve, par défaut, « habitant » roubaisien, dans l'attente d'autres projections idéales qui emprunteront le vocabulaire du gauchisme, du multiculturalisme, de l'écologie ou de l'islamisme. On tente de reprendre en main son destin en luttant pour un autre urbanisme, enclenchant ainsi les premières luttes populaires des années 1970.

L'État aménageur, qui s'efforçait de résorber les logements insalubres, envisageait de raser les courées et d'édifier à leur place ces barres et tours HLM qui ont défiguré et déshumanisé le paysage des Trente Glorieuses et où l'on stockait verticalement une pauvreté que la raréfaction de l'emploi ouvrier aggravait. Mais la population s'est opposée à cette nouvelle violence qui lui était faite. Elle a combattu l'arasement de la mémoire des quartiers au prétexte de la modernité aliénante des grands ensembles, milité pour restaurer la vie collective autour de réseaux de convivialité, des solidarités de voisinage qui permettraient d'affronter en commun une crise économique qui rompait le lien social.

À Roubaix, cette mobilisation s'est traduite par la création de l'Atelier populaire d'urbanisme, qui entendait peser avec force sur l'aménagement du quartier en partie rénové de l'Alma-Gare. Ce bastion ouvrier historique — qui évoque une Belle de Mai où la lavande l'aurait cédé au houblon — tire son nom de sa proximité avec la gare SNCF, et de la rue de l'Alma, qui en constitue l'axe. Elle croise les rues Archimède, futur siège d'une mosquée radicale, et Henri-Carette, maire de Roubaix en 1892, premier socialiste élu en France à la tête d'une ville de plus de cent mille habitants — la police donnera là l'assaut au fort Chabrol djihadiste en mars 1996. Dans le phalanstère de l'APU se mêlent étudiants gauchistes débarqués de l'Université post-soixante-huitarde de Vincennes, enfants d'immigrés locaux ayant eu accès — les premiers dans leur famille — aux facs de socio et d'éco à Lille, cathos de gauche venus de la Jeunesse ouvrière chrétienne, prêtres-ouvriers, et tous les groupuscules de l'époque, depuis la Gauche prolétarienne mao-spontanéiste dirigée par Alain Geismar jusqu'aux sectes marxistes-léninistes fascinées par l'Albanie d'Enver Hoxha.

On appelle les Almagariens cette population composite, un nom qu'aurait pu donner Borgès à une peuplade incongrue née de son imagination. Dans ses rangs se sont formés la plupart des militants que l'on retrouve de nos jours. S'y sont côtoyés ou s'en sont inspirés aussi bien le candidat des Verts aux législatives de 2012, Slimane Tir, que son beau-frère Ali Rahni, animateur de l'association « Rencontre et dialogue » et porte-parole du « Collectif des musulmans de France » de Tariq Ramadan, ou Saïd Bouamama, « né en 1958 à Roubaix », qui se revendique « sociologue, militant associatif et politique algérien résidant en France ». Ancien de la « Marche des Beurs » de 1983, comme Slimane Tir, il a choisi de militer en dehors du système et en opposition à lui. Formateur de travailleurs sociaux dans la ville voisine de Villeneuve-d'Ascq, syndicaliste à la CGT et compagnon de route des « Indigènes de la République », c'est un auteur prolifique, qui a écrit avec le chanteur roubaisien hip-hop Saïddou le livre *Nique la France !* publié à Roubaix en 2010. Sa couverture s'orne de la photographie d'une souriante jeune femme faisant un doigt d'honneur, coiffée du voile-bandana qu'affectionnent aussi bien l'égérie des « Indigènes », Houria Bouteldja, que la rappeuse marseillaise Keny Arkana.

La mobilisation almagarienne a obtenu un premier succès : dans le cadre de la politique de « développement social des quartiers », l'Alma-Gare avait vu s'édifier un îlot rénové sans barre ni tour, où l'imagination des urbanistes avait multiplié les coursives, les placettes, et tout un habitat néotraditionnel et écologique. Slimane Tir y avait lancé sur la FM la radio libre multiculturelle et polyglotte Radio Bas Canal, que certains entendaient « bacchanale ». Dans cette appellation humoristique se mêlaient les échos du « jouir sans entrave » soixante-huitard portés par les gauchistes venus de l'université de Vincennes et la référence au canal de Roubaix, qui baigne le quartier. C'était aussi une manière de faire pièce, m'explique son fondateur, à la blague raciste qui courait la ville où l'extrême droite xénophobe fit sa première percée nationale en 1983 :

> — *Quelle est la différence entre le canal de Suez et le canal de Roubaix ?*
> — *Ici, il y a des Arabes des deux côtés !* [Entre 1967 et 1979, la péninsule du Sinaï était occupée par Israël.]

La polyglossie affichée retournait le stigmate xénophobe par l'affirmation linguistique des identités multiculturelles de la ville, en s'emparant du symbole cardinal que constitue à Roubaix le canal. Celui-ci, en effet, ouvert en 1877, se situe au cœur du système des voies navigables entre la France et la Belgique qui a permis l'épanouissement de l'industrialisation roubaisienne à la fin du XIXe siècle. Barges et péniches y acheminaient les matières pondéreuses — balles de laine et de coton, cargaisons de charbon et machines à vapeur — vers les gigantesques usines textiles et en transportaient les tissus ouvrés vers les ports de la mer du Nord pour exportation au monde entier. Frappé d'obsolescence par la ruine de l'industrie lainière concurrencée par le tiers-monde qu'elle vêtait jadis, le canal, devenu un cloaque où finissaient les victimes des règlements de comptes, fut fermé à la navigation en 1985.

Outre la mémoire industrielle, il incarnait l'essence même de l'internationalisme prolétarien, ayant vu naître sur ses berges une invention authentique et originelle de la classe ouvrière, qu'elle exporta elle aussi sur toute la planète : « la roubaisienne ». On désigne par ce vocable une technique de pêche au coup patiemment mise au point durant un siècle de dimanches aux cheminées éteintes. Les ouvriers, après la messe et avant l'estaminet, taquinaient avec leurs longues cannes rudimentaires des cyprins qui, depuis le fond des eaux verdâtres, se jouaient de la maladresse de leurs mains calleuses. La brème et le hotu, aux noms venus des Flandres, se décrochaient de l'hameçon ou cassaient les lignes. Ces poissons étaient si familiers qu'ils désignaient, dans l'argot du Nord, les cartes à jouer crasseuses du tripot qui filaient entre les doigts pour la première et, pour le second, au museau large et épais, aux lèvres cartilagineuses, à la chair molle et insipide, les hommes et femmes du peuple sans honneur ni allure, tenus en piètre estime.

Quant au carassin à l'œil rouge, immigré asiatique arrivé en Lorraine depuis trois siècles déjà, il avait su s'assimiler à la gent aquatique du Nord : plus retors que ses congénères européens, il croissait en hauteur en présence de prédateurs, pour constituer une proie moins aisée à avaler, alors qu'il grandissait svelte en environnement favorable. Et par son incessant métissage avec les indigènes, il avait acquis une vigueur hybride qui faisait de lui le roi du canal, se riant des pauvres appâts de la classe ouvrière. Devant ces défis qui la ramenaient bredouille, ou la frustraient par quelque menu fretin de chevesne ou de gardon, elle inventa cette forme de pêche aussi infaillible que sportive : « la roubaisienne », pratiquée désormais dans toutes les compétitions halieutiques en eau douce les plus prestigieuses — alors même que le prolétariat nordiste qui l'a lentement élaborée a disparu du tableau universel des civilisations.

La technique consiste à incorporer un élastique au bout du scion, auquel est affixée une crosse. Le poisson ne sent la touche qu'après que l'élastique s'est entièrement distendu, tandis que l'hameçon a pénétré si profond dans ses chairs qu'il ne peut plus s'en dépêtrer ; il se fatigue, s'asphyxie, et le pêcheur, à force de ruses, n'a plus qu'à le promener en surface et l'amener à son épuisette. C'est au début de la décennie 1980 que cette technique parvint à la sophistication ultime qu'elle présente aujourd'hui, avec les cannes en Kevlar à emboîtement, pouvant mesurer jusqu'à 12 mètres de long, qui lui sont ce qu'est la Ferrari aux sports mécaniques.

Cette même décennie, les Almagariens colonisèrent les berges délaissées par les ouvriers des usines fermées, s'appropriant dans leur radio libre le nom du canal, où plus une embarcation ne passa après 1985. Les édiles voulurent en faire une autoroute, asséchant ainsi dans la mémoire collective le souvenir de « la roubaisienne ». Mais le génie du lieu en décida autrement : après un quart de siècle d'abandon, le canal serait dragué et rouvert en 2009 à la navigation de plaisance, dans le cadre du projet de « ville renouvelée ». Il avait fourni entre-temps son décor au film culte et cocasse du Roubaisien Étienne Chatiliez, *La vie est un long fleuve tranquille*, où les enfants des familles Groseille et Le Quesnoy, en s'y baignant ensemble, marquent une pause dans la lutte des classes d'antan entre prolétariat ouvrier et bourgeoisie catholique du Nord.

Les Almagariens ne firent pas vivre bien longtemps sur ces berges la Commune du gauchisme roubaisien, écho ouvriériste des « Deux hectares libérés du Quartier latin » de Mai 1968, prélude au Grand Soir et à l'avenir radieux. L'utopie se brisa

en quelques années sur la réalité sociale : tandis que l'aggra-
vation du chômage accroissait les tensions, que les entreprises
autogérées faisaient faillite, l'attribution des vastes HLM de l'îlot
aux familles nombreuses issues de l'immigration et ravagées par
la précarité transforma l'habitat. Les nuisances et incivilités, la
progression foudroyante de la toxicomanie chez les jeunes, le
trafic de drogue à large échelle furent paradoxalement favo-
risés par l'urbanisme de proximité, et eurent raison du rêve
post-soixante-huitard.

Tandis que les Almagariens fuyaient le paradis perdu, que
la gauche abandonnait la municipalité en 1983 au centriste
André Diligent, d'autres mobilisations apparurent. Elles étaient
découplées des enjeux de l'habitat, se voulaient plus explicitement politiques, puis religieuses. La « Marche des Beurs » fut
accueillie à Roubaix à l'automne de 1983 dans un contexte
tendu, alors qu'une liste d'extrême droite avait obtenu plus
de 15 % des voix aux élections du printemps au terme d'une
campagne spécifiquement dirigée contre l'immigration maghrébine. Le nouveau maire, filleul de Marc Sangnier, fondateur du
mouvement catholique social du Sillon, mettait fin à un siècle
de domination de la gauche dans « La Mecque du socialisme ».
S'il avait dans sa mire les Almagariens, cet ancien avocat de Messali Hadj s'était intéressé avant même son élection à un autre
phénomène en gestation : la lutte pour l'affirmation islamique
en France, dont cet adepte de l'encadrement des pauvres par
l'engagement religieux percevait tout le profit pour sa propre
stratégie politique. Il y trouvait à la fois une façon de contour-
ner les gauchistes pour faire le relais avec la nombreuse population maghrébine de la ville et un réservoir de voix qui lui
seraient acquises dès le scrutin de 1983, concourant à sa victoire
historique sur l'Union de la gauche.

La friche et la mosquée

La première salle de prière islamique informelle de Roubaix a vu le jour durant les années 1970, dans le local attenant à une boucherie musulmane. Sa présence garantissait *ipso facto* le caractère halal de la viande vendue là, assurant au commerçant la clientèle des plus pieux des chalands. Elle était fréquentée principalement par des *darons*, des pères de famille, surtout issus de la communauté rapatriée, comme se faisaient appeler les anciens harkis. En 1979, ils déposèrent auprès de la municipalité d'Union de la gauche une demande pour récupérer la friche industrielle qui abritait le Consortium textile, navire amiral de l'économie lainière naufragée, afin d'y créer une mosquée digne de ce nom. Les édiles, qui percevaient avec suspicion une communauté encadrée par des militaires souvent proches de l'extrême droite nostalgique de l'Algérie française, refusèrent, mais durent affecter en contrepartie les locaux à une autre destination : y fut édifiée la maison des jeunes et de la culture, qui accueillerait à l'automne de 1983 la « Marche des Beurs ».

Les harkis déboutés firent l'acquisition en 1980 d'une autre fabrique abandonnée, dans le quartier de l'Alma-Gare, mais n'obtinrent pas le permis de construire pour la transformer en lieu de culte au motif que la hauteur du minaret aurait contrevenu aux règles d'urbanisme locales. Contact fut pris, dans la perspective des prochaines municipales, avec André Diligent, et consigne donnée aux anciens supplétifs bien médaillés de l'armée française et à leur parentèle, munis d'une carte d'électeur, de faire le bon choix au printemps de 1983. Les autorisations furent accordées dans les mois qui suivirent la victoire du nouveau maire centriste.

La mosquée Sunna de la rue Saint-Maurice a été la première édifiée dans la France contemporaine et dotée d'un permis de construire. À l'époque, en effet, les autres lieux de prière musulmans, qui proliféraient dans l'Hexagone, voyaient le jour dans les usines, les foyers de travailleurs immigrés, où se multipliaient les grèves à cause de la crise économique et du chômage, ainsi que dans les rez-de-chaussée de HLM, et n'avaient pas besoin de permis. Ils étaient ouverts par le patronat, les gestionnaires de foyer ou les bailleurs sociaux — dont ils demeuraient la propriété — pour faire émerger des intermédiaires religieux avec une population fragilisée, et ils étaient invisibles depuis l'espace public. Pour ces responsables, dont certains étaient encore imprégnés de la gestion paternaliste de l'islam par la colonisation française en Afrique du Nord, les religieux musulmans qui contrôlaient ces locaux étaient des conservateurs avec qui il était plus facile de s'entendre pour administrer la paix sociale dans un contexte tendu qu'avec les activistes gauchistes ou syndicalistes.

En revanche, dans l'opinion en général, la révolution iranienne avait transformé en profondeur l'image de l'islam dans un sens très négatif et subversif. Pierre Mauroy, premier chef de gouvernement de François Mitterrand, et Jean Auroux, son ministre du Travail, mirent publiquement en garde contre les « intégristes » qui s'étaient manifestés à l'occasion des grandes grèves de l'automobile en 1982. Ainsi les demandes de permis de construire des mosquées qui voyaient le jour dans des municipalités autres que Roubaix étaient-elles le plus souvent rejetées sous divers prétextes dilatoires. Les maires étaient soumis à une pression hostile de leur électorat, et les musulmans, dans leur immense majorité, n'étaient pas encore citoyens français et ne votaient donc pas. La mobilisation des harkis — qui étaient français et électeurs — par André Diligent fut en cela un phénomène précurseur. Il fallut attendre la décennie suivante, à l'occasion de la naturalisation massive des musulmans nés à l'étranger et avec l'arrivée à l'âge adulte de leurs enfants nés dans l'Hexagone, Français par le droit du sol, pour que les maires arbitrent en vertu d'autres calculs des demandes qui émanaient désormais d'un segment de leur électorat, pris en compte en tant que tel.

Des Français musulmans aux musulmans français

Cette ambivalence en regard de l'acquisition de la nationalité française resta dominante pour nombre d'Algériens durant les vingt années qui suivirent l'indépendance de 1962. Devenir français après avoir fait ou soutenu la guerre pour ne plus l'être constituait une aberration politique et morale, une forme de reniement. À l'époque, l'expression « Français musulmans », qui désignait les harkis, était infamante. Quant à ceux qui pensaient en termes religieux, la naturalisation leur apparaissait encore comme une apostasie de l'islam, punissable de mort selon la loi coranique.

Les choses pourtant commencèrent à évoluer, sur ce plan, en 1982, lorsque la Grande Mosquée de Paris fut affermée à un représentant d'Alger, cheikh Abbas Bencheikh el-Hocine, par le ministre de l'Intérieur Gaston Defferre, par ailleurs maire de Marseille, ville la plus algérienne de France. Celui-ci légitima la naturalisation, dans un contexte où l'Algérie, confrontée au contre-choc pétrolier et à la baisse de ses revenus, ne souhaitait plus pousser ses ressortissants immigrés en France à retourner au bled. Et ses dirigeants pensaient pouvoir, à travers les incitations de la Grande Mosquée de Paris, influer sur le vote des Franco-Algériens pour constituer un lobby exerçant des pressions sur Paris.

Mais ce processus mit du temps à être entériné par les intéressés, tant l'imaginaire glorieux de la guerre d'indépendance et du nationalisme revanchard anticolonial restait prégnant. Ainsi, Slimane Tir, détenteur de son passeport algérien et d'une carte de résident en France, refusa-t-il d'accomplir son service militaire en Algérie en 1979, à vingt-trois ans, et ne put dès lors plus faire renouveler ses papiers au consulat. Il demeura une décennie entière avec pour unique document d'identité cette carte de résidence avant de sauter le pas psychologique et de demander en 1989 la « réintégration » dans la nationalité française, au titre de sa naissance dans un département français d'Algérie avant 1962.

La polarisation des mentalités était du même ordre pour les jeunes nés dans l'Hexagone, que leurs parents avaient refusé d'enregistrer comme Français à la naissance, alors que tel était leur droit, et dont l'identité oscillait entre une nationalité algérienne survalorisée, mais déconnectée de toute réalité quotidienne, et une simple carte de résidence française, qui obérait leur identification à la nation et à la République chargée de tous les péchés de la colonisation.

Tel était le contexte dans lequel André Diligent, pour sa réélection en 1989, prit sur sa liste aux élections municipales le fameux cardiologue Salem Kacet, fils d'un ouvrier kabyle roubaisien, arrivé en France à quatorze ans, modèle de réussite grâce à l'éducation supérieure française, et qui devint une star des médias. En face, le parti socialiste montrait des réticences à accueillir tout candidat au patronyme maghrébin, de crainte de faire fuir son électorat populaire de souche européenne, poreux à la rhétorique du Front national. En réaction, des militants socialistes de sensibilité « multiculturaliste » quittèrent le parti et rejoignirent la majorité municipale, contribuant à faire de Roubaix le laboratoire français d'une gestion des communautés immigrées inspirée des modèles anglo-saxons, en particulier celui de la ville de Bradford, en Angleterre, avec laquelle elle était jumelée (et où avait eu lieu, cette même année, l'autodafé en place publique du roman de Salman Rushdie *Les Versets sataniques* à l'initiative d'organisations islamiques).

Dans cette ambiance social-chrétienne, où la logique communautaire avait acquis plus de légitimité qu'ailleurs en France, et où l'islam représentait un interlocuteur apprécié et recherché, l'irruption de la guerre civile algérienne et du djihadisme international polarisa et crispa soudain, au tournant de la décennie, les identités émergentes. 1989 fut aussi l'année où éclata l'affaire du port du voile islamique à l'école, déclenchée par l'UOIF, la branche française des Frères musulmans, afin que les jeunes musulmans, qui avaient désormais sauté le pas de la nationalité française, exigent d'appliquer les injonctions de leur religion dans l'espace public. Pour marquer la portée symbolique majeure de cette transformation, l'UOIF modifia son intitulé d'Union des organisations islamiques *en* France en *de* France : l'Hexagone était à présent terre d'islam, d'affirmation identitaire et de prosélytisme.

L'Algérie, la Bosnie et les courées du Nord

L'année 1989 est aussi celle du soulèvement contre le régime du FLN en Algérie, une révolution à laquelle feraient écho, une vingtaine d'années plus tard, les « printemps arabes » de 2010-2011. Alors comme aujourd'hui, une insurrection démocratique antiautoritaire voyait les partis islamistes, qui n'en avaient pas été à l'origine, récupérer celle-ci grâce à la meilleure discipline de ces mouvements, et emporter les premières élections libres qui se tenaient dans le pays. Puis, selon un schéma qui n'était pas sans anticiper sur ce qui s'est passé en Égypte durant l'été de 2013, l'armée interrompit le processus, avec l'annulation du second tour des législatives algériennes, qu'allait remporter haut la main le Front islamique du salut, en janvier 1992, suivie de la dissolution du parti islamiste.

C'est à Roubaix, où l'implantation des ressortissants et originaires d'Algérie était si dense, la question sociale si aiguë et la fermentation militante si profuse, tandis que s'affirmait l'identité islamique, que se tint en avril 1992 le premier grand meeting sur le territoire français en soutien au FIS, en présence d'un des principaux dirigeants du mouvement et du patron de sa fédération de France. Anouar Haddam était le chef de la « délégation parlementaire du FIS à l'étranger », représentant les députés élus au premier tour avant l'interruption des élections par les généraux algériens, et la traque de ses militants. Il était basé à Londres, alors surnommée le « Londonistan » à cause du nombre élevé d'islamistes de tous les pays qui y avaient trouvé refuge. Moussa Kraouche dirigeait la Fraternité algérienne en France (FAF), chargée d'inciter les soutiens au FIS parmi les Algériens de l'Hexagone.

Outre la forte composante algérienne de sa démographie, Roubaix, frontalier avec la Belgique, facilitait les transferts de tous ordres, à commencer par les sommes d'argent collectées à travers la France par les mosquées favorables au FIS. Celui-ci organisait le racket des commerçants afin de financer la cause et l'achat des armes pour les maquis islamistes en Algérie — retrouvant, à trois décennies de distance, les méthodes du FLN, et prêtant simultanément la main à l'instauration progressive d'une islamisation des mœurs dans les quartiers arabes de la ville.

Ce milieu des années 1990 est l'époque où le paysage humain de l'Alma-Gare commençait de se transformer : voiles et barbes islamistes se substituaient aux jeans effrangés et à la pilosité gauchiste d'antan. Dans ce bastion de la culture ouvrière où la police ne se risquait guère, puis de la contre-culture post-soixante-huitarde incarnée par l'Atelier populaire d'urbanisme almagarien, s'implanta une nouvelle mosquée, *al-Da'wa* (l'appel à l'islam), sise rue Archimède. Elle résultait d'une scission avec la mosquée Sunna des darons harkis, distante d'un pâté de maisons.

Cette mosquée devant laquelle stationnaient des véhicules immatriculés en Grande-Bretagne était la plaque tournante d'un prosélytisme qui prenait comme horizon le djihad en Algérie — mais aussi en Bosnie, où la guerre civile opposait Serbes comme Croates, outre leur inimitié réciproque, aux musulmans bosniaques. La « cause islamique » en Bosnie devint un motif d'identification pour les jeunes néomusulmans européens issus de l'immigration, dont la plupart découvraient alors l'existence sur le Vieux Continent d'une population de souche, blonde aux yeux bleus, convertie à l'islam depuis l'emprise ottomane sur les Balkans. La persécution dont ils étaient l'objet — et qui ne s'appuyait pas sur des phénotypes racistes, mais sur l'appartenance religieuse — nourrissait le complexe obsidional en même temps que l'esprit de victimisation chez ceux qui soutenaient leur combat. Cela fournit le prélude à la fabrication de la notion d'islamophobie par les militants islamistes, à la manière d'un stigmate dont ils se prévaudraient.

La Bosnie de la décennie 1990 était la résultante du Vietnam des gauchistes, de la Palestine des antisionistes et de l'Afghanistan des islamistes. Les militants surfaient sur la dimension humanitaire de la cause, qui fédérait l'énergie de nombreuses ONG acheminant des secours à Sarajevo ou à Mostar assiégées, pour s'y initier au djihad armé sur le sol européen — comme m'en a fait le récit à Marseille le candidat « patriote musulman » Omar Djellil, combattant en Bosnie. Cette saga a fourni, en 2013 encore, matière au beau roman d'Étienne de Montety *La Route du salut*. Le panachage des causes algérienne et bosniaque fut l'adjuvant à la réislamisation des « Beurs », orphelins de la marche de 1983, et qui rejetaient à présent avec horreur ce vocable médiatique tenu au mieux pour méprisant à leur endroit, au pire pour un complot sioniste destiné à faire fondre comme beurre leur identité arabo-islamique dans le chaudron des potes de SOS-Racisme touillé par l'Union des étudiants juifs de France. L'exaltation du djihad et du martyre au bled ou dans les Balkans si proches donnait une raison de vivre et de mourir, ainsi que de se convertir à l'islam, à de jeunes Chtis, enfants perdus d'un gauchisme effiloché et d'un christianisme social battu en brèche par le chômage massif — c'était un héroïsme de substitution, fondateur d'une identité naissante.

À Roubaix, l'œil de ce cyclone culturel se trouvait à la mosquée *al-Da'wa*, implantée dans d'anciennes maisonnettes ouvrières de briques, au cœur de l'Alma-Gare. C'est là que se convertissaient les Chtis et les rejetons déjantés des immigrés polonais ou flamands : on surnommait « les roux », à cause de la couleur de la barbe surabondante qu'ils exhibaient, ces poil-de-carotte en djellaba qui s'en allaient prêcher dans les courées avec la foi ardente du néophyte pour ramener à Allah les Rebeus amateurs de *binch* belge brassée en abbaye.

Ce lieu de culte bricolé défraya la chronique en juillet 1994 lorsqu'un de ses imams fut appréhendé après avoir pratiqué le désenvoûtement sur une adolescente « possédée », qui mourut en ingurgitant de force des litres d'eau salée pour chasser les djinns de son corps. Le charlatan arrêté fut défendu par un groupe de soutien qui excipa de ses diplômes d'exorciste obtenus dans une université islamique saoudienne et plaida l'accident médical. L'ironie voulut qu'il exerçât ses talents dans une mosquée surnommée « Archimède », le plus grand mathématicien de l'Antiquité, symbole universel du rationalisme et du triomphe de la science sur la superstition.

Le laboratoire de l'islam de France

Dans ce contexte tendu, qui attira l'attention de la presse nationale et des commentaires peu amènes sur le manque de vigilance municipal quant aux dérives de divers groupes islamiques locaux, le maire André Diligent passa la main en 1994 à son premier adjoint, René Vandierendonck. Il demeurerait en fonction près de deux décennies, jusqu'en mars 2012, à la suite de son élection au Sénat en septembre 2011, se refusant au cumul des mandats. Avant même sa première réélection au fauteuil de maire, il glissa du centre au parti socialiste, retrouvant la tradition roubaisienne historique en alternant démocratie sociale et social-démocratie. Soutenant Lionel Jospin, qui remporta les élections législatives de 1997, il réintégra une région dirigée par le parti socialiste, dont les financements s'avéraient cruciaux à l'aboutissement du projet municipal de « ville renouvelée ».

Une telle hybridation consensuelle passait par le vecteur des valeurs chrétiennes et l'héritage du Sillon, qui faisaient des familles spirituelles des acteurs privilégiés de la vie communale, en particulier en direction des milieux les plus déstructurés, et qui épousaient l'idéologie multiculturaliste en vogue dans une partie de la classe politique. Mais jusqu'en 1997, tant que durait la guerre civile en Algérie, la tension demeurait forte. Le FIS et ses concurrents du GIA comportaient une composante salafiste, galvanisée par des imams ayant accompli leur apprentissage en Arabie saoudite : elle fit des émules à Roubaix et ailleurs dans une immigration que FIS et GIA s'activaient à mettre en coupe réglée. Leur version ultrarigoriste de l'islam se traduisait par une tenue et un *look* qui étaient alors encore inédits dans l'Hexagone et dont les rues de l'Alma-Gare et du Pile accueillaient les précurseurs en France dès cette dernière décennie du xxᵉ siècle.

Pour tenter de contenir ces débordements, la municipalité encouragea les instances de dialogue. Elles devaient permettre l'émergence d'interlocuteurs canalisant l'incoercible passion islamiste déployée au miroir de la guerre civile algérienne. Les enfants de harkis qui voyaient dans l'affirmation de leur appartenance religieuse l'occasion de recoller les morceaux d'une identité fragmentée par l'engagement des pères dans l'armée française durant la guerre d'Algérie furent les vecteurs privilégiés de ce processus.

Ali Rahni était de ceux-là : le beau-frère trentenaire de Slimane Tir, élu conseiller municipal en 1995, était le pilier d'une association *ad hoc*, « Citoyens roubaisiens », qui mettait les questions de l'islam et de l'immigration dans le débat public et produisait ce liant auquel aspirait une municipalité inquiète de l'islamisme clandestin. Engagé par ailleurs auprès de Tariq Ramadan, au moment où celui-ci publiait son manifeste *Être musulman européen*, membre de l'association « Présence musulmane » et du « Collectif des musulmans de France » qui gravitaient dans l'orbite du prédicateur helvéto-égyptien, Rahni lui offrirait le laboratoire urbain où mettre ses idées en pratique.

Le petit-fils du fondateur des Frères musulmans Hassan el-Banna incitait les néocitoyens roubaisiens à s'investir dans la vie politique, à descendre dans l'arène électorale pour y promouvoir, par leur « présence musulmane » sur la « terre de témoignage » (*dar al-shahada*, mot à mot « terre de la profession de foi ») européenne, l'idéal de société islamique dont son grand-père s'était fait le prosélyte sur les rives du Nil dès les années 1930. Cette mixture fut diversement appréciée. Elle était du goût d'une mouvance multiculturaliste qui prospérait sur la décomposition du gauchisme d'après Mai 1968, s'étendait du *Monde diplomatique* à la Ligue de l'enseignement, prenait ses quartiers à son aise dans l'auberge espagnole doctrinale du mouvement écologiste, poussait son influence jusqu'au centrisme chrétien social en mal d'ouailles. Elle répugnait à la faction laïque

intransigeante de la gauche, attachée à un modèle d'intégration individuelle qui vilipendait le « communautarisme », creusant des failles profondes au sein même de la famille socialiste,
dont les conséquences courraient jusqu'à l'élection législative
de juin 2012. Ce clivage organisait des reclassements dans la
vie politique locale, où droite et extrême droite rhabillaient en
dénonciation de l'intégrisme le vieux vocabulaire xénophobe.

Mais les clivages gagnaient aussi la mouvance islamique naissante.
J'en fus inopinément le témoin un soir glacial, le 24 novembre
1994. C'était la première fois que je me rendais à Roubaix. L'association « Citoyens roubaisiens » m'avait invité à un débat sur
l'islam avec le sociologue Saïd Bouamama, le prêtre Jean-Luc
Brunin et le prédicateur Hassan Iquioussen. Tous trois étaient
déjà réputés : le premier, comme intellectuel organique radical
des « quartiers », rétif à toute compromission ; le deuxième, également né dans une famille ouvrière de la ville, comme témoin
engagé de l'Église en monde ouvrier et en dialogue avec l'islam
— il serait consacré évêque d'Ajaccio, puis du Havre. Quant au
troisième, il était déjà un prêcheur en vogue, dont les cassettes
audio galvanisaient les banlieues dans ces années où la révélation
de l'Internet n'était pas encore descendue du ciel numérique.

Pour ma part, je n'étais pas trop en odeur de sainteté dans
les milieux islamistes à la fin de 1994 : mon livre *À l'ouest d'Al-*
lah, paru cette année-là, avait choqué autant par son titre jugé
blasphématoire que par sa mise à plat de la première affaire
du voile à l'automne de 1989, survenue au collège Gabriel-
Havez de Creil. Pis encore : j'avais témoigné, à la demande de
la défense, lors du procès consécutif. Le principal du collège
qui avait prononcé l'exclusion des trois élèves voilées, causant
la grande affaire française d'une année où tomba pourtant le
mur de Berlin et où se célébrait le bicentenaire de la Révolution
française, y était poursuivi par le père d'une des jeunes filles
pour diffamation, car il l'avait traité d'« intégriste ». Mon rôle
au tribunal avait consisté à définir ce terme, et à déterminer,
en expert orientaliste, si son usage était recevable pour qualifier
un adepte notoire du *Tabligh*, ou « propagation de l'islam », le
principal mouvement mondial à prôner une stricte adhésion

aux préceptes de cette religion dans leur acception la plus rigoriste et littérale. J'étais confronté au redouté Me Jacques Vergès, avocat de la partie civile, dont la fille, née de son mariage avec l'héroïne de la guerre d'Algérie et poseuse de bombes Djamila Bouhired, se trouvait être mon étudiante cette année-là. Il me ménagea, le plaignant fut débouté, et je me retrouvai affublé quelque temps du sobriquet *'adouw Allah* (ennemi d'Allah) par quelques exaltés.

En ce soir de débat roubaisien, la salle était comble, emplie pour l'essentiel de jeunes Maghrébins et convertis, nombreux à afficher les signes extérieurs de la piété islamique. Le sociologue, le prêtre et moi jouions les seconds rôles : le premier revenait à Hassan Iquioussen. Ce dernier était alors le prédicateur vedette de la Jeunesse musulmane de France, branche de l'UOIF, à la pointe depuis 1989 pour inciter au port du *hijab* à l'école. Iquioussen n'avait que quelques nuances doctrinales avec Ramadan, mais il se situait à l'opposé du spectre social. L'héritier de la bourgeoisie islamiste égyptienne expatriée à Genève, soigneusement éduqué en français, air avantageux, regard séduisant, contrastait du tout au tout avec l'enfant d'ouvrier berbère de l'Atlas marocain, faisant passer en termes simples l'idéologie frériste, avec une gouaille toute chti, vêtu humblement et sans recherche.

À l'issue du débat, dans une salle largement acquise à une vision islamique du monde, qui avait mis à rude épreuve l'orientaliste « athée », je vis se dresser, le verbe véhément, un individu en djellaba courte — c'était la première fois qu'apparaissait sous mes yeux un salafiste en pleine action en France, et j'eus du reste le plus grand mal à identifier cette secte dont je ne connaissais à l'époque presque rien. M'attendant à subir un anathème, quelle ne fut pas ma surprise de constater qu'il ignorait superbement l'infidèle pour s'en prendre à Iquioussen, taxé de déviance par rapport à la vraie foi. Il lui importait davantage de fulminer l'hétérodoxie contre un concurrent afin de détourner de lui les bons croyants et de récupérer ses ouailles — je comprendrais ensuite qu'il était rattaché à la mosquée Archimède.

À ses yeux, Iquioussen était coupable de vouloir participer aux institutions d'une société impie dont l'hérésiarque salafiste prônait au contraire de se détacher pour émigrer un jour vers la terre d'islam véridique. Là-bas seulement on pourrait mener une existence conforme aux préceptes les plus orthodoxes — projet irréalisable au milieu des tentations françaises, avec leur cortège d'alcool, de drogue et de sexe, qui mettaient au péril quotidien la foi du pieux musulman.

Paradoxe et « Gang de Roubaix »

Le multiculturalisme roubaisien du milieu de la décennie 1990 fournissait un terreau propice à l'épanouissement de pareilles idées, parmi beaucoup d'autres moins radicales. Cela n'échappa point aux contempteurs de cette vision du devenir des immigrés. L'offensive prit la forme d'un livre choc paru au début de mars 1996 sous le titre *Le Paradoxe de Roubaix,* qui mettait la ville et sa municipalité réélue en 1995 sur la sellette. Il avait pour auteur le journaliste et polygraphe Philippe Aziz, nom de plume du Tunisien Aziz Mahjoub, décédé en 2002. L'hebdomadaire *Le Point* lui consacra sa une, portant en couverture la photographie d'une Marianne affublée d'un *hijab*, préfiguration provocante de la France de demain. Il était dédié au philosophe et pamphlétaire de droite Jean-François Revel et au directeur de l'hebdomadaire Claude Imbert, qui ferait état publiquement, en 2003, de son aversion pour la religion musulmane et se déclarerait « islamophobe ».

Aziz avait mené une enquête par immersion : son identité tunisienne, la qualité de fils d'imam dont il se prévalait et son usage de la langue arabe lui avaient ouvert bien des portes et permis d'entendre des propos qui n'étaient pas tenus habituellement aux Gouères, les Français « infidèles ». La force du livre venait de ce qu'il prétendait déceler ce qui était caché à ceux-ci, floués par le double discours de leurs interlocuteurs islamistes. Il fit grand bruit, ne serait-ce que parce qu'il qualifiait Roubaix de « première ville à majorité musulmane de France » — prélude à l'islamisation de l'Hexagone par le poids de l'immigration maghrébine et africaine avec ses familles nombreuses dans les quartiers populaires. Pareille description fut vécue comme un stigmate par les édiles, qui s'employaient à des démonstrations statistiques pour attester à la fois qu'il n'y aurait pas plus d'un tiers de musulmans dans la population de la commune et que le recensement des « musulmans » n'avait aucune base légale dans la République laïque.

Pendant que les élus, soutenus par la presse régionale et les médias de gauche, se mobilisaient contre le livre — vilipendé par *Le Monde diplomatique* comme « symbole d'une désinformation concernant l'immigration et l'islam » —, l'auteur définit le « paradoxe » de son titre. Selon lui, il résultait de la présence simultanée de jeunes élites issues de l'immigration parfaitement intégrées et d'une mouvance islamiste radicalisée qui avait construit une véritable contre-société où l'on s'obsédait de respecter les règles du halal le plus strict et d'appliquer la charia. Le témoignage était pourtant presque exclusivement à charge, et l'auteur utilisait à cette fin des procédés peu scrupuleux : entre plagiat et production de statistiques fantaisistes, sur lesquelles se focalisait le débat, alors que la question de fond portait sur le dilemme entre modèle multiculturel et intégration individuelle, dont les deux prolongements extrêmes étaient la fragmentation communautariste, d'un côté, et l'assimilation aveugle à la pluralité de l'autre.

Pendant que la polémique sur *Le Paradoxe de Roubaix* battait son plein, une série de braquages à l'arme de guerre, d'une grande violence, eurent lieu dans la ville et ses environs : depuis la fin de janvier 1996, des policiers avaient été blessés, un automobiliste tué. Le 28 mars, un attentat à la voiture piégée, qui aurait pu tuer ou blesser des centaines de personnes, fut évité de justesse à Lille, où se tenait une réunion du G7 présidée par Jacques Chirac. Le lendemain, le RAID investit la planque où s'étaient réfugiés les gangsters. La découverte d'un carnet d'adresses et de littérature islamiste radicale mit au jour que les quatre occupants de la maison assiégée faisaient partie d'un groupe de dix djihadistes — le « Gang de Roubaix ».

L'assaut eut lieu au 59, rue Henri-Carette, une artère parallèle à la rue Archimède où les leaders du groupe s'étaient rencontrés à la mosquée. Deux d'entre eux étaient des Chtis nés dans des familles ouvrières catholiques, convertis à l'islam, anciens étudiants ayant tout abandonné pour le djihad : le carabin Christophe Caze et l'apprenti historien et journaliste Lionel « Abou Hamza » Dumont.

Associés à la mouvance qui se mettait en place autour d'Oussama Ben Laden et de ses principaux lieutenants en Europe, en Algérie et au Canada, Caze et Dumont étaient allés combattre les Serbes et les Croates chrétiens en Bosnie en 1994 et 1995 avec les brigades internationales de moudjahidin. Après les accords de Dayton de décembre 1995, qui avaient mis fin au conflit, ils s'étaient recyclés dans le djihad sur le territoire français, à partir de leur base roubaisienne où ils croyaient pouvoir évoluer comme des poissons dans l'eau.

Au confluent entre grand banditisme et terrorisme islamiste, ils prolongeaient à leur manière fruste l'épopée meurtrière de Khaled Kelkal, abattu quelques mois auparavant, le 29 septembre 1995, dans la banlieue lyonnaise, après avoir participé aux attentats en France liés à la guerre civile algérienne. Et ils anticipaient l'affaire Merah, pareillement débusqué par la police à Toulouse en mars 2012, après seize années qui avaient marqué une longue pause du terrorisme djihadiste dans l'Hexagone.

Quatre des malfaiteurs, tous issus de la jeunesse roubaisienne d'origine immigrée, périrent carbonisés dans l'incendie de la maisonnette ouvrière où ils étaient réfugiés, et qu'ils avaient déclenché en manipulant des grenades durant l'assaut. Les décombres envahis par les plantes rudérales ne furent arasés qu'en 2011, laissant une « dent creuse » dans le paysage de l'Alma-Gare.

Christophe Caze fut abattu le 29 mars 1996 par la gendarmerie, en Belgique où il s'était enfui. Lionel Dumont, aidé par les réseaux d'al-Qaida, retourna en Bosnie, où il avait contracté un mariage islamique, y fut arrêté, condamné et incarcéré pour des braquages et fusillades, puis s'évada et fuit en Asie, avant d'être appréhendé en Allemagne en 2003. Extradé en France où il fut jugé en 2005, il y purge une longue peine, aggravée par une tentative d'évasion en 2011.

Les Verts et l'islam

L'affaire spectaculaire du « Gang de Roubaix » a suscité un traumatisme dans la commune montrée du doigt par la France entière comme le bouillon de culture emblématique de l'islamisme le plus radical et violent. Pour la municipalité dirigée par René Vandierendonck, élue en 1995, et où Slimane Tir était conseiller municipal, la contre-offensive consista plus que jamais à faire émerger au sein de la communauté musulmane des interlocuteurs relais afin d'éviter la réédition de pareil drame.

Ainsi furent proposées aux associations cultuelles musulmanes des aides afin d'édifier des « mosquées de proximité », dans le cadre de la rénovation urbaine et de la politique de la ville. Six d'entre elles virent progressivement le jour dans cette commune de quatre-vingt-quinze mille habitants, favorisant la notabilité de leurs responsables. En parallèle, des encouragements furent apportés à de multiples initiatives, dans lesquelles la dimension islamique s'avérait plus latente que manifeste.

En 1995 était fondée l'association « Rencontre et dialogue », faisant suite aux « Citoyens roubaisiens » qui m'avaient invité au débat de l'automne 1994. Subventionnée par la municipalité après les élections de 2001 qui virent les Verts rejoindre la majorité, elle proposait de nombreux débats concernant les questions musulmanes. Ses laudateurs estimaient qu'en publicisant celles-ci, elle faisait baisser les tensions intercommunautaires, tandis que ses adversaires la dénonçaient comme une tribune offerte aux idéologues islamistes, Tariq Ramadan en tête. Il en allait de même pour Pastel FM, la radio multiculturelle et polyglotte dont Slimane Tir était président, et qui prenait la suite de Radio Bas Canal, ancienne modulation de fréquence des Almagariens gauchistes. Elle ouvrait désormais chaque vendredi ses ondes à des émissions islamiques. Son président m'expliquerait qu'elles étaient destinées à présenter aux auditeurs une compréhension de cette religion opposée à la propagande des Groupes islamiques armés, alors au sommet de leur puissance dans les maquis de la guerre civile algérienne, et qui trouvaient quelque écho dans les courées de l'Alma-Gare ou du Pile.

Pendant ce mandat, qui avait vu René Vandierendonck passer au parti socialiste et élargir sa base électorale tout en rapprochant la municipalité d'un exécutif départemental et régional contrôlé par ce parti, les Verts, sous la houlette de Slimane Tir et de Guy Hascoët, député de la circonscription de 1997 à 2000, puis ministre du gouvernement Jospin, renforcèrent une présence particulièrement attractive aux jeunes issus de l'immigration maghrébine. Aux élections municipales de 2001, leur liste était arrivée en quatrième position avec plus de 10 % des voix, et sa fusion avec celle du maire sortant constituait un apport indispensable pour assurer la reconduction de ce dernier.

Slimane Tir devint également conseiller communautaire de l'agglomération lilloise, le premier élu d'origine maghrébine de cette importante assemblée. Outre la liste écologiste, deux autres furent dirigées par des candidats d'ascendance algérienne, un phénomène dont l'ampleur était inégalée alors en France. Il fallut attendre les élections municipales de 2008, les premières consécutives aux grandes émeutes des banlieues françaises de 2005, pour voir dans d'autres communes populaires des jeunes issus de l'immigration entrer en nombre conséquent dans les conseils municipaux.

La nouvelle municipalité, attentive au poids de l'électorat de confession musulmane, poursuivit sa politique de liaison avec les cultes. Dès 1998 avait été créée l'association « Roubaix-Espérance », qui rassemblait des représentants des diverses familles spirituelles, sur le modèle de « Marseille-Espérance ». Celle-ci, fondée en 1990 par le maire de la cité phocéenne, se voulait une réponse consensuelle à l'émergence d'identités religieuses portées par les populations immigrées et leurs descendantes dans l'espace public, dont l'islam était le principal vecteur, mais qui concernait aussi le bouddhisme ou les confessions évangéliques.

En 2002, l'année qui suivit des élections municipales reconduisant à la mairie M. Vandierendonck, désormais à la tête d'une liste d'Union de la gauche et du centre, mais élu d'une majorité composite grâce au soutien des Verts, était adopté un schéma directeur d'intervention de la ville sur les lieux de culte. Il s'inscrivait dans le cadre de la charte contre les discriminations qui faisait partie des engagements de la majorité. Ce texte, adopté par consensus et soucieux de ménager les sensibilités les plus laïques par des références récurrentes à l'esprit de la loi de séparation de l'Église et de l'État de 1905, mettait à profit toutes les dispositions juridiques existantes afin de faciliter l'édification de lieux de culte « dignes » pour les confessions nouvellement implantées, grâce à la fourniture de parcelles, des baux emphytéotiques, la garantie municipale à des prêts, etc.

Si les mosquées en furent les principales bénéficiaires, dont trois étaient spécifiées dans le texte, il était fait également mention de temples bouddhistes et évangéliques, ainsi que des restaurations d'églises catholiques. Roubaix jouait en ce domaine un rôle de précurseur, et cela cristallisa les oppositions de ceux pour qui la municipalité faisait la part trop belle à l'islam avec les deniers publics.

C'est dans ce contexte que, en une sorte de *remake* de l'affaire du *Paradoxe de Roubaix* de 1996, éclata au milieu de la première décennie du nouveau siècle une polémique nationale qui prenait en point de mire la ville qualifiée ironiquement de « beau jardin de l'islamo-gauchisme » et pointait le mélange des genres entre écologistes et islamistes, confondus dans le sobriquet de « Verts verts ».

En novembre 2004, le prédicateur Hassan Iquioussen, tout juste dix ans après notre débat à Roubaix, était contraint d'annuler à la dernière minute une conférence où l'avait invité « Rencontre et dialogue », suite à un article de presse publiant des extraits de l'une de ses cassettes intitulée « La Palestine, histoire d'une injustice ». Il y traitait les juifs d'« avares et usuriers », « le top de la trahison et de la félonie », les accusait de « comploter contre l'islam et les musulmans », de ne pas vouloir « se mélanger aux autres qu'ils considèrent comme des esclaves », etc.

L'affaire tourna rapidement à l'incrimination de l'association et de son président, Ali Rahni. Beau-frère du chef des écologistes roubaisiens Slimane Tir et figurant sur sa liste aux municipales, lui-même membre des Verts depuis une dizaine d'années, un peu avant qu'il ne devienne l'un des dirigeants du « Collectif des musulmans de France » lancé par Tariq Ramadan, il symbolisait cette osmose entre les deux nuances de vert que dénonçaient ses adversaires. La contradiction entre des propos caractéristiques de l'antisémitisme lorsqu'ils sont exprimés en français (ils sont monnaie courante dans le débat public en arabe) et la doctrine du mouvement écologiste mettait en porte-à-faux celui-ci.

Ali Rahni, dont la notoriété était restée jusqu'alors locale et régionale, incarnait et cristallisait soudain le débat virulent qui traversait la gauche française entre multiculturalisme et intégration, et dans lequel s'invitaient tous les acteurs de la blogosphère laïque convaincus d'avoir trouvé la faille chez leurs adversaires. L'essayiste Caroline Fourest, militante connue de cette dernière cause, s'empara de l'affaire dans son livre de 2005, *La Tentation obscurantiste*. Un quotidien régional, qui relaya des accusations de « négationnisme » envers l'association, fut attaqué en diffamation par Ali Rahni, défendu par Me Jean-Louis Brochen, qui gagna son procès au terme d'une longue procédure.

L'avocat étant l'époux à la ville de la maire de Lille Martine Aubry, elle-même critiquée, notamment dans le livre de Caroline Fourest, pour avoir exprimé trop de mansuétude envers les associations islamistes locales, et avoir fait réserver des horaires non mixtes dans une piscine de la métropole du Nord, l'affaire roubaisienne attisa un débat national sur l'interpénétration entre islam et politique, dans l'année qui suivit la loi du 14 mars 2004 prohibant le port de signes religieux ostentatoires à l'école publique. Mais les Verts manifestèrent une solidarité sans faille à Ali Rahni, investi en 2009 comme quatrième de leur liste aux élections européennes pour la France du Nord-Ouest.

« *Ville renouvelée* » *et Quick halal*

En politique locale, l'affaire fut destinée à mettre en difficulté Slimane Tir. Aux élections municipales de 2008, il dirigeait une liste écologiste qui s'était maintenue au second tour contre le maire sortant René Vandierendonck. Celui-ci, qui avait élargi son assise dans l'électorat de classes moyennes, grâce à une politique de renouvellement urbain qui commençait à produire ses effets et cherchait à faire revenir celles-ci dans la ville, avait été réélu sans avoir besoin des écologistes, et Slimane Tir siégeait dans l'opposition. Deux ans plus tard, le premier magistrat, qui avait manifesté tant de compréhension durant ses mandats précédents aux demandes émanant d'associations islamiques, était pris dans une polémique qui, pour la première fois, le mettait aux prises avec les mosquées de sa ville.

À la rentrée de 2010, comme d'autres magasins de la chaîne Quick en France, sa succursale de Roubaix annonça son intention de passer au halal, à l'occasion du ramadan qui tombait en septembre cette année-là. Or elle était située en plein cœur de la zone franche urbaine, au coin du *mall* qui attirait les consommateurs belges y trouvant à prix réduit des vêtements de grandes marques françaises et internationales. Il existait déjà dans les parages un *fast-food* halal, mais le nom de celui-ci n'avait pas la notoriété de l'enseigne nationale de restauration rapide, en partie propriété de la Caisse des dépôts. Seul restaurant de cette marque à Roubaix, son passage au statut exclusivement halal renvoyait la commune à son image de « ville à majorité musulmane », avec les connotations négatives afférentes — à l'encontre du concept de « ville renouvelée » sur lequel la mairie avait investi tant d'efforts pour attirer chalands, visiteurs et investisseurs, et autour duquel elle déployait toute sa politique de communication. La clientèle, et notamment les étudiants de la cité universitaire voisine, souhaitant se restaurer au Quick n'aurait plus d'autre choix que de manger halal, quelle que fût leur volonté. Le maire, qui avait mené les négociations pour l'implantation de cette enseigne afin de garantir

l'accès de tous à une restauration bon marché et fiable, se sentit
floué.

C'est ainsi, en retournant contre la décision du Quick la
charte municipale de non-discrimination — utilisée jusqu'alors
pour favoriser l'implantation des mosquées, des pagodes et des
temples évangéliques —, que le maire annonça son intention
de porter plainte contre l'enseigne, au motif que les consommateurs non musulmans observants y seraient discriminés. La
réplique ne se fit pas attendre. Amar Lasfar, puissant patron de
la Ligue islamique du Nord, dont Martine Aubry avait pris l'habitude d'inaugurer les congrès avant d'y renoncer, initiateur du
lycée islamique Averroès de Lille, membre fondateur de l'UOIF,
dont il deviendrait président en 2013, donna de la voix sur une
télévision locale pour rappeler au maire le poids de son électorat de confession musulmane.

Dans la foulée, cinq des six mosquées de Roubaix se constituè-
rent en un lobby destiné à défendre les intérêts des fidèles contre
la municipalité, le « comité des mosquées de Roubaix », dont la
structure évoquait le conseil des mosquées de Bradford, créé en
1988, à l'occasion de l'affaire Rushdie, dans cette ville anglaise
jumelée. En conséquence, le premier magistrat abandonna sa
plainte, et la fin du ramadan fut célébrée en sa présence dans un
grand concours d'affluence. Quant au Quick, il resta halal, mais
une visite sur place en novembre 2013 m'a permis de constater
qu'il n'en faisait pas ostensiblement état, se contentant d'afficher discrètement la certification d'un fournisseur.

À l'autre bout de la ville, dans le quartier de l'Épeule, qui tire
son nom d'une grosse canette utilisée autrefois dans le tissage,
la nouvelle mosquée qui achève de s'édifier sur l'emprise d'une
friche a résolu à sa manière la question de la hauteur du minaret — réglementairement limitée par les plans d'occupation des
sols. Elle a récupéré à cette fin la haute et mince cheminée
éteinte de l'ancienne filature, qui élève désormais dans le ciel
roubaisien postindustriel la plus haute prière musulmane de
France.

Dans La Mecque du socialisme

Slimane Tir, des Verts à la liste noire du FN

Lorsque Slimane Tir s'est présenté à la députation en juin 2012, adoubé par le parti socialiste et les écologistes, il comptait près d'un quart de siècle de vie politique locale à son actif, étant depuis 1989 conseiller municipal. Mais la 8ᵉ circonscription, qui venait d'être redécoupée, n'était pas exclusivement roubaisienne : afin d'atteindre cent vingt mille électeurs, on lui avait adjoint la totalité de la ville voisine de Wattrelos, et soustrait le quartier populaire de l'Épeule. La sociologie de l'électorat s'en trouva subtilement modifiée, dans un sens qui n'était pas vraiment favorable au candidat :

> *On a toujours dit que Roubaix était La Mecque du socialisme. Mais, en 1983, avec la victoire au premier tour d'André Diligent, elle a perdu ce titre ainsi qu'une bonne partie de son esprit socialiste. Wattrelos, pour sa part, a gardé cette spécificité de ville dans laquelle un segment de la classe ouvrière en ascension sociale allait s'établir, historiquement, en quittant Roubaix, ses quartiers populaires, ses courées.*
>
> *Wattrelos, que ses édiles aiment à décrire comme une somme de villages, a vu son peuplement structuré par ces catégories d'ouvriers qualifiés, de cadres moyens, de petits employés qui délaissaient Roubaix en raison de phénomènes de ségrégation classiques.*

> Grosso modo : *on quitte les quartiers populaires, on quitte Roubaix la pauvre, la lépreuse, et on va s'installer dans un quartier résidentiel qui est plus conforme à ses aspirations de promotion sociale, par l'acquisition de jolies petites maisons.*

C'est à Wattrelos, dont le maire Dominique Baert remporta l'élection législative au détriment du favori Slimane Tir, que celui-ci cherche les causes sociologiques de son échec. Il la décrit comme « une ville qui glisse à droite » et rapproche son évolution de phénomènes observés dans les banlieues ouvrières de la région parisienne où advient « un glissement de l'électorat communiste vers un comportement pro-Front national ».

À Roubaix, en revanche, les mutations ethniques de l'électorat ont neutralisé le vote frontiste, après sa poussée des années 1980 :

> *On avait un ersatz local du FN, avec des affiches style papier kraft d'une couleur un peu caca d'oie : « Immigrés = délinquants ; Immigrés = chômeurs ». 1983 : 15 % des voix ! Aux élections européennes de 1984, Le Pen a fait plus de 25 %. Le prurit extrémiste et frontiste, on le connaît donc depuis bien longtemps.*
>
> *Il a évidemment modifié les équilibres politiques locaux. Mais il y a un effet de résistance, une espèce d'adage pour l'histoire : si le Front national a commencé de se développer à des niveaux très importants il y a près de trente ans, c'est au fond à cause des Arabes, des « gris », comme ils disent dans leur jargon, et il ne passera plus à Roubaix grâce aux Arabes.*

Néanmoins, les consignes de vote frontistes pouvaient encore contribuer à faire battre un candidat, et Slimane Tir a eu « la surprise de [se] retrouver sur la liste noire de Mme Le Pen ». Sur le plan de la réputation politique, « c'était un peu comme une Légion d'honneur pour moi », dit-il, mais dans les urnes du second tour « ça rendait les choses extrêmement compliquées dans ce qui était considéré comme la voie royale pour Slimane Tir ». L'ostracisme frontiste est venu parachever, selon lui, des comportements clientélistes : « On ne peut pas trouver une

famille wattrelosienne qui n'ait pas un rejeton dans l'appareil
municipal [socialiste] ou dans sa périphérie. » Une pratique qui
a atteint son paroxysme, à l'échelle nationale, à Marseille et
dans le Pas-de-Calais voisin :

> *Il faut que vous soyez membre du parti, encarté, pour avoir
> accès aux ressources : un job pour le fiston, le logement. C'est un
> grand classique, malheureusement, du clientélisme, qui est problé-
> matique quand on se réclame de la gauche, fondée sur la responsa-
> bilité, la libération des entraves et des diverses formes d'aliénation.
> Et celle-là, c'est une des aliénations les plus terribles. La section
> de Roubaix, en 1983, c'était plus de mille cartes, aux trois quarts
> ou aux deux tiers des employés municipaux. La SFIO, quoi, les
> reliefs de la bulle rouge qui n'a plus rien de rouge.*

C'est surtout au clientélisme et au glissement à droite de
l'électorat ouvrier en ascension sociale de Wattrelos que Slimane Tir attribue son insuccès. Il relativise le poids des accusations « du style communautariste, islamo-gauchiste » portées
contre lui, faisant mention du soutien national que lui a apporté
le parti radical de gauche « gardien du temple de la laïcité »,
même si, sur place, le conseiller municipal chevènementiste,
autre grand défenseur de cette cause, lui a mené la vie dure.
Et il ne fait pas état, outre la liste noire de Marine Le Pen,
d'un quelconque vote à son encontre qui aurait pour cause son
ascendance algérienne. En revanche, c'est l'argumentaire qu'il
poursuit lorsqu'il commente le résultat décevant de son adversaire de l'UMP Salima Saa, à laquelle il manifeste une manière
de solidarité, la qualifiant de « gentille » (nous verrons plus loin
que ce sentiment est réciproque) :

> *Essayez d'analyser pourquoi l'UMP a investi Salima Saa sur
> Roubaix. Première hypothèse : « Les Arabes parlent aux Arabes. »
> On est dans un modèle de représentation ethnique. Elle a fait un
> score à peu près deux fois plus faible qu'un candidat UMP moyen.
> L'UMP roubaisienne s'est liguée contre elle, et l'UMP wattrelo-
> sienne a fait voter Baert.*

On aurait pu imaginer un score beaucoup plus élevé pour elle.
On le voit bien, à Wattrelos, mais aussi dans la partie la plus
insérée, la plus « classe moyenne » de l'électorat roubaisien, dans
les beaux quartiers autour du parc Barbieux, où on a voté dès le
premier tour non pour Saa, mais pour Baert.

Ce clivage ethnique du vote de droite, reporté d'emblée sur le
candidat PS dissident et maire de Wattrelos, aurait été complété
par un vote utile de l'électorat frontiste glissant vers Dominique
Baert dès le premier tour, sans même attendre que Slimane Tir
soit cloué au pilori sur la liste noire de Marine Le Pen (nous
verrons comment s'est traduite cette consigne de « Front républicain à l'envers ») :

La candidate FN a fait moins que Marine Le Pen [à la présidentielle de mai 2012], *peut-être huit à dix points de moins. Ce*
qui veut dire que, au moins quantitativement, le candidat PS dis-
sident a retrouvé une partie de l'électorat FN dès le premier tour.

La percée du Front national à Roubaix aux municipales de
1983, l'année même où était accueillie dans la cité la « Marche
des Beurs », est ce qui avait motivé l'engagement de Slimane Tir
dans la vie politique institutionnelle : le modèle associatif avait
fait long feu, l'utopie de l'Alma-Gare s'était effondrée. Pour lutter contre le FN, il fallait être élu — et pour être élu, il fallait
être français :

Roubaix, c'était la pointe avancée de l'expression frontiste, avec
comme argument de propagande : « Les immigrés, les Arabes ! »
On a été un certain nombre de personnes à considérer qu'on arri-
vait à un stade d'épuisement du modèle associatif. En 1983, la
municipalité change : André Diligent, avec son alliance centre
droit et droite du RPR, gagne au premier tour, et le PS est laminé.
Avec en prime l'explosion du FN !
*   Il fallait donc impérativement « trousser » la République : moi,*
j'ai choisi de le faire en 1989. À ce moment-là, le grand débat était
nationalité-citoyenneté. J'étais encore de nationalité algérienne,

mais j'ai obtenu la réintégration dans la nationalité française. C'était une option politique de citoyenneté, d'adhésion libre. J'étais Ernest Renan [rires]. En 1988, on a créé le noyau du premier groupe écologiste à Roubaix. Avec l'idée qu'on allait être présents aux municipales l'année suivante.

Je voulais fêter le bicentenaire de 1789 non comme une commémoration, mais comme une actualisation : la réactivation des promesses républicaines qui étaient restées aux portes de Roubaix parce que les habitants des courées étaient essentiellement des immigrés et n'avaient pas le droit de cité.

Les élections de 1989, à l'issue desquelles Slimane Tir devint conseiller municipal d'opposition, eurent lieu l'année même où le Front islamique du salut remporta les élections municipales dans son pays natal, l'Algérie — entre l'affaire Rushdie dans la proche Angleterre et celle du voile islamique, la première, au collège de Creil. Cela n'améliora pas l'image des Arabes et de l'islam dans l'électorat français, et le parti socialiste roubaisien en tira des conséquences qui amenèrent une scission en son sein :

Les socialistes ont en partie perdu leur âme en 1989 : ils ont fait l'analyse qu'ils avaient échoué à cause de la population maghrébine. Il y a même eu un vote interne par lequel la section avait conclu qu'ils refusaient qu'il y ait des Roubaisiens d'origine maghrébine sur leurs listes parce que ça ne leur ferait pas regagner la ville. André Diligent, lui, m'a proposé de figurer sur sa liste, de travailler à son cabinet. On a gardé des liens de discussion pendant très longtemps, jusqu'à son décès en 2002, mais je n'ai pas accepté.

Contrairement aux socialistes locaux, qui attribuaient leur échec à la présence massive de la population immigrée au moment où explosait le chômage, le maire chrétien-démocrate estimait que la cooptation d'élites maghrébines — adossée à sa politique de délivrance de permis de construire à la mosquée Sunna — élargirait son assise électorale. Il innova de nouveau en ce sens en faisant venir sur sa liste aux élections de 1989 le cardiologue Salem Kacet, fils d'ouvrier kabyle, et l'une des rares personnalités qui soient parvenues à déstabiliser Jean-Marie Le Pen dans un débat télévisé.

Une frange des socialistes, chez qui le positionnement de leur parti soulevait des problèmes de conscience, en tirèrent les conclusions en rejoignant à leur tour la majorité municipale — un entrisme qui s'avéra payant puisque le successeur d'André Diligent, René Vandierendonck, revint à la social-démocratie dont il était issu en adhérant au parti socialiste après avoir pris les rênes de la municipalité. Pour Slimane Tir, ce péché originel du parti socialiste roubaisien constitue au contraire un empêchement dirimant à son adhésion à celui-ci, et fournit matière au désenchantement qu'il professe sur le fonctionnement de la démocratie en France. Il la perçoit comme viciée par l'égoïsme des élites :

> *Les mécanismes claniques deviennent des systèmes d'alimentation du populisme, qui n'en est qu'une conséquence. C'est la logique de l'entre-soi, du groupe qui s'autosélectionne, et la captation de la République, de la démocratie, par une élite dirigeante totalement poreuse, en interaction permanente avec le monde de la finance, des affaires et de la haute administration et qui elle-même a produit les principaux leaders politiques français.*

Ce populisme a d'autant plus de résonance, dans le cas du Front national, qu'il est désormais axé davantage sur le rejet des élites que sur le racisme ou la xénophobie, première ressource autrefois de sa rhétorique :

> *C'est une vraie adhésion à un modèle de pensée, de représentation de la société, dans lequel l'Arabe ou le musulman ne sert plus que ponctuellement, pour la galerie. Il y a une ossature idéologique, une sensibilité commune avec de larges pans de l'électorat, mais aussi d'un personnel politique français issu de la droite traditionnelle, voire de la gauche conservatrice. Parce qu'il y a une gauche conservatrice, voire réactionnaire, en France ! Et là, il y a des convergences nationalistes — on l'a vu sur la question du rapport à l'Europe. Après, on a toutes sortes*

de thématiques : quand vous entendez le discours des Le Pen sur le contrôle du capital et de la finance internationale, il est loin d'être idiot.

Aux élections municipales suivantes, en 1995, la guerre civile battait son plein en Algérie. Ses répercussions en France se traduisirent par une série d'attentats islamistes, qui causèrent la mort de huit personnes et en blessèrent plus de deux cents. Même chez les écologistes champions du multiculturalisme, ce phénomène frustra Slimane Tir de sa place de tête de liste :

C'était une période compliquée des années 1990. Même si on est dans une république qui s'intéresse aux corps éthérés des gens, il n'en reste pas moins qu'il y a les corps réels : je suis d'origine algérienne, je ne peux rien y changer. Forcément, à l'époque, avec le GIA, le FIS, ça m'est tombé dessus, voilà.

De nouveau élu d'opposition, il ne devint tête de liste qu'au scrutin suivant, en 2001. Le maire, pourtant passé au parti socialiste en cours de mandat, n'obtint que moins de 30 % des voix au premier tour, tandis que les écologistes dépassaient 10 %. René Vandierendonck ne fut réélu qu'en fusionnant les deux listes. Slimane Tir, désormais membre éminent de la majorité municipale, attribue aux jalousies nées de son rôle déterminant dans l'élection la rumeur de ses accointances islamistes, qui l'a poursuivi jusqu'aux législatives de 2012.

Prenant pour pivot la double appartenance de son beau-frère Ali Rahni aux Verts et au « Collectif des musulmans de France » de Tariq Ramadan, elle s'appuie aussi sur les ambiguïtés prêtées à l'association « Rencontre et dialogue », et se nourrit de l'impulsion donnée par lui au schéma directeur des cultes voté en 2002, dont certains estiment qu'il fait la part trop belle aux mosquées avec l'argent public :

C'est à ce moment-là qu'est apparu sur la scène roubaisienne le discours sur le communautarisme, porté par quelques caciques socialistes du coin. Il allait faire beaucoup de dégâts…

*Il y avait un problème de déficit par rapport aux musulmans.
J'ai donc porté le schéma directeur des cultes à Roubaix, qui était
le résultat d'une victoire et d'une négociation politique du précédent mandat, pour dire : « Essayons de trouver les conditions,
dans le cadre de la loi, d'urbanisme, de code sanitaire, etc., pour
que les musulmans sortent des caves. » On l'a fait.*

*Maintenant, c'est à eux de jouer, aux associations. Ma position
est simple : arrêtons de nous laisser manipuler par cette histoire de
transformation et de modification de la loi de 1905 ; la priorité,
c'est la question sociale, pas la question religieuse.*

Salima Saa : la droite face à la misère

La question sociale est ce qui a d'emblée frappé Salima Saa
lorsqu'elle a débarqué dans la 8e circonscription du Nord.
Contrairement à Slimane Tir et à Dominique Baert, elle n'y
jouissait d'aucune implantation locale, et son regard avait la fraî-
cheur de la nouveauté — même si, en contrepartie, elle n'en
pénétrait pas aussi profondément les arcanes, ce dont elle paie-
rait le prix d'un score décevant.

Pourtant, encore présidente lors de sa campagne de l'Agence
nationale pour la cohésion sociale et l'égalité des chances, principal financeur pour l'État des associations en quartiers populaires,
elle avait une bonne connaissance de ces derniers à travers la
France. Sa perception de Roubaix n'en est que plus frappante :

*Roubaix a bénéficié d'énormément de subventions de l'État, qui
ont beaucoup contribué à y améliorer l'urbanisme. L'Anru [Agence
nationale pour la rénovation urbaine] a fait son travail, et les
choses ont changé. Mais au niveau économique, il n'y a rien eu,
rien. Toutes les entreprises sont parties. L'année dernière, c'était au
tour d'Ikea. Dans la communauté urbaine de Lille, il y a selon moi
une volonté politique de sacrifier cette partie du territoire.*

*Il existe un développement très net dans la région, avec beau-
coup d'activités tertiaires, mais ce n'est pas pour Roubaix, qui a*

récolté tout le social. Résultat, Roubaix est la ville la plus pauvre de France. On a beau parler en boucle de la Piscine, la fameuse Piscine-musée, les gens ne peuvent pas se payer l'entrée ; ici, c'est le quart-monde, avec des problèmes de drogue, des problèmes de violence.

Dans pareil habitat, la candidate de droite partait avec un fort handicap, dû à la perception négative du parti qu'elle représente parmi la population :

C'est un territoire en déshérence complète, un ghetto à ciel ouvert. Je pense que ça arrange bien la politique de gauche parce que c'est un système clientéliste qui fonctionne. J'ai fait des marchés, des visites d'appartements : les gens me disent que, pour eux, la droite c'est le parti de ceux qui coupent les subventions. J'avais soit des gens qui étaient très clairs : « On vote à gauche, on a toujours été à gauche, on a envie de vivre des aides » ; soit des gens qui votaient pour le Front national, quand ils se déplaçaient pour aller voter, parce que c'était le désespoir le plus complet.

J'ai fait les cages d'escalier dans des quartiers difficiles. Alors, quand Marine Le Pen leur parle, qu'elle s'adresse aux oubliés de la République, aux invisibles, elle les touche. Je vous avoue que ça fait mal au cœur. Personne ne leur apporte de solutions. Je ne crois même pas qu'ils pensent que Marine Le Pen puisse le faire. C'est juste un cri, un ras-le-bol.

À ce constat de déshérence s'ajoute l'étonnement ressenti face au cloisonnement ethnique :

Quand j'ai commencé à faire les marchés, j'ai été assez surprise de voir le manque de mixité entre les types de population. C'est vrai qu'à Roubaix, sur les marchés, on trouve beaucoup de femmes voilées, pour ne pas dire que des femmes voilées.

Pour la candidate, qui réside dans la région parisienne, et que ses fonctions ont amenée à parcourir la France des quartiers populaires, la situation roubaisienne est déconcertante :

La communauté musulmane est très présente, évidemment, et puis il y a la communauté, je ne sais pas s'il faut dire catholique ou européenne, mais c'est vraiment le communautarisme des deux côtés. Est-ce parce que les gens qui se ressemblent se sentent bien dans le même quartier, ont les mêmes habitudes ? Je n'ai pas perçu de violence, mais de l'indifférence. Je trouve terrible que les gens ne se côtoient pas. C'est presque le modèle anglo-saxon, sans que ça dérange quiconque. J'ai même l'impression que, dans le modèle anglo-saxon, les gens se mélangent un peu plus. Je ne ressens pas cela quand je suis à Paris.

Salima Saa attribue l'investiture que lui a donnée l'UMP pour se présenter à Roubaix à son pedigree de présidente de l'Acsé, mais aussi à son patronyme. Elle considère toutefois que le pari sur un vote communautaire dont elle aurait pu profiter était purement illusoire, comme l'a montré l'épreuve négative du scrutin, aussi bien en sa défaveur qu'en celle de Slimane Tir. La population d'origine arabe a fait prévaloir, selon elle, le vote social sur le vote identitaire et a préféré — lorsqu'elle se déplaçait pour voter — la gauche par clientélisme. Quant à l'électorat de droite de souche européenne, en particulier à Wattrelos, il lui a fait clairement défaut, pour un ensemble de raisons, notamment l'attachement au candidat sortant et maire de la ville, envers lequel la population ressentait une forte iden-tification, qui redistribuait les ressources et qui bénéficia de la « vague rose » ayant suivi l'élection de François Hollande. Enfin, une partie de l'électorat nourrissait une réaction de rejet par rapport aux candidats issus de la diversité :

Même l'électorat de droite de Wattrelos qui a voté Sarkozy à l'élection présidentielle n'a pas voté pour moi. C'est là que j'ai perdu beaucoup de points. À Roubaix, j'ai fait plutôt un bon score pour une candidate de droite. À Wattrelos, ça a été la catastrophe. Les bureaux de droite n'ont pas voté pour moi, mais pour le maire et député sortant PS ou pour le Front national. Il y avait deux candidats : Salima Saa, Slimane Tir, et il y a eu une campagne là-dessus. « On ne veut pas, vous n'aurez pas un député issu de la diversité ! »

Je n'avais aucune chance de gagner, mais Slimane Tir, lui, aurait pu, étant donné que c'était une circonscription découpée pour la gauche. Il y avait quand même des slogans sur l'affiche de Slimane où était écrit : « C'est qui chti-là ? », ce qui veut dire : « C'est qui celui-là, ce n'est pas un Chti. Il n'est pas d'ici, pas de chez nous. »

À Wattrelos les habitants ont voté pour « Dominique » Baert, le maire. C'était : « On vote pour Dominique, on vote pour Dominique. » Il n'y a même pas eu de vote ordinaire de législatives, où, quand on est de droite, on vote à droite, et quand on est de gauche, à gauche… ou Front national. Les votes ont été directement pour lui. C'est ça qui m'a valu un score si bas sur l'ensemble de la circonscription.

Prise en tenaille entre ces déterminants du vote, la candidate fait le constat qu'elle n'est pas parvenue à faire passer les valeurs entrepreneuriales qui sont les siennes dans l'électorat, où elle déplore le mélange d'abstention massive et d'aspiration à l'assistanat. Et elle ressort de cette campagne plus convaincue que jamais que le vote communautaire est, dans les circonstances présentes, une vue de l'esprit :

Je suis pour la responsabilité de l'être humain quant à la prise en charge de son destin. Je suis pour la création de richesse, d'emplois. J'ai créé deux entreprises. C'est ce qui fait que l'idée de solidarité est importante pour moi, pour aider les gens à s'assumer, absolument pas pour les maintenir dans ce système.

C'est ce que je reproche à des villes comme Roubaix : on entretient les gens dans un système où ils n'ont plus envie de s'en sortir par eux-mêmes. J'ai interrogé des jeunes : leur seule ambition est d'être dans une association et de travailler à la mairie. Pourquoi les gens ne vont pas voter ? Parce qu'ils se disent : « Rien ne va changer, ça ne changera rien à ma vie. » C'est comme une fatalité, et ceux qui vont voter sont les gens encartés.

Pour la population arabe, j'avais avant tout l'étiquette de l'UMP. Voter UMP, c'était trop dur. Mais j'ai plutôt pâti de l'inverse, des

gens, à Wattrelos notamment, qui se sont dit : « On ne vote pas
pour Salima Saa. » Je n'ai pas bénéficié du vote communautaire.
Il est juste « dans les rêves ». La preuve : s'il existait, Slimane Tir
serait élu aujourd'hui.

Salima Saa constate que, paradoxalement, les déterminants
du vote pour le Front national ne sont plus en premier lieu les
réflexes xénophobes, ce qu'a aussi souligné ci-dessus Slimane
Tir, et que nous avons observé à Marseille :

> *Marine Le Pen a obtenu près de 30 % des voix à Wattrelos, de*
> *gens qui votaient pour le parti communiste auparavant, et non*
> *des électeurs de droite ayant glissé vers l'extrême droite. Il y a bien*
> *un noyau dur de frontistes classiques, de type : « On ne veut plus*
> *d'Arabes. » Mais, pour la majorité, ce n'était pas ça : c'était la misère.*

Parmi les surprises de Salima Saa figurent deux réactions
de l'électorat d'ascendance arabe. Au sein de celui-ci, on lui
a objecté l'opposition de l'UMP au droit de vote des étrangers
pour les élections municipales. Elle l'avait anticipé, mais elle y
a vu principalement une posture sans véritable effet, car elle
émanait de jeunes qui, en réalité, ne se « réveillaient pas » pour
voter. Si on ne l'a jamais interrogée sur les enjeux liés à l'islam
au sens strict, elle a en revanche été stupéfiée par la récurrence
des manifestations d'hostilité au mariage homosexuel. L'UMP
y étant également opposée, elle aurait dû en bénéficier, mais le
paradoxe a voulu que, selon elle, ceux-là mêmes qui fulminaient
contre ce qui n'était alors qu'une proposition socialiste n'en
votaient pas moins pour ce parti :

> *La laïcité, la religion, on ne m'a jamais parlé de ces sujets.*
> *Mais le plus étonnant a été le mariage homosexuel : je ne pensais*
> *pas que ça préoccupait autant les gens. À Roubaix, on est presque,*
> *en exagérant un peu, dans une « société religieuse »… Du coup, le*
> *« mariage pour tous » devenait une vraie question. Et qui m'était*
> *posée plutôt par l'électorat musulman, lequel a quand même voté*
> *PS [rires].*

Ils étaient contre, bien sûr. J'arrive dans la ville la plus pauvre de France, avec un taux de chômage extrêmement élevé, et la première chose sur laquelle on m'interroge est : « Est-ce que tu es pour le mariage gay ? » Je me suis demandé si c'était vraiment leur préoccupation au quotidien. Réponse, oui. Je n'en revenais pas.

Rachid Rizoug, recordman de la candidature

Rachid Rizoug, né en Algérie en 1955, s'est présenté plusieurs fois aux élections municipales, législatives et cantonales à Roubaix. Ce recordman de la candidature a été notamment l'un des trois citoyens d'origine algérienne tête de liste, pour la première fois dans l'histoire électorale, lors des municipales de 2001. Plus que la faiblesse de son score à l'issue d'une campagne qui s'est, de son propre aveu, « très mal passée » en juin 2012, le parcours politique de ce fils d'un agriculteur de Sétif, ouvrier du bâtiment en France, qui a grandi dans une fratrie de neuf enfants, est révélateur de celui de nombre de « petits candidats » issus de l'immigration maghrébine. Après une scolarité au lycée de Roubaix, il a épousé diverses causes propres à la société française, des partis politiques aux mouvements de sans-papiers, a opéré un va-et-vient familial et financier entre l'Hexagone et son pays natal, puis construit un itinéraire professionnel alternant presse et immobilier.

Notre entretien a lieu en février 2013 lors d'une après-midi crépusculaire où il gèle à pierre fendre dans la Grande Brasserie de l'impératrice Eugénie, un nom évocateur des fastes et de la pompe de la révolution industrielle d'antan à Roubaix, qu'avaient honoré d'une visite en grand équipage Napoléon III et Eugénie de Montijo. L'établissement est sis place de la Liberté, une large et courte artère passante rénovée, aujourd'hui en pleine zone franche urbaine, à équidistance du Quick, qui a défrayé la chronique par sa conversion mouvementée au halal en 2010, et du centre commercial Géant, dont le cœur est occupé par le plus vaste secteur exclusivement halal que j'aie jamais observé dans un supermarché en France.

Une bouche de métro ouvrant à proximité et permettant de se rendre rapidement à Lille déverse des flots de chalands. Pendant l'heure et demie que dure l'entretien avec Rachid Rizoug, advenu lors du deuxième des six séjours que j'ai effectués à Roubaix pour cette enquête, en 2013, je suis aussi surpris que déclarait l'être Salima Saa en débarquant sur les marchés de la circonscription pour sa campagne de juin 2012, par le paysage humain qui défile sous mes yeux.

De l'autre côté de la verrière de la brasserie second Empire où nous conversons assis près d'un radiateur, non seulement la plupart des femmes qui passent sont voilées, mais plusieurs dizaines d'entre elles affrontent le froid descendu du pôle Nord sur la plaine des Flandres revêtues du *niqab* noir prescrit par les salafistes surgis du désert saoudien. En termes juridiques français, il s'agit du voile intégral qui masque la face, ménageant parfois une fente pour les yeux, en violation de la loi interdisant de « porter une tenue destinée à dissimuler son visage », entrée en vigueur en avril 2011.

C'est l'interpellation d'une jeune femme ainsi voilée, le 18 juillet 2013 à Trappes, en banlieue parisienne, par des policiers, qui dégénéra en émeutes et se prolongea en procès pour outrages et rébellion à l'encontre de celle-ci et de son mari. Tandis que l'avocat de la contrevenante soulevait au tribunal de Versailles, en décembre 2013, une question prioritaire de constitutionnalité, ou QPC (rejetée par la Cour le 8 janvier 2014), pour que soit examinée la compatibilité de cette loi avec la Constitution — en ce qu'elle contredit selon lui « le principe de la liberté d'aller et venir, consacré par le Conseil constitutionnel comme principe fondamental, les principes généraux de laïcité, de dignité humaine, de sécurité publique et d'ordre public », une autre Française de vingt-trois ans a contesté en novembre cette même loi devant la Cour européenne des droits de l'homme, dont le jugement, sans appel, est attendu pour 2014.

Au vu du spectacle que j'ai sous les yeux, en février 2013 à Roubaix, pendant l'entretien avec le candidat aux élections législatives Rachid Rizoug, je me fais la réflexion qu'un contrôle de police et des interpellations pour faire appliquer la loi seraient probablement irréalisables sur un territoire où le port du *niqab* s'est imposé comme fait accompli.

L'interview se déroule du reste sans que mon interlocuteur remarque de lui-même ce phénomène qui ne surprend par son ampleur que le nouvel arrivé à Roubaix (je cesserai moi-même d'y prêter la même attention lors des séjours ultérieurs). Évoquant son itinéraire politique, il en place le début à la victoire de François Mitterrand en 1981, qui fait, pour la première fois, « vibrer ». Mais ce n'est qu'en 1989, l'année où il se posa des « questions existentielles », qu'il embrassa un militantisme dans divers partis successifs, puis attendit dix ans encore pour réintégrer, à quarante-cinq ans, la nationalité française (au titre de sa naissance en Algérie française avant 1962) avant de multiplier les candidatures aux élections. Celles-ci lui construisirent une certaine notoriété locale, mais à la marge de la vie politique roubaisienne effective, à la différence d'un Slimane Tir, arrivé d'Algérie dans les mêmes années :

> *La droite, à l'époque, dans les années 1970, me dégoûtait, à cause de tout ce qui se passait dans le domaine de l'immigration et du chômage, qui avait commencé à grimper vers 1974. Donc, en 1981, j'étais heureux. Puis j'ai constaté la dérive droitière du parti socialiste et comment était traitée la question de l'immigration. En 1989, lors des élections municipales, on parlait d'intégrer des gens issus de l'immigration sur les listes. Ça a été la première année : ici, à Roubaix, avec Salem Kacet.*
>
> *J'ai décidé de m'engager politiquement, et je me suis rendu compte que, finalement, ce n'était pas une affaire d'experts. J'ai fait le choix : la droite, c'est non ; le parti communiste, je n'en veux pas, vu comment il a abandonné la faucille et le marteau. Je me suis dit : le parti socialiste, malgré sa dérive droitière, je vais aller voir de l'intérieur ce qu'on peut y faire, essayer de changer les choses.*
>
> *J'ai une personnalité indépendante : par exemple, la « Marche des Beurs », je l'ai suivie de loin, je n'ai pas voulu y participer.*

Le milieu associatif, je n'en voulais pas non plus : la plupart des jeunes immigrés de ces années-là ont plongé dans la nouvelle loi de septembre 1981 qui permettait aux gens d'origine étrangère de créer des associations, et ont complètement délaissé le champ politique au lieu de s'impliquer dans les partis. Moi, je l'ai fait, mais un peu tardivement.

Rachid Rizoug s'engagea alors dans un nomadisme politique, qui le mena du PS au mouvement chevènementiste, puis à une structure autonome, aboutissant finalement à une démarche individuelle :

J'ai pris ma carte au parti socialiste en septembre 1989, mais il a fallu trois mois pour que je reçoive un courrier en tant que nouvel adhérent pour participer à une assemblée générale. À la première, j'ai écouté, mais suis sorti un peu déçu. Deux mois plus tard, j'ai commencé à intervenir, j'ai pris la parole, je me suis fait remarquer.

En 1990 est arrivée la guerre du Golfe. Déjà, auparavant, on m'avait demandé d'entrer au bureau de la délégation à l'égalité des droits. J'avais répondu : « Oui, bien sûr, mais j'aimerais aussi m'occuper du logement. » À l'époque, pas mal de maisons brûlaient, c'était Germinal, *avec les grèves, pas de travail, et les gens, malheureusement, complètement soumis.*

J'ai suivi Jean-Pierre Chevènement quand il a créé le Mouvement des citoyens en 1993, pour différentes raisons. Premièrement, lors de la guerre du Golfe, il a opté pour le vote de conscience plutôt que la discipline de groupe, devant ce que je considérais comme une invasion. Deuxièmement, la double fracture entre les responsables politiques — en particulier au parti socialiste — et les citoyens, entre les citoyens et les militants : il y avait une crise du militantisme, surtout ici, à Roubaix. Troisièmement, il y avait Maastricht, et j'étais contre.

Déçu par les pratiques autoritaires du « Che », Rachid Rizoug quitta le MdC une année plus tard, et créa « Alternative citoyenne », en même temps qu'il s'engageait dans le soutien aux sans-papiers. Son association aura eu une existence évanescente, mais elle lui servait d'étiquette pour ses multiples candidatures aux élections à partir de sa réintégration dans la nationalité française. Il fut d'abord classé à l'extrême gauche, puis évolua à travers le spectre politique jusqu'aux divers droite (DVD) :

> *J'ai opté pour la nationalité française en 1999, après le décès de mes deux parents et de tout de ce qui me restait de famille en Algérie. J'ai compris que mon existence serait ici.*

À Roubaix, il a noté une transformation profonde des modes de vie urbains, sous l'effet à la fois de la crise économique, qui a fait fermer la plupart des estaminets faute de clients solvables, et de la montée en puissance de l'affirmation islamique au bled, que les immigrés répercutent après leur retour de vacances. Les deux causes se combinent dans un étiolement de la convivialité ouvrière et le repli de chacun sur une identité de substitution :

> *Il y avait une vie dans les cafés, tout le monde se rencontrait : musulmans, non-musulmans... Mais à partir de 1989, ça a commencé à décliner. Avant et même après l'indépendance algérienne de 1962 et jusque dans les années 1980, les gens buvaient. Moi-même, je retournais en Algérie régulièrement en vacances, et je les voyais le soir. Puis on a assisté à la réapparition de la religion : pas encore la barbe, c'est venu un peu plus tard, à la fin de cette décennie.*

Rachid Rizoug perçut en 2001 qu'il existait un créneau pour tout ce qui concerne l'islam, où naissait une forte demande. Il lança d'abord sans grand succès une feuille satirique dans la région lilloise, *Grand Lille Standard*, qui ne résista pas aux procès qui lui furent imputés. Il décida alors, tout en poursuivant une activité d'agent immobilier, dans une ville où les débuts de la rénovation urbaine laissaient escompter de bonnes affaires en acquérant à bas prix les maisons de maître abandonnées, de créer un titre islamique, après avoir observé le marché :

> *On était en 2001. Depuis dix ans, « vas-y que je t'en donne »,*
> *de l'islam, dans les médias, et de l'islam et de l'islam : le voile, le*
> *halal, les terroristes... Au moment de la rencontre entre Nicolas*
> *Sarkozy et Tariq Ramadan à la télévision, en novembre 2003,*
> *Ramadan était très bien, sûrement très calé dans son domaine.*
> *Mais en matière politique, il s'est fait matraquer. Sarkozy lui a*
> *décoché de vrais coups de poing dans la figure, grâce à ses experts*
> *en communication. Il était devenu le professeur de Tariq Rama-*
> *dan.*
>   *Je me suis dit : « C'est quand même dommage. On va lancer*
> *un journal,* Islam Hebdo, *qui parlera de l'islam de France et*
> *dans le monde et permettra peut-être de contrer un peu ce qui se*
> *dit dans les autres médias. » Le journal a paru. Il s'adressait aux*
> *musulmans, mais aussi aux non-musulmans. Je l'ai finalement*
> *suspendu après dix-huit numéros.*

Le butinage politique, religieux et professionnel de Rachid Rizoug à Roubaix est celui d'un certain nombre d'autres enfants d'immigrés que j'ai rencontrés. Ils ont construit culturellement leur identité à partir d'un mixte algéro-français, sur un spectre allant du consensus à la rupture, et pour lequel les candidatures aux législatives représentent un analyseur précieux. C'est sur ce champ assez ouvert que des entrepreneurs structurés, dotés d'idéologies prégnantes, identifient des opportunités.

Aux élections de juin 2012, dans cette 8e circonscription du Nord considérée comme emblématique, l'étrange parti anti-sioniste (PAS), dont l'humoriste Dieudonné, lui-même candidat à Dreux, est la « tête de gondole », avait mis en lice un de ses quatre candidats au niveau national, Farah Gouasmi. Si ses résultats sont restés très faibles, avec 0,72 % des voix, il y a devancé le Nouveau Parti anticapitaliste (NPA), auquel Olivier Besancenot avait donné un visage national.

Farah Gouasmi : l'antisionisme au péril salafiste

Le parti antisioniste a été fondé dans le département du Nord en janvier 2009 en signe de protestation contre l'attaque de la bande de Gaza par l'armée israélienne durant l'opération « Plomb durci ». Répliquant aux tirs de roquettes du mouvement Hamas contre le territoire israélien, les bombardements et les combats entre le 27 décembre 2008 et le 19 janvier 2009 causèrent plus d'un millier de morts palestiniens, dont de nombreux civils, et dix morts israéliens, dont trois civils. La disproportion des victimes, la légitimité ou non de cette guerre suscitèrent de violentes polémiques dans le monde entier, en fonction des sympathies de chacun.

Un rapport commandé par l'ONU au juge sud-africain Richard Goldstone après les combats émit de vives critiques contre Israël, avant que son auteur ne revienne partiellement sur ses conclusions, perpétuant ainsi la controverse. Le monde arabe et musulman connut alors un pic de solidarité et de mobilisation aux côtés des Palestiniens de Gaza, surmontant des conflits intra-islamiques qui, au moment des élections législatives françaises, en juin 2012, le clivaient profondément. La guerre civile en Syrie et sa centaine de milliers de morts opposant les partisans de Bachar al-Assad appuyés par l'Iran chiite à une insurrection principalement sunnite soutenue par l'Arabie saoudite et ses alliés du Conseil de coopération du Golfe, relativisant les drames précédents.

Au début de 2009, la conjoncture particulière du bombardement de Gaza et l'émotion causée par le millier de victimes se prêtaient à créer un parti « antisioniste », dont l'intitulé paraît pour autant incongru dans les enjeux politiques français globaux. L'occasion était fournie par la mobilisation spécifique et intensive d'associations arabes, musulmanes et propalestiniennes de toutes confessions en France contre l'opération « Plomb fondu » et sa justification, au nom de la lutte contre le terrorisme, par les défenseurs d'Israël.

Ce parti *ad hoc* fut créé par un boucher halal sexagénaire

d'origine algérienne, Yahia Gouasmi, converti au chiisme et fondateur, près de Dunkerque, à une heure de route de Roubaix, du centre Zahra, voué à la propagation de cette doctrine. Celui-ci, qui se présente volontiers comme un « soldat de l'imam Khomeyni en France » sur les sites et réseaux sociaux où il paraît, a profité, en janvier 2009, de la catalyse des solidarités avec la Palestine et le Hamas, alors étroitement lié à l'Iran du président Ahmadinejad. Il a ainsi cherché à pousser son avantage dans le champ politico-religieux d'un islam français où le sunnisme est presque entièrement hégémonique et où Gouasmi était violemment attaqué par les salafistes. Le principal de leurs sites, « Salafis de France », le traitait en décembre 2012 de « sbire de la mécréante doctrine imamite khomeyniste », et dénonçait sur un plan doctrinal son rapprochement avec Alain Soral, dont le mouvement « Égalité et réconciliation » tisse des liens entre Marine Le Pen et certains jeunes musulmans radicaux, comme il l'a illustré lors du meeting de soutien à la candidature de Salim Laïbi, dans la 7e circonscription de Marseille.

« Entre Gouasmi le chiite anti-*sunna* et Soral qui appelle les musulmans à mettre de côté la *sunna*, le combat se précisait : détruire la *sunna* », posta le salafiste Abou-Leyna, identifiant de son propre point de vue la rationalité sous-jacente à la création du parti antisioniste. Celui-ci a en réalité servi à condenser toute une nébuleuse autour d'une « liste antisioniste » aux élections européennes de juin 2009 en Île-de-France, dirigée par Dieudonné, Gouasmi et Soral. C'est sur l'affiche électorale de cette campagne que Dieudonné pose en effectuant sa fameuse quenelle, qui défraiera abondamment la chronique au début de l'année 2014. Elle comprenait des candidats venant de l'extrême droite, de l'extrême gauche et de l'immigration, y compris une femme voilée. Le score de la liste — 1,3 % des suffrages exprimés, soit plus de trente-six mille voix — a déçu ses initiateurs, mais elle a obtenu des résultats plus significatifs en Seine-Saint-Denis (2,83 %) et, surtout, dans certaines cités de banlieue, comme Clichy-sous-Bois, point de départ des grandes émeutes de l'automne de 2005, où elle a atteint son record avec 5,18 %.

C'est dans ce contexte qu'a été choisie la ville de Roubaix

pour parachuter l'un des quatre candidats du parti à l'échelle nationale lors des élections législatives de 2012, le trentenaire Farah Gouasmi, qui se disait commerçant et n'était autre que le fils du président Yahia Gouasmi. Son suppléant, en revanche, est un postier quadragénaire natif de Wattrelos, Yassine Moussaoui. Malgré cette volonté marquée d'implantation locale, le titulaire n'a pas plus fait d'apparitions publiques dans la circonscription qu'il n'a accordé d'entretiens à la presse.

Il n'est pas sûr qu'il aurait tenu longtemps face à un journaliste pugnace, à en juger par la vidéo de quelque deux minutes qu'il avait diffusée sur son site en guise de profession de foi, ânonnant son boniment d'une voix monocorde, en déglutissant, sur un fond d'écran représentant l'hémicycle de l'Assemblée nationale. Lisant avec application le texte du prompteur, il fixe celui-ci d'un regard immobile presque dénué de battements de cils, à l'instar d'Anthony Hopkins dans une célèbre scène du *Silence des agneaux* — ce qui donne un caractère d'hallucination à des propos dont le contenu est déconcertant, à tout le moins décalé. La vidéo s'ouvre sur une musique envoûtante de synthétiseur semblant préparer à une marche militaire, puis vient en plein écran le sigle du parti, une carte de l'Hexagone au centre de laquelle figure le drapeau israélien barré d'une croix rouge, suivie du nom du parti en tricolore, puis du slogan déroulant « Pour une France libre », qui plagie la fameuse formule gaullienne. Enfin apparaît, après des zooms sur l'affiche électorale de juin 2012, le candidat en personne, qui, ayant décliné son identité et son parcours peu remarquables, évoque son programme en termes succincts :

> *L'Assemblée nationale doit être libérée du sionisme. Elle doit être respectueuse des valeurs démocratiques, avec une hygiène politique. Toutes les tendances doivent être représentées au Parlement par un vote à la proportionnelle. Nous ne pouvons construire une nation durable sur l'injustice, sur le profit, sur la puissance et sur la domination. Le sionisme, les lobbies, les banques nous asservissent. Il est temps de porter la voix de l'antisionisme sur les bancs de l'Assemblée nationale.*

Ces thèmes ne sont pas sans rappeler ceux d'un Salim Laïbi, qui a du reste donné une conférence sur « la faillite du monde moderne » à Roubaix, en mars 2013, sous son pseudonyme « Le Libre-Penseur », et plus généralement la rhétorique de Soral ou de Dieudonné. Celui-ci est venu dans la cité à la mi-mars 2012, trois mois avant le scrutin, jouer deux séances successives à guichets fermés de son spectacle *Rendez-nous Jésus*. Elles rassemblèrent un auditoire de mille deux cents personnes, où, selon la localière de *Nord-Éclair*, se côtoyaient le Roubaisien Sofiane, vingt-cinq ans, et le Lillois Vincent, trente et un ans, et où se pressaient nombreux les membres d'« Égalité et réconciliation » Nord, à en croire leur site en ligne.

Tous avaient acheté leur billet sur Internet à partir du site de Dieudonné, sans aucune publicité, pour prévenir les éventuels arrêtés municipaux prohibant les représentations de l'« Indésirable » pour risque de trouble à l'ordre public. Ils y communient dans la « culture alternative » de l'humoriste qui, ce soir-là, brocarde le « milliardaire juif » Dominique Strauss-Kahn : « S'il était devenu président, on aurait eu dans son gouvernement Dodo la Saumure à la culture » — allusion au proxénète nordiste affublé de ce surnom pittoresque, que fréquentait l'homme politique lors de ses déplacements à Lille. Dieudonné avait déjà fait une apparition à Roubaix un soir d'octobre 2010, pour jouer devant une salle comble son spectacle *Mahmoud*, qui relate sa rencontre enthousiaste à Téhéran avec le président iranien d'alors Mahmoud Ahmadinejad (en compagnie de Yahia Gouasmi et par son entremise). Et dans la ville où Tariq Ramadan laboure le terrain de l'islamo-gauchisme depuis presque deux décennies, où la population originaire du monde arabe est nombreuse, où la cause palestinienne compte de multiples zélateurs, et où « Dieudo » fait un tabac à chacune de ses sorties, le parti antisioniste, avec son vocabulaire lesté de populisme, contempteur des banques et du profit, escomptait probablement dépasser son score de Clichy-sous-Bois aux élections européennes de juin 2009. Il resta loin du compte au scrutin législatif de juin 2012, avec seulement 271 voix.

Outre l'indigence de son candidat, la déroute est imputable

sans doute aux révolutions arabes et aux fractures entre chiites et sunnites, entre l'Iran et les monarchies du Golfe, qui sont passées par là entre les deux élections. Le parti, émanation d'un centre Zahra intensément chiite, vilipende à longueur de communiqués, par la voix de son fondateur Yahia Gouasmi, père du candidat, les ennemis du président syrien Bachar al-Assad, au premier rang desquels le Qatar, la chaîne Al Jazeera, et l'Arabie saoudite. Il en viendra même, dans un entretien à Iran French Radio, à demander aux musulmans de « suspendre les pèlerinages vers La Mecque tant que la tyrannie wahhabite n'est pas renversée » — en référence à la doctrine du prédicateur rigoriste ibn Abd al-Wahhab, inspirateur du salafisme contemporain comme du régime saoudien :

> *Aujourd'hui, l'Arabie saoudite est au service du sionisme, d'Israël, des États-Unis et d'*Eblis [satan]. *Il faut libérer cette Terre sainte des wahhabites pour les remplacer par d'autres musulmans pourvu qu'ils soient sincères, qu'ils appellent à l'unité, à la piété et à la soumission à Dieu et non pas à Israël, aux États-Unis et à l'Occident.*

Les adeptes du salafisme saoudien comportent de solides bastions dans la circonscription, dont la mosquée Omar de Wattrelos, très active auprès des jeunes, ainsi que la mosquée Abou-Bakr, accolée à la Condition publique dans le quartier du Pile, qui a accueilli à l'été de 2013 deux prédicateurs en tournée venus du royaume wahhabite, Salih al-Souhaymi et Mohammed Ramzan al-Hajiri, des stars du salafisme international attirant une audience deux fois plus vaste que Dieudonné, trois jours durant.

Le premier est un des oulémas majeurs d'Arabie saoudite, où il donne cours dans la mosquée du Prophète à Médine, marque éminente de distinction, et l'un des piliers idéologiques du pouvoir. Incarnation de l'orthodoxie wahhabite, fréquemment dépêché comme conférencier dans les pays étrangers qui sont l'objet d'un prosélytisme d'État saoudien spécifique, il est très connu des internautes qui fréquentent les sites salafistes francophones pour son opuscule traduit en français *Les Trois Fondements : le Seigneur, la Religion, le Prophète*, un pieux commentaire de textes du fondateur du wahhabisme, l'imam ibn Abd al-Wahhab. Le second, qui s'est déjà rendu à Roubaix, est moins gradé dans la hiérarchie cléricale saoudienne : il n'est qu'imam et enseignant dans l'est du royaume, à al-Djubayl, une cité industrielle près des champs pétrolifères où il est confronté à la présence de travailleurs chiites indigènes, nombreux dans cette région, ainsi que d'ouvriers immigrés musulmans du reste du monde, que le royaume est soucieux d'endoctriner afin d'éviter toute hérésie présentant un risque sécuritaire dans son poumon financier.

La paire de prédicateurs complémentaires est ainsi adéquatement adaptée au public local issu de l'immigration, grossi par les fidèles venus des pays voisins à travers la frontière poreuse du Nord. Elle lui prêche un renforcement du sunnisme rigoriste, l'obéissance aux oulémas saoudiens, la mise en garde contre les « déviations des égarés » et des chiites, ainsi que la rupture culturelle avec les valeurs de l'Occident mécréant.

On ne saurait enfin oublier le legs de la fameuse « mosquée Archimède », où s'étaient rencontrés dès la décennie 1990 les salafistes djihadistes de Bosnie, les Chtis convertis Christophe Caze et Lionel « Abou Hamza » Dumont, ainsi que leurs frères de la guerre civile algérienne, soutiens du FIS et du GIA. Aujourd'hui, Roubaix a envoyé certains de ses fils mener le djihad en Syrie : en septembre 2013, on y apprit la mort en *shahid* (martyr pour Allah) d'un jeune homme de dix-neuf ans aux boucles blondes, Sofiane. Un appel téléphonique avait d'abord prévenu de son « martyre dans la voie de Dieu » la mosquée qu'il fréquentait, puis la famille — sa mère déclara à la presse se refuser à croire à l'issue fatale en l'absence de certificat de décès. Deux mois plus tard, une opération des services policiers du contre-terrorisme visait un certain nombre de succursales d'une entreprise de pompes funèbres musulmanes de Roubaix et du Nord, dans le cadre du démantèlement d'une filière de combattants du djihad vers ce champ de bataille. De jeunes sunnites venus de l'Alma-Gare, du Pile ou de l'Épeule y faisaient le coup de feu contre les compagnons d'armes syriens des Gouasmi père et fils et du parti antisioniste, désormais exécré comme parti antisalafiste par bien de ses électeurs potentiels.

Françoise Coolzaet et l'« intégration inversée »

L'extrême droite a une relation mouvementée avec Roubaix. C'est ici qu'elle a effectué l'une de ses premières percées dans l'histoire de la France contemporaine lors des élections municipales de 1983, tirant profit de la crise sociale dans une ville où la présence importante de la population immigrée d'origine maghrébine lui servait de banc d'essai pour un de ses thèmes propagandistes de prédilection. Au cours des trois décennies suivantes, elle s'est maintenue à un niveau élevé, récoltant les fruits du déclin du parti communiste et récupérant le vote protestataire de ses électeurs vieillissants, mais sans y connaître les envolées spectaculaires dont elle a bénéficié dans le Midi, à Toulon, Vitrolles ou Marignane, voire à Dreux.

Freinée dans ses aspirations par ses problèmes internes, à la suite de la scission de Bruno Mégret, en 1998, qui a entraîné partout dans ses rangs une hémorragie de cadres, très sensible dans le Nord, elle est surtout confrontée, à Roubaix, à la résilience d'un pouvoir municipal qui ne s'est pas effondré et qui, à partir de l'élection d'André Diligent en 1983 et tout au long du mandat de son successeur René Vandierendonck jusqu'en 2012, a disposé de ressources politiques renouvelées, au prix du passage de ce dernier, durant son premier mandat, du centre des démocrates sociaux au parti socialiste, du centre droit à la social-démocratie.

Aux élections législatives de 2012, la candidate du Front national, Françoise Coolzaet, est arrivée en troisième position, devant l'UMP Salima Saa, et talonnant le candidat investi par les Verts et soutenu par le PS Slimane Tir, mais sans atteindre plus d'un cinquième des suffrages exprimés. Elle n'a pu se maintenir au second tour, ayant recueilli moins de 12,5 % des inscrits, du fait d'une importante abstention.

Elle est loin des scores réalisés par son parti dans le Pas-de-Calais voisin, à Hénin-Beaumont, où Marine Le Pen a manqué l'élection d'une centaine de voix, et à Liévin, où Tamou-Charlotte Soula a obtenu 43 % des suffrages au second tour. Là, le drame social du bassin minier, le chômage massif et l'érosion de l'identité de la classe ouvrière ont été aggravés par la crise de l'appareil municipal socialiste, miné par les affaires judiciaires, ouvrant de ce double fait un boulevard au Front national. Enfin, dans le contexte particulier à la 8ᵉ circonscription, la candidate, lilloise, a souffert à la fois d'une faible implantation locale — elle n'avait participé auparavant qu'aux élections cantonales de 2011 et n'a pas été retenue pour mener la liste municipale à Roubaix en mars 2014 — et de la présence dans la compétition du député sortant et maire de Wattrelos, Dominique Baert. La très forte notabilité de ce dernier ainsi que la victimisation que lui a infligée l'appareil du parti socialiste qui ne l'a pas investi se combinèrent paradoxalement pour lui permettre de fédérer sur sa personne un maximum de suffrages dès le premier tour, en provenance de tous les électorats, de la gauche à l'extrême droite, en prélude à son triomphe ultime avec 70 %.

Si ces différents facteurs ont contribué à limiter la performance de la candidate du Front, elle a néanmoins recueilli près d'un bulletin sur cinq, sur un territoire où, selon son rival Slimane Tir, l'extrême droite a percé « à cause des Arabes » en 1983, mais ne parviendra plus jamais à ses fins « grâce aux Arabes » — désormais inscrits sur les listes électorales.

L'entretien avec Françoise Coolzaet a lieu le 26 novembre 2013 dans les locaux lillois du Front national, que rien ne signale aux regards depuis l'extérieur. Cette absolue discrétion, dans la capitale des Flandres et la quatrième communauté urbaine française, d'un parti que les sondages publiés en 2013 plaçaient en tête des suffrages aux élections européennes de 2014, contraste avec la visibilité que commencent à acquérir les mosquées salafistes dans l'espace public nordiste.

La candidate, jeune quadragénaire blonde, a un aïeul immigré de la Belgique flamande (son patronyme se prononce « Couldzate » en français) et un autre d'Espagne, ce qu'elle nomme la « belle Europe ». Elle a grandi dans une famille militante : ses parents ont fondé le Front national à Lille en 1983, où sa mère fut longtemps conseillère municipale. Pourtant, ceux-ci avaient baigné dans le milieu post-soixante-huitard pendant les années 1970. Ils connaissaient Alain Geismar, dirigeant de la Gauche prolétarienne, très active alors parmi les « Almagariens » de Roubaix, et avaient voté pour François Mitterrand en 1981 :

> *Ils avaient la droite en horreur, ils avaient déjà conscience que ce n'était que mensonges, avec Valéry Giscard d'Estaing, etc. Ils voulaient le faire tomber. En 1981, j'étais toute petite, mais je me souviens comment mes parents ont fait la fête quand Mitterrand est passé. Pourtant, ils ne partageaient pas ses opinions. Puis mon père a vu Jean-Marie Le Pen à la télévision, et ça ne l'a plus quitté.*

Encartée au Front dès ses dix-huit ans, après avoir participé aux collages d'affiches et aux activités militantes auxquelles ses parents s'adonnaient à temps plein, elle fut envoyée pour la première fois en campagne à Dunkerque en 2001 contre le candidat du Mouvement national républicain dirigé par le « félon » Bruno Mégret. Elle contribua à « tuer » le MNR dans le Nord-Pas-de-Calais, préparant ainsi la voie au rétablissement d'un appareil politique qui lancerait Marine Le Pen dans une région à très gros potentiel, et constituerait un tremplin exceptionnel pour les ambitions nationales de la présidente du Front.

La campagne de juin 2012 dans la 8e circonscription mettait à l'épreuve les relations entre ce parti et l'électorat d'origine maghrébine ou immigrée. Cela était dû à l'importance numérique de cette population dans une cité réputée « première ville à majorité musulmane » de l'Hexagone, mais aussi au fait que le candidat vert soutenu par le parti socialiste, Slimane Tir, et son adversaire investie par l'UMP, Salima Saa, étaient l'un et l'autre d'ascendance algérienne. Marine Le Pen voulait faire un

test de Roubaix et de Wattrelos en plaçant Slimane Tir sur sa
« liste noire ». Elle espérait agréger autour de sa représentante
un vote de rejet à l'encontre de celui-ci, mettant à profit l'in-
compréhension d'une partie de l'électorat socialiste devant le
choix de ne pas investir le député sortant Dominique Baert.
Dans le même temps, cela devait lui permettre de tester le poids
d'un hypothétique vote communautaire « antiarabe » au profit
du Front, qui prolongerait les autocollants « Qui c'est chti-là ? »
apposés sur les affiches au portrait du candidat Tir.

La perception de la population d'origine maghrébine de la
circonscription par la candidate frontiste différait selon qu'elle
identifiait cette population comme électrice ou non. Dans le
premier cas, elle était soucieuse de montrer — à l'instar de
Marie-Claude Aucouturier à Marseille — que le Front national
correspondait aux aspirations à l'ordre et à la sécurité de beaucoup de ces votants-là : à preuve, ses contacts avec eux, et ses
scores dans les quartiers où ils prédominent, malgré l'hostilité
de ses adversaires :

> *On a voulu faire un marché une fois, à Roubaix, mais ça c'est
> mal fini. C'était plus facile à Wattrelos, où j'ai reçu un très bon
> accueil. En général, on est plutôt mal perçus, mais pas ici. C'était
> la première fois qu'ils voyaient le Front national sur Wattrelos
> depuis des années. Il y avait une bonne ambiance, on a rencontré
> tout le monde. On a pu changer un peu l'image. On a rencon-
> tré des personnes issues de l'immigration, des femmes d'origine
> maghrébine, avec leur petit foulard, qui disaient elles-mêmes : « Il
> y en a marre, il faut arrêter, il faut déjà trouver un emploi pour
> ceux qui sont ici, on ne peut pas faire entrer plus de monde. »*
>
> *Tous étaient d'accord avec nous. Ça embêtait nos adversaires,
> qui voyaient bien que leurs vieux discours, complètement en dehors
> de la réalité, n'enregistraient pas l'approbation de la population.
> Tandis que je rencontrais des gens issus de l'immigration — vous
> imaginez bien que c'était le cas de tous ceux qui étaient dans
> le commerce, sur le marché —, eux-mêmes nous disaient : « On
> n'arrive pas à payer nos impôts, on nous harcèle avec les taxes, et
> puis il faut des emplois pour nos jeunes. »*

Chaque fois que j'ai parlé avec des jeunes immigrés, enfin, avec des jeunes Français issus de l'immigration, j'ai eu le même discours. Ils sont réalistes, bien plus que les Français de souche. C'est ce que j'ai vu à Roubaix. Je pense que des immigrés — des Français d'origine immigrée — ont voté pour nous. Pour moi, ils sont Français : ceux que j'ai rencontrés sont habillés comme nous, s'expriment comme nous, ont les mêmes aspirations que nos jeunes, les mêmes espérances. Oui, ils sont Français. Et ce sont eux qui nous disent : « Il y en a marre de voir ces femmes voilées sur Roubaix. » En général, ce ne sont d'ailleurs pas des Fatima ou des Farida, mais des Sophie et compagnie. Eux-mêmes, ils sont inquiets de la situation. Il y a des bons, ceux qui veulent s'intégrer, aiment la France, et il y a ceux qui, pendant un mariage, sortent le drapeau algérien et qui, sincèrement, embêtent tout le monde, provoquent.

Cette première série de propos fait des marchands à l'étal maghrébins — qui constituent dans la réalité la plupart des vendeurs sur les marchés de la circonscription — des petits commerçants avant tout, dont les mots sont rapportés en termes quasi poujadistes. Leur différence culturelle et religieuse est minimisée par Françoise Coolzaet : ses interlocutrices portent un « petit foulard » euphémique, alors que Salima Saa était surprise à son arrivée à Roubaix de voir tant « de femmes voilées sur les marchés, pour ne pas dire *que* ça ».

Quant aux jeunes, ils ne sont pas décrits comme une classe d'âge dangereuse, mais sont crédités du même « réalisme » que les aînés, et utilisent une rhétorique presque frontiste dans le rendu qu'en fait la candidate, même si elle se reprend à plusieurs reprises pour faire de ces « bons qui veulent s'intégrer » des « *Français* d'origine immigrée », et non des immigrés tout court. Enfin, et ce thème reviendra sous une forme accentuée dans sa perception des choses, elle fait porter par ces jeunes-là le commentaire excédé sur la prolifération des « femmes voilées » — en *niqab* cachant le visage — dans la ville, en soulignant que celles-ci sont généralement des « Sophie », des converties. La conversion, poussée au paroxysme par la parade en *niqab* sur la voie publique, est pointée comme un péril de dissolution de l'identité française dans l'islam salafiste :

> *Je suis allée à l'école avec des jeunes issus de l'immigration : on ne parlait jamais du porc. Ils en mangeaient comme les autres. Maintenant, on a radicalisé le discours. Plus nous abandonnons notre culture — en fait en nous défaisant de ce que nous sommes —, plus on nous habille d'autre chose. C'est pour ça qu'il y a des Sophie ou des Nathalie qui mettent le voile.*
>
> *À force de n'être plus rien et de ne plus rien cultiver de ce que nous sommes, nous assistons à ce genre de schéma. Je le vois bien sur Roubaix, même si je n'y habite pas. Le problème vient de ce que les Français ont renoncé à ce qu'ils sont, à être Français. Ils ont abandonné, d'où cette radicalisation. Parce qu'un être humain a besoin d'avoir une ambition, des valeurs, qu'il ne retrouve plus dans notre société.*

À ce stade du propos de la candidate, les personnes évoquées ne sont plus considérées comme des électeurs potentiels, à l'instar des commerçants et chalands des marchés, mais comme des vecteurs de la défrancisation. Les femmes converties en sont les victimes consentantes par excellence, ainsi que l'exprime l'image frappante qui décrit la perte de leurs valeurs sociales et nationales comme une dénudation, avant qu'elles aillent se faire rhabiller en *niqab*. C'est la prégnance du milieu en déshérence, où seuls les marqueurs de l'islam sont désormais signifiants, qui explique ce renversement de toutes les valeurs au profit du salafisme :

> *On se rend bien compte qu'il y a un changement d'habitudes, que les Français qui n'ont connu que ça ont renoncé, se sont dit : « Bon, c'est comme ça, on oublie. » Ils vont faire leurs courses comme eux, ils font même le ramadan comme eux bien souvent, des Français de souche ! J'ai entendu à Roubaix deux jeunes filles blondes derrière moi, j'étais à la caisse, elles disaient qu'il y avait l'Aïd et qu'elles allaient fêter ça, elles parlaient du mouton, etc. Je pensais que c'étaient deux musulmanes. Je me retourne : deux*

Françaises. Deux Françaises tellement habituées que ça faisait partie de leur discours. Elles disaient [imitation de l'intonation arabe] *« Wallah »* [par Allah], *exactement comme eux. Elles avaient complètement oublié d'où elles venaient, ce qu'elles étaient et avaient adopté ce comportement. Elles n'étaient plus Françaises. Elles étaient dénaturées.*

C'est ce qui s'observe sur Roubaix, partout. Tous les jeunes Français de souche parlent comme eux, ont le même comportement qu'eux, parce qu'il a bien fallu qu'ils s'adaptent, qu'ils « s'intègrent ». On en est là, en effet : l'intégration inversée ! Mais quand on le dit, on entend des : « Oh, attention ! » Il faut faire attention à ce qu'on dit constamment, mais c'est une réalité. C'est une intégration en sens inverse. Les jeunes grandissent dans des écoles où on parle du ramadan. Avant, est-ce qu'on parlait du niqab ? Il y a à peine dix ans, personne ne savait ce qu'était un niqab.

Cette perception obsidionale d'un rapport de force qui a basculé n'est pas sans rappeler la thématique qu'avait développée en 1996 Philippe Aziz dans son livre *Le Paradoxe de Roubaix*. Il a conduit la candidate du Front à prôner un réarmement moral passant par la réaffirmation de l'identité catholique et la relativisation de la laïcité. Selon elle, la neutralité laïque (considérée pourtant par les islamistes et leurs compagnons de route comme le cheval de Troie de l'« islamophobie » qu'ils ont érigée en stigmate de leur victimisation) est en réalité corrosive de l'identité foncière de la France dans sa culture catholique. Elle ne remplace celle-ci par rien et n'est pas pourvoyeuse de valeurs.

Sur cette vacuité morale et éthique, dans un contexte de crise sociale sans précédent, prospère une islamisation qui, après avoir ressoudé en une communauté radicalisée les musulmans d'origine immigrée, convertit les « Français de souche » en perte de repères et d'identité :

Je ne suis pas pour la laïcité absolue non plus. Parce que ça devient une religion, à force de dire : « Il faut la laïcité. » En

fin de compte, l'homme sans rien, l'homme sans nation, l'homme
sans culture, l'homme sans origines, l'homme sans religion est un
homme fade. Je pense que la laïcité peut être aussi le problème,
si on la montre comme un absolu, si tout le monde doit avoir la
même religion laïque, c'est-à-dire aucune.

On dit que « l'État ne reconnaît aucune religion », mais, pour
moi, on ne doit pas oublier d'où l'on vient. On est une nation
catholique, d'origine catholique. Après, on dira ce qu'on voudra,
mais on est ce qu'on est aujourd'hui grâce au catholicisme. On
ne peut pas nier ce que l'on est parce que les musulmans sont là.

J'ai le droit de porter ma croix. Je n'embête personne. Parce
qu'il y a des femmes voilées intégralement, parce que leur religion
est beaucoup plus vindicative, agressive, parce que quand on voit
une femme intégralement voilée, avec des lunettes en plus... et des
gants, c'est agressif. Ce n'est pas le modèle français. Le modèle
français est d'origine catholique. Je le revendique.

Je pense que c'est bien que les gens aient la foi. Je respecte la
foi des musulmans, quand ils sont comme quand j'étais avec eux
à l'école. Aujourd'hui, il y a des gamins, dans des écoles rou-
baisiennes, qui ne peuvent pas manger pendant le ramadan. Ils
mangent dans les toilettes, en cachette. On devient fou. C'est ça
qu'ils vivent.

Cette dernière anecdote évoque la polémique initiée par
Jean-François Copé en octobre 2012 lorsqu'il était candidat au
secrétariat général de l'UMP, à propos d'un pain au chocolat
arraché à un élève non musulman qui goûtait à la sortie de
l'école, en France, au prétexte qu'il était interdit de manger en
public avant la tombée de la nuit durant le ramadan. Il lui avait
été reproché alors par ses adversaires de forcer le trait afin de
courtiser l'électorat du Front national — on en voit ici, plus
d'une année après, la récurrence.

Cela manifeste également l'ubiquité dont ce parti est doté
autour de l'enjeu de l'islam et des musulmans en France. Comme
on l'a observé à Marseille, et ainsi que l'indique la première
partie des propos de Françoise Coolzaet, il cible un électorat
musulman attaché à des valeurs d'ordre — dont les harkis ont

longtemps été les porte-drapeaux. Mais, dans le même temps, il capitalise sur l'épouvantail du salafisme et de ses succédanés pour réactualiser un discours à son apogée lorsque Marine Le Pen comparait les prières de rue à l'occupation nazie, en décembre 2010.

Ubiquité encore au sujet de la laïcité. La présidente du Front se revendique meilleure défenseur de celle-ci — entendue comme un rempart contre la progression de l'islamisation —, atteignant ainsi tout un électorat hostile à ce phénomène, bien au-delà de la sociologie habituelle de l'extrême droite. Mais la candidate roubaisienne marque ses distances par rapport à cette posture, et retrouve une attitude plus traditionnelle dans cette mouvance anciennement structurée par le catholicisme : la laïcité « absolue » est synonyme pour elle d'un anéantissement moral sur lequel prospère le prosélytisme islamique. Pourtant, elle ne respecte pas les injonctions normatives de l'Église dans sa vie familiale, signalant un clivage entre les idéaux dont elle se réclame et leur mise en œuvre personnelle.

À l'inverse, dans le camp salafiste, les normes canoniques sont appliquées dans leur sens le plus littéral et rigoriste jusqu'au moindre détail. Ainsi le site qui rendait compte de la venue des prédicateurs saoudiens à Roubaix en août 2013 comportait-il un lien marchand vers *petitsmuslims.com*, qui vend en ligne des poupées sans visage (entre 6 et 12 euros l'unité, selon la taille du modèle), afin d'inculquer aux enfants, *fatwa* d'un grand ouléma saoudien à l'appui, la prohibition de l'idolâtrie et l'adoration exclusive d'Allah dès l'âge le plus tendre.

Ce ne sont pourtant pas ces contradictions qui expliquent en premier lieu la sous-performance relative de la candidate dans ce qui fut la terre de mission frontiste de Roubaix. Dès le premier tour, une partie de son électorat potentiel, transfuge de la gauche, a glissé dans les urnes un bulletin pour Dominique Baert. Au second tour, les électeurs de Françoise Coolzaet ont été appelés implicitement à voter pour lui, puisque son adversaire Slimane Tir figurait sur la liste noire de Marine Le Pen — seul élu « issu de la diversité » parmi les huit noms que comportait celle-ci. C'est davantage du côté de la stratégie victorieuse de Dominique Baert, couronné par un score sans appel de 69,58 % des voix, qu'il faut chercher la clé de l'élection législative de la 8ᵉ circonscription du Nord.

Dominique Baert, bourgmestre socialiste

L'entretien avec le député a lieu dans sa mairie de Wattrelos, le vendredi 7 juin 2013. La violence des polémiques qui ont entouré sa campagne électorale et sa victoire, les rumeurs de collusion avec le Front national répandues par ses adversaires, les accusations d'« islamophobie », voire de racisme, colportées sur son compte, parmi d'autres, ont peut-être nourri quelque prudence envers un universitaire dont le livre *Passion arabe* est alors dans le débat public et prête à diverses interprétations, compliquant éventuellement l'obtention du rendez-vous.

La rencontre est finalement fixée en ce jour où la prière en congrégation du vendredi amène à stationner dans les parages de l'hôtel de ville des fidèles en djellaba raccourcie, barbe abondante, moustache rasée, calotte sur la tête, et un contingent de femmes voilées et bâchées, dont certaines arborent le *niqab*. À quelques centaines de mètres se trouve la mosquée salafiste Omar-Ibn-Khattab, ou « mosquée Stalingrad », d'après le nom de la rue commémorant la victoire de l'Union soviétique qui lui fut donné par l'unique maire PCF de la socialiste Wattrelos, au lendemain de la Seconde Guerre mondiale, quand Moscou était La Mecque du communisme.

La mosquée Omar/Stalingrad est réputée pour la stricte orthodoxie de son imam, fidèle à la ligne saoudienne, qui enseigne et glose notamment la doctrine du cheikh ibn Uthaymin, l'un des piliers du wahhabisme officiel, décédé en 2001. Elle est bien référencée sur les sites salafistes français, qui se multiplient depuis quelques années sur la Toile. On m'a signalé aussi, lors de conversations en ville durant l'enquête, l'efficacité de son prosélytisme auprès des jeunes d'origine européenne. Les pilosités blondes et rousses ne sont pas rares parmi ceux qui déambulent en djellaba aux alentours de la mairie dans l'attente de se prosterner en direction de La Mecque du salafisme pendant l'office hebdomadaire à la mosquée.

Non loin se dresse dans le ciel le clocher de briques rouges à parements de pierre de l'église la plus célèbre de Wattrelos, où certains barbus et voilées ont peut-être été baptisés avant leur conversion : Saint-Maclou. Édifiée en 1878 durant l'ascension triomphale du capitalisme industriel nordiste pour prêcher aux ouvriers catholiques, rassemblés dans la grandiose nef néoromane, la soumission au patronat paternaliste et munificent, elle a été enrichie en 1952 de deux grandes fresques prônant, dans les années faméliques de l'après-guerre, la vertu théologale de charité : la multiplication des pains et la pêche miraculeuse. Saint-Maclou a connu une exceptionnelle notoriété pendant des décennies grâce aux annonces publicitaires, omniprésentes jusque dans le métro parisien, du vendeur de moquettes Gonzague Mulliez, établi à proximité. Il avait emprunté le nom de l'église pour son entreprise, popularisé *urbi et orbi* par la fameuse réclame : « Saint Maclou évidemment ! »

Saint Maclou était un des anciens fleurons de l'empire capitaliste et catholique des Mulliez, la première association familiale de France avec plus de 60 milliards d'euros de chiffre d'affaires et trois cent soixante mille salariés. Mais aujourd'hui, la moquette périclite sous l'assaut des acariens, les sols se convertissent au stratifié, et la messe dominicale à Saint-Maclou n'attire plus que de rares paroissiens vieillissants, mêlant des Chtis et des dames âgées en fichu issues des immigrations polonaise ou portugaise du temps jadis.

Le député nous accueille au moment où il vient d'apprendre le décès de Pierre Mauroy, advenu le matin même. L'ancien Premier ministre et maire de Lille, légende vivante du socialisme nordiste, a été le mentor de Dominique Baert. Très ému, ce dernier tient obligeamment à honorer le rendez-vous, évoquant la grande page d'histoire qui se referme en ce jour pour le mouvement ouvrier. L'entretien est ainsi placé sous de funestes auspices, mais il se trouve que nous avons été tous deux élèves à Sciences Po, en 1980. Nous n'avions pas fait connaissance à l'époque, il appartenait à la promotion suivant la mienne, mais la remémoration de notre scolarité commune facilite la convivialité du dialogue. Alors que j'avais gagné l'Égypte pour y entamer ma thèse sur les mouvements islamistes de la vallée du Nil dès après mon diplôme, à l'été de 1980, il devait passer le sien — d'où il sortirait major — le lendemain de l'élection de François Mitterrand, le 10 mai 1981, la date clé de sa vie :

> *J'ai demandé à mon père de rejoindre les socialistes. Il a pris sa carte au parti pour m'accompagner — moi, à quinze ans, ma carte c'était pour mon anniversaire. Et j'ai commencé à militer, à participer aux réunions, j'ai découvert la fraternité : collages d'affiches, distributions de tracts, des choses qui vous passionnent quand vous avez quinze-seize ans. C'était le cœur, puis ça a été les études, les sciences éco, Sciences Po...*
>
> *Pendant la campagne de 1981, j'étais à Sciences Po : j'ai passé mon diplôme le 11 mai 1981. Quand même, il fallait être malade, à l'époque, pour prévoir ça ! Moi, ça me paraissait naturel. La raison a rejoint le cœur après, et je suis resté au parti socialiste depuis lors, jusqu'à mon éviction l'année dernière, illégale d'ailleurs, mais peu importe.*

Cette date de l'élection de Mitterrand est le moment fondateur — comme pour Rachid Rizoug qu'elle a « fait vibrer » ou les parents de Françoise Coolzaet qui ont « fait la fête » — de la vie politique de Dominique Baert. Elle témoigne de sa légitimité socialiste par l'ancrage militant à l'époque héroïque, et met en scène d'entrée de jeu son professionnalisme : il a anticipé le triomphe du 10 mai 1981 alors que peu y croyaient, tout en sortant major de promotion à Sciences Po au lendemain de l'événement, comme si le diplôme *summa cum laude* avait naturellement sanctionné la pertinence de sa jeune expertise électorale. L'anecdote a une valeur apodictique : elle fonde et justifie la candidature de juin 2012 en dépit de « l'éviction illégitime, illégale » par les instances du parti, déconsidérées du même coup. Elle explique le flair et la confiance en soi qui l'ont motivé à se présenter en face du candidat investi par les

Verts et soutenu par le parti socialiste — convaincu qu'il était, seul contre la plupart, comme en mai 1981, de la victoire inéluctable, à partir d'une analyse rationnelle des forces en présence.

La biographie de Dominique Baert combine l'itinéraire méritant et méritocratique d'un fils de famille modeste imbu du service public, l'entregent bâti à Paris dans les cercles gouvernementaux et l'*establishment* du parti socialiste, et enfin l'assise d'un bourgmestre des Flandres doté d'une connaissance intime de son électorat, de ses aspirations comme de ses frustrations. Elle n'est pas sans parallèle, par la ténacité et une sorte d'ascèse personnelle mise à l'appui de l'ambition, avec les vertus dont se flatte la dynastie nordiste des Mulliez : l'un hanté par la chose publique, les autres par l'entreprise ; l'un anticipant les désirs de ses administrés afin d'assurer sa réélection, les autres les besoins et les goûts des clients pour faire prospérer leur capital.

À la racine de l'engagement de Dominique Baert, il y a la figure d'un père ouvrier, devenu facteur, et levé chaque jour avant l'aube pour distribuer le courrier, habité de la passion du service public, tandis que la mère est ouvrière dans une chemiserie. Son père se considère comme étant en « mission », et lui dit bien souvent : « J'ai prêté serment d'être fonctionnaire. » C'est cette mission, doublée par la conviction que la réussite universitaire est la voie de l'émancipation sociale de la classe ouvrière, que reprend à son compte le futur député-maire.

Lors de la campagne présidentielle de 1974, à l'âge de quatorze ans, il avait vu dans la figure de Mitterrand, qui parlait pour la gauche en face du « grand bourgeois » Valéry Giscard d'Estaing, un modèle politique à suivre, et il devint militant l'année d'après. Après la victoire de 1981 et son diplôme en poche, il entra à la Banque de France, puis au Commissariat au plan, tâta du cabinet ministériel, se lia aux grands nordistes du pouvoir socialiste, Pierre Mauroy et Michel Delebarre, sous la guidance desquels il obtint les investitures qui autoriseraient ce travailleur acharné à se présenter aux élections qu'il remporta au nom du parti, jusqu'à ce qu'il triomphe en 2012 contre ses instances.

En même temps, les deux cohabitations avec la droite qui caractérisèrent les septennats successifs du premier président socialiste de la Ve République lui permirent de retrouver, aux postes que l'alternance politique le contraignait à quitter, ses anciens condisciples de Sciences Po engagés dans le camp opposé. Il a conservé avec eux des relations de convivialité, le sentiment d'appartenir à une élite du mérite, qui, sous les ors et les lambris des palais ministériels, gère au mieux les intérêts de la nation, par-delà la stricte allégeance partisane.

C'est cette notion de « rassemblement » que Dominique Baert met très tôt en œuvre dans sa ville et sa circonscription. Wattrelos est peuplé d'habitants qui ressemblent à leur maire : d'origine ouvrière, ils ont connu une ascension sociale ; nombre d'entre eux ont quitté la pauvreté de Roubaix pour les espaces plus résidentiels de la ville voisine. Ils sont partagés entre la solidarité avec les classes populaires dont ils sont issus et le désir de se distinguer de populations demeurées dans une misère que renforce la fixation sur place de nouveaux flux migratoires paupérisés, frappées par le chômage, où la délinquance et tous types de comportements asociaux produisent d'innombrables nuisances de vie quotidienne.

Décrit par plusieurs candidats comme un « village », comparé même au département rural de la Creuse dans l'un de nos entretiens, Wattrelos est en tout cas très soucieux de se préserver des maux et stigmates qui affectent Roubaix. L'orientation politique de ses électeurs est à l'avenant : le Front national peut y atteindre jusqu'au tiers des voix, et, en 2007, Nicolas Sarkozy l'emporta à l'élection présidentielle dans la commune — c'était la première fois depuis 1912 que la droite arrivait en tête. Mais lors des élections législatives du mois suivant, explique Dominique Baert :

> *Candidat anti-Sarkozy, je réalise dans ma ville 71 % des voix et donc je suis réélu député.* [La circonscription inclut aussi Roubaix, où il obtint au final 58 % des voix.] *Depuis une quinzaine d'années, les électeurs s'affranchissent de plus en plus de la couleur des appareils, parfois même du clivage droite-gauche. Ils privilégient l'homme — ou la femme —, le candidat, son appétence à remplir la fonction.*

Il théorise cette émancipation de la stricte allégeance partisane, qui lui a permis de construire à Wattrelos un bastion inexpugnable — d'où contrôler Roubaix :

> *On a eu des gestions de gauche, on a eu des gestions de droite depuis 1981, mais l'opposition sur des valeurs, des principes, s'est considérablement émoussée. L'électeur privilégie maintenant la capacité du candidat à fédérer sa population et défendre ses intérêts. Pour cette raison, je suis contre la proportionnelle, et attaché au scrutin de circonscription.*
>
> *Je le dis à mes camarades récemment élus : il y a eu un fort renouvellement à l'Assemblée nationale, notamment dans le groupe socialiste, et comme nous sommes plus nombreux, il est plus perceptible : « Vous feriez une erreur de considérer que vous êtes d'abord député de la nation, et donc député pour faire des lois et des textes. L'électeur souhaite avoir des interlocuteurs de proximité pour défendre ses intérêts, il est dans une posture défensive. » Et il veut que son candidat lui ressemble, soit issu de chez lui — et se retrouver en lui.*

La notabilité locale de Dominique Baert a pour fondement son mandat municipal, tandis qu'à l'Assemblée, à Paris, ses compétences professionnelles le conduisent à la commission des finances, dévolue à l'opposition socialiste durant le quinquennat de Nicolas Sarkozy :

> *En 2008, je gagne les municipales avec 69 % au premier tour alors qu'il y avait sept listes. Quand nous étions à Sciences Po, on nous expliquait que c'était infaisable. Eh bien, je l'ai fait — moi-même je n'y croyais pas —, mathématiquement.*

Proche de Dominique Strauss-Kahn, tenu pour favori pour emporter l'élection présidentielle de 2012 avant son interpellation à New York, en mai 2011, puis lié à des poids lourds dans l'entourage du candidat François Hollande, notamment Pierre Moscovici qui se rend dans sa circonscription, il a payé le prix, selon son récit, des conflits entre le futur président et sa rivale aux primaires socialistes, Martine Aubry, « patronne » du Nord. Celle-ci l'a sacrifié sur l'autel des circonscriptions réservées aux écologistes et Verts dans le cadre des accords entre les deux partis.

Mais ce Vert était Slimane Tir, et Dominique Baert s'employa d'emblée à le contrer en le dépeignant comme un candidat de division, de sectarisme et de communautarisme, alors que lui-même se voulait l'incarnation de l'universalité républicaine. Quand je lui expose l'objet de mon enquête sur les « transformations de la vie politique », il objecte d'entrée de jeu au biais intellectuel qu'il soupçonne dans ce postulat :

> *Voir les choses sous le prisme de l'immigration et des candidats de la diversité, c'est vraiment mal les prendre. Même si mon adversaire de l'époque a cherché à les présenter comme telles.*

Selon lui, un candidat désigné par l'appareil du parti à l'encontre du rapport des forces politiques locales ne peut conduire qu'à la défaite. Il en veut pour preuve une première tentative malheureuse, aux élections législatives de 2007, d'imposer à la circonscription la « représentante de la diversité » Najat Azmy, résidente à Paris, au prétexte que Roubaix compte une nombreuse population qui en est issue :

> *C'était très chaud. Les militants n'ont pas pris les fourches, parce qu'on n'est pas très agricoles ici* [sourire], *mais enfin la discussion a été très... animée. Ils ont fini par la parachuter à Tourcoing, et dans les deux circonscriptions de Roubaix et Wattrelos, la 7e et la 8e, ça a été une Berezina : Christian Vanneste* [UMP, ultérieurement exclu de ce parti pour « propos homophobes », et ténor de la « droite populaire »] *a été élu alors qu'il y avait une belle bataille à mener contre lui, parce que, en tant qu'idéologue de droite, il était quand même au top niveau — dans le mauvais sens. On avait une expérience plus que ratée des parachutages, la coupe était pleine : « On n'allait pas encore se faire imposer une décision nationale. »*

Slimane Tir, pourtant, réside à Roubaix depuis son arrivée d'Algérie, à l'âge de huit ans. C'est donc d'abord un parcours politique clivant de conseiller municipal Verts adversaire de la mairie socialiste roubaisienne que son ancien rival incrimine, à quoi il oppose sa propre posture de rassembleur :

> *Les Verts sont dans l'opposition à Roubaix et dans une opposition frontale. Pendant la campagne municipale de 2008, qui a laissé beaucoup de traces, les tracts les plus violemment « anti-Vandierendonck » étaient ceux des Verts.*

Alors qu'ils étaient membres de la majorité entre 2001 et 2008, les Verts dirigés par Slimane Tir s'étaient fréquemment heurtés en interne au premier magistrat de l'époque, René Vandierendonck. Celui-ci venait s'épancher sur l'« épaule réconfortante » de son voisin Dominique Baert, selon ce dernier, qui avait œuvré par ailleurs pour faire entrer l'ancien centriste et adjoint d'André Diligent au parti socialiste :

> *Le divorce avait été sanglant en 2006-2007 jusqu'à la confrontation au suffrage universel en 2008 et au refus absolu de René Vandierendonck de reprendre les Verts dans sa majorité, et il avait raison. Une fois arrivés dans la place, ils n'avaient eu de cesse de défier l'autorité du maire, de tisser des réseaux de pouvoir mettant sous la coupe réglée d'associations qui leur étaient proches telle ou telle politique, etc. Pour nous, Slimane Tir était un opposant fort. Dans ces conditions, demander aux militants socialistes, en 2012, de voter comme un seul homme pour un ennemi déclaré et violent était dur à avaler. Les miens l'ont refusé, mais la section de Roubaix était très partagée.*

Ainsi, le rejet de Slimane Tir par de nombreux socialistes aurait eu pour conséquence la victoire du Front national, si Dominique Baert, selon son raisonnement, ne s'était pas présenté contre lui :

Sur ma ville, soit les socialistes ne se seraient pas mobilisés, soit la population dans sa globalité et ceux qui avaient été capables de voter pour Sarkozy à 51 % en 2007 — et qui, quand même, avaient largement voté pour moi après — seraient allés voter contre le candidat de la gauche. Or ici, l'adversaire n'est pas l'UMP, mais le Front national. Je n'ai aucun doute : il aurait été devant le candidat de la gauche au premier tour, c'est évident, et au second aussi.

Au soir du premier tour, Dominique Baert arriva en tête avec 37 % des voix, distançant de 17 % Slimane Tir, talonné par Françoise Coolzaet du Front national, qui ne pouvait se maintenir à cause du taux d'abstention élevé. Dans une autre circonscription du Nord, celle de Douai, la socialiste, issue de la diversité, Monique Amghar, devancée par le candidat du Front de gauche et ancien socialiste Marc Dolez au soir du premier tour, reçut consigne de se retirer au profit de celui-ci, restant seul en lice. Mais les antagonismes étaient tels dans la 8ᵉ circonscription au sein des socialistes que Slimane Tir se maintint, malgré ses faibles chances de l'emporter.

La campagne du second tour prit un aspect particulièrement violent, pour l'honneur et l'idéologie en quelque sorte, d'autant que Marine Le Pen avait inscrit le candidat des Verts et rose sur sa « liste noire » et que Françoise Coolzaet n'avait pas fait mystère qu'elle appelait à un Front... renversé pour faire élire l'adversaire de Slimane Tir. L'expression de cet antagonisme est emblématique, par-delà son côté Clochemerle, de la complexité du débat qui traverse non seulement la gauche, mais le spectre politique français dans son ensemble, autour du populisme et du communautarisme, de l'intégration et de la diversité, du multiculturalisme et des développements de l'islam :

Ce fut ma pire campagne. Le FN avait publié une liste noire dans laquelle ils appelaient à faire battre Slimane Tir, ce qui l'autorisait à instrumentaliser cette déclaration de Marine Le Pen, très habile pour touiller dans les marigots. À partir de là, j'ai tout vécu : mon prédécesseur, Alain Faugaret, soixante-douze ans, qui n'avait jamais collé une affiche de sa vie, maire socialiste pendant trente ans ici, est allé en blue-jeans *recouvrir mes affiches pour dire que j'étais le candidat de Le Pen.*

La blessure a été si profonde que je n'ai pas pu la supporter, et j'ai tiré très sec. Je savais qu'ils faisaient des choses qu'il ne fallait pas faire : les sorties des mosquées, des écoles, avec des mégaphones, pour expliquer aux hommes et femmes de couleur avec lesquels on travaillait sur Roubaix que j'étais lepéniste. Mais tous ces gens me respectent, ils n'ignorent pas qui je suis : « Monsieur Baert », il n'est pas détesté à Roubaix, tant s'en faut. Aller leur dire que voter pour moi c'était voter Le Pen était inadmissible.

À partir de là, la campagne a dérapé. On a essayé d'en faire un combat communautariste, mais ça n'a pas fonctionné. Il y a eu moins de votants à Roubaix qu'au premier tour. Le vote communautariste est à manier avec précaution. Je pense qu'il n'existe pas — certains diront peut-être « pas encore » —, en tout cas pas en tant que tel. Les électeurs, quelle que soit leur origine, votent pour celui dans lequel ils se reconnaissent parce qu'il travaille bien et est efficace. Ils ne regardent pas quelle tête il a.

« *Coach Vahid* » :
« *Roubaix-Tourcoing, c'est un peu l'Algérie* »

La question du vote communautaire s'est aussi posée dans la 10ᵉ circonscription mitoyenne, qui englobe Tourcoing et des communes avoisinantes. Troisième composante de la conurbation de Lille, avec celle-ci et Roubaix, la ville a un nombre d'habitants comparable à cette dernière, près de quatre-vingt-dix mille. Son maire, également socialiste, est un des notables du parti nordiste. Mais Tourcoing n'a pas exactement la même démographie sociale ni ethnique : traditionnellement plus « bourgeoise » que Roubaix, où résidait la masse des ouvriers de l'industrie lainière, elle logeait préférablement dirigeants et cadres. Malgré le départ de ceux-ci vers des cieux plus cléments après la crise économique du quart du siècle échu, sa population comporte davantage de classes moyennes que Roubaix.

Si la majorité des maires de Tourcoing ont été socialistes, la ville a élu au cours des dernières décennies deux premiers magistrats de droite. Bien que François Hollande ait reçu 57 % des suffrages dans la circonscription en mai 2012, c'est un jeune député UMP, Gérald Darmanin, qui l'a emporté le mois suivant sur sa rivale socialiste Zina Dahmani par 54,88 % des voix, succédant à Christian Vanneste, l'une des figures de la droite populaire. Proche du Front national par ses thématiques de prédilection, il avait été mis en congé de parti à la fin de son mandat pour « propos homophobes ». Les communes semi-rurales qui complètent la circonscription votent davantage à droite que la ville, et l'un des ressorts en est le rejet de l'immigration.

La population tourquennoise comporte nombre de personnes d'ascendance maghrébine, et plusieurs membres du conseil municipal en sont issus, aussi bien dans la majorité socialiste qu'au sein de l'opposition de droite. Dans beaucoup de quartiers, notamment dans les cités HLM de la Bourgogne, les marqueurs de l'islam sont bien déployés, qu'il s'agisse du port du voile ou des commerces d'alimentation halal. On y compte autant de mosquées qu'à Roubaix, une demi-douzaine, avec une prégnance salafiste également visible. L'une d'elles, dans la commune ouvrière autrefois surnommée « Halluin-la-Rouge », dans la 4ᵉ circonscription, est référencée sur le Web islamiste comme plaque tournante de l'expédition de djihadistes nordistes et belges vers la Syrie.

Bien que Tourcoing soit sans conteste plus riche que sa voisine classée « commune la plus pauvre de France », que le taux de chômage y soit significativement inférieur (21 % contre 31 %), elle n'a pas joui du même niveau d'investissements de l'Agence nationale de rénovation urbaine. L'apparence de son centre-ville est moins reluisante que celle de la « cité renouvelée » roubaisienne bénéficiant du label « ville d'art et d'histoire », et les friches industrielles y mitent le paysage.

Le 15 novembre 2013, une déclaration devenue instantanément virale sur la Toile révéla la confusion établie entre les deux villes dans l'opinion commune, malgré leurs différences sociales et culturelles. Elle émanait de la star du ballon rond Vahid Halilhodžić. Entraîneur depuis 2011 des Fennecs, l'équipe d'Algérie qu'il avait aidée à remonter des profondeurs du classement international jusqu'à la sélection pour le *Mundial* brésilien en juillet 2014, « Coach Vahid », très connu dans l'Hexagone, où il avait un temps porté les espoirs du Paris-Saint-Germain, est célébrissime et adulé dans le Nord.

Coach miracle du Lille olympique sporting club (Losc) qu'il avait ressuscité au tournant du siècle, il atteignit la consécration médiatique suprême avec son avatar de latex aux « Guignols de l'info » sur la chaîne Canal Plus. Redouté pour la discipline de fer qu'il imposait à ses joueurs, il s'était vu brocarder dans l'émission satirique en tyran cruel, leur infligeant des punitions ubuesques dans un français cassé. Naturalisé en 1995, ce musulman bosniaque avait quitté sa Yougoslavie natale en pleine guerre civile, après avoir été blessé en 1992 à Mostar, la ville disputée entre Serbes, Croates et Bosniens, où il avait vu disparaître les investissements réalisés avec ses revenus de meilleur buteur au FC Nantes puis d'attaquant au Paris-Saint-Germain dans la décennie 1980. Sur ce même front de Mostar, peu après cet incident, le candidat marseillais aux élections législatives de juin 2012, Omar Djellil, ainsi que les deux chefs du « Gang de Roubaix », Christophe Caze et Lionel « Abou Hamza » Dumont, avaient pris part au djihad aux côtés des musulmans.

Résident de la métropole lilloise, l'entraîneur de génie, dont le caractère entier s'accompagne de foucades et de gaffes qui font le miel des journalistes sportifs, était interrogé le 15 novembre 2013 à Alger sur son état d'esprit à la veille du match de barrage qui, quatre jours plus tard, devait opposer ses joueurs à l'équipe du Burkina Faso pour la qualification au *Mundial*. Cet admirateur de l'Algérie, à qui ses fans locaux, dans un pays où le football est l'autre religion avec l'islam, prêtent l'intention de se faire naturaliser Algérien, et dont ils ont réarabisé dans cette attente le prénom musulman en Wahid (abréviation de Abd el-Wahid, « adorateur de l'Unique », c'est-à-dire Allah), déclara ce jour-là :

Dans quel état je suis ? J'ai mis du Khaled, et j'ai dansé. J'habite vers Roubaix-Tourcoing, c'est presque l'Algérie là-bas. Je n'ai jamais été aussi concerné dans ma carrière que pour ce match retour... [Un clip vidéo où on le voit danser sur un air de raï du sulfureux chanteur oranais est attaché à l'article en ligne.]

« C'était sans doute de l'humour. Mais les sites d'extrême droite, qui aiment présenter Roubaix comme une enclave étrangère en France, se sont rués sur cette petite phrase », notait sévèrement *La Voix du Nord* le 19 novembre, ajoutant : « Les Roubaisiens et les Tourquennois apprécieront ce trait d'esprit. »

Pourtant, rien n'indique que ces propos procèdent d'une veine humoristique. En situation, à Alger, l'entraîneur bosno-français de l'équipe nationale traduisait avec ses mots la réalité sociologique et démographique des villes populaires du nord de la France, inscrites dans un univers globalisé auquel il participe lui-même. Les enfants d'ouvriers algériens immigrés ou harkis subsistant dans la précarité et la star surpayée du football partagent cette déchirure entre diverses identités planétaires. Elle est le fruit des aléas du marché du travail international, le résidu des guerres et des massacres depuis le legs colonial maghrébin jusqu'aux nettoyages ethniques engendrés par l'effondrement du communisme balkanique. Les uns la vivent en héros d'une mondialisation qu'ils dominent par leur talent, comme Vahid Halilhodžić, les autres la subissent, mais se projettent dans des modes d'identification sublimés qui leur permettent d'échapper « dans leurs rêves » à la condition prolétarienne de l'âge postindustriel.

Ainsi, ce 19 novembre, la victoire des Fennecs — nouvelle consécration du coach *Wahid*, idolâtré sous son nom désormais réarabisé — fut accueillie dans l'agglomération par les débordements habituels qui accompagnent les performances de l'équipe d'Algérie. Ils fournissent l'autre occasion, avec l'ostentation salafiste, d'exprimer publiquement dans l'Hexagone une exacerbation communautaire et le marquage d'un territoire. Dans le même mouvement, en agitant d'immenses drapeaux algériens dans les rues, les supporters se projetaient en vainqueurs — une victoire sportive porteuse d'autres triomphes identitaires et d'une revanche sur leur condition, cristallisant confusément des rejets et des espoirs dans un langage social des cités où déprédations et pillages sont un adjuvant à la liesse.

Cela n'alla pas sans inquiéter ceux, simples habitants n'appartenant pas à la communauté qui affichait là son identité, ou politiciens à l'affût de suffrages populistes, qui considèrent qu'ils pourraient devenir les prochains vaincus de batailles qui ne se dérouleraient pas uniquement sur les pelouses des stades. À Marseille, suite à la qualification des Fennecs pour le Championnat du monde, à l'automne de 2009, le déferlement sur la Canebière de milliers de supporters brandissant le drapeau algérien avait été dénoncé comme une « invasion » par le maire Jean-Claude Gaudin. À cette occasion, le futur candidat de droite aux législatives de juin 2012 dans la 8ᵉ circonscription des quartiers nord, Maurad Goual, avait pris ses distances avec une UMP qu'il taxa de racisme.

À Roubaix, lors de cette même qualification de l'Algérie pour le *Mundial* 2010 en Afrique du Sud — où l'équipe de France devait, pour sa part, exploser sous l'effet des tensions intercommunautaires entre ses membres —, le quartier de l'Épeule avait connu une nuit d'émeute et de déprédations. Depuis lors, chacun des matches des Fennecs est précédé d'arrêtés municipaux du maire de Roubaix relatifs à l'ordre public et de la mobilisation de contingents de CRS.

La relation des incidents de la nuit du 19 novembre 2013 dans *La Voix du Nord* fut suivie d'un forum en ligne, ou *chat*, dans lequel un échantillon de lecteurs réagit à l'information, la commenta, et entama un dialogue. Comme c'est souvent le cas, celui-ci tourna rapidement à l'excès, exacerbé par l'anonymat de la Toile et l'irresponsabilité consubstantielle aux internautes :

> *La qualification de l'équipe d'Algérie pour la prochaine Coupe du monde fait vibrer Roubaix. Les centaines de supporters massés dans les cafés des quartiers de l'Épeule et de la Fosse-aux-Chênes pour regarder le match opposant l'Algérie au Burkina Faso pour la qualification pour la Coupe du monde 2014 ont laissé éclater*

La roubaisienne

> *leur joie après la victoire des Fennecs (1-0). Depuis 21 h 30, ils*
> *défilent dans les rues de Roubaix aux cris de « Viva l'Algérie ».*
> *Mais depuis les incidents survenus en ville lors des compétitions*
> *internationales, les autorités locales sont désormais particulière-*
> *ment vigilantes.*
>
> *Un arrêté municipal avait d'ailleurs été pris les années précé-*
> *dentes pour tenter de juguler les débordements tel le saccage de*
> *commerces du centre-ville. Le dispositif, peu efficace, a été aban-*
> *donné. Néanmoins, ce mardi soir, la grand-place est une nouvelle*
> *fois interdite d'accès. D'importants effectifs de police sont actuel-*
> *lement déployés dans toute la ville et particulièrement à l'Euro-*
> *téléport* [station de métro voisine du *mall* aux vêtements et
> du Quick halal, au cœur de la zone rénovée] *investi par les*
> *supporters algériens. Si l'ambiance est majoritairement festive, les*
> *forces de l'ordre ont cependant essuyé quelques jets de projectiles.*
> *Des voitures ont été incendiées, notamment dans le quartier de*
> *l'Épeule, laissant présager une nuit de tensions.*

Les vingt-six commentaires à cet article se partagent, comme
l'ordinaire des forums, entre internautes se limitant à une
unique contribution ou s'engageant dans un dialogue. Certains recourent probablement à des pseudonymes, d'autres ne
renseignent que leur prénom et l'initiale de leur patronyme,
mais tous se donnent clairement à repérer selon leur identité
ethnico-confessionnelle, autour du clivage entre les noms utili-
sés, musulmans ou non, qu'ils soient vrais ou de simples alias.
  Le même soir, les Bleus ont eux aussi — mais difficilement —
qualifié la France pour le voyage au Brésil, grâce aux buts marqués contre la faible équipe d'Ukraine par Mamadou Sakho et
Karim Benzema. Dans un premier temps, les commentaires célé-
braient la victoire sportive, mais, très vite, le ressentiment contre
les incivilités montait en puissance et tournait à la phobie.
  Morceaux choisis (orthographe rectifiée) :

> JACOB Y., le 20/11/2013 à 0 h 2
> *La classe, voir la France et l'Algérie être qualifiées, c'est le bon-*
> *heur total.*

TAXISALIMLILLE, le 20/11/2013 à 7 h 43
Incroyable ! Splendide !

GAGNANT D., le 20/11/2013 à 7 h 58
Quelques incidents, mais il y en a peu eu hier soir quand la France a gagné. Pauvre peuple où même la joie est vite ternie.

MARIE R., le 20/11/2013 à 9 h 24
Comportement bien étudié pour faire fuir ceux qu'ils ne désirent pas et avoir la pleine occupation du sol (en l'occurrence) de Roubaix-Tourcoing...

MICHAËL H., le 20/11/2013 à 9 h 32
Pourquoi les Français n'ont pas fêté la victoire de la même façon ? Toujours les mêmes qui provoquent des incidents, brûlent des voitures, s'en prennent aux forces de l'ordre... Et on laisse faire... De peur d'incidents encore plus graves. C'est lamentable. Imaginez des Français se comporter de la sorte en Algérie. C'est le cachot direct !

LUCIEN V., le 20/11/2013 à 9 h 35
Faut rêver maintenant que l'Algérie et la France se rencontreront au Brésil... Un vrai cauchemar dans les rues et pas seulement à Roubaix !

PIERRE-ANDRÉ M., le 20/11/2013 à 9 h 39
Je n'ose pas imaginer la défaite de l'Algérie : il se serait passé quoi ?

PIERRE-ANDRÉ M., le 20/11/2013 à 10 h 22
Aux dires de certains, Roubaix c'est un peu (beaucoup) l'Algérie. Dans quelque temps, il faudra un passeport pour circuler à Roubaix.

THÉRÈSE B., le 20/11/2013 à 10 h 30
On dit ce que l'on veut : cette population est malheureusement bien chez elle, rien ne l'arrête. Nous sommes obligés de subir tous leurs actes, de les laisser faire et pire encore de devoir « fuir » ces quartiers.

CHARLES H., le 20/11/2013 à 13 h 29
La fête, oui, des violences urbaines, NON ! Y' en a marre !

CLÉMENT P., le 20/11/2013 à 13 h 31
Souhaitons tout de même une bonne Coupe du monde à ces deux nations !

PATTY D., le 20/11/2013 à 13 h 51
Le scoop serait de trouver un supporter avec un drapeau français à Roubaix, si vous en tenez un, ne le lâchez pas.

Le ton qui domine est d'une ironie amère, commençant par comparer les incivilités algériennes au comportement des supporters français, qui non seulement n'ont rien cassé, mais se sont assez peu mobilisés. De fait, les vidéos tournées dans la soirée et diffusées par les chaînes d'information ou mises en ligne ont nourri l'impression que l'on agitait beaucoup plus de drapeaux algériens que de drapeaux français d'un bout à l'autre de l'Hexagone, depuis le Vieux-Port de Marseille jusqu'aux Champs-Élysées. « Pauvre peuple où même la joie est vite ternie », déplore Gagnant D., comme en écho du déclin d'un peuple français incapable d'exprimer sa fierté nationale, dépourvu d'enthousiasme identitaire, voire de combativité — que souligne le contraste avec la mobilisation des supporters des Fennecs.

L'assertion de soi algérienne par le hooliganisme est d'abord inscrite dans un contexte global, comparée aux incidents récurrents à Marseille, puis perçue à la manière d'une invasion du territoire, une « occupation » aux dires de Marie R., un terme proche de celui dont avait usé Marine Le Pen en décembre 2010 en assimilant les prières de rue islamiques à l'occupation nazie. La « fuite » des habitants n'appartenant pas à cette communauté, la perspective du « passeport » prochainement nécessaire pour circuler à Roubaix en arrivent à percuter les remarques de « coach Vahid », traitées comme euphémisme : Roubaix, ce n'est pas « un peu », mais « beaucoup » l'Algérie, poste Pierre-André M. L'exacerbation des tensions identitaires entre logiques communautaires et populisme atteint son paroxysme, avant qu'un internaute affligé par cette montée en vrille des haines, Clément P., forme des vœux sportifs pour les deux nations.

C'est alors qu'intervient dans le forum un deuxième auteur au nom musulman, Kamel M., suivi ultérieurement par un troisième, Amor H., à qui reviendra le mot de la fin. Kamel M. introduit une dissension, et contraint le dialogue à s'établir, à la place de la surenchère populiste qui prévalait jusqu'alors. C'est son effarement à la lecture des propos qui précèdent qui le pousse à la prise de parole, afin de décentrer le débat vers un diagnostic social, assigné comme cause des débordements identitaires.

Morceaux choisis, orthographe rectifiée :

KAMEL M., le 20/11/2013 à 14 h 26
Vous êtes tous [ceux qui commentent] *limités. C'est malheureux d'en arriver là. Ce sont ces mentalités et discours-là qui attisent tant de haine et de violence auprès de ces populations totalement délaissées. Je voudrais bien vous voir à leur place, sans travail, en galère, et j'en passe...*

WILFRIED B., le 20/11/2013 à 14 h 36
Peut-être que Mohamed C. va leur trouver des excuses. Je suis impatient...

KAMEL M., le 20/11/2013 à 17 h 19
Donnez-leur les mêmes moyens que les jeunes habitants des quartiers tranquilles, et vous verrez... Certes, ce n'est pas excusable de brûler des voitures, mais un moyen d'extérioriser leur malaise au quotidien. Allez à leur rencontre, et vous verrez dans quelle merde ils sont. À quand « Vis ma vie de lascar », qu'on rigole un peu...

DOMINIQUE F., le 20/11/2013 à 20 h 19
Kamel, c'est quoi les mêmes moyens que les jeunes des quartiers tranquilles ? Parce que vous pensez que les jeunes des quartiers dits tranquilles ils ont tout comme ça, sans effort ? Parce que vous pensez qu'on leur donne tout ? Pourquoi pensez-vous que votre quartier n'est pas tranquille ? À cause de qui il n'est pas tranquille ? Quand un quartier devient difficile, les gens qui ne

brûlent pas de voitures préfèrent s'extérioriser... en quittant le quartier, pas en cassant... ils se cassent et vous laissent avec votre bazar et vos malaises que vous créez. Arrêtez donc de toujours vous plaindre et de penser que c'est à cause des autres que vous êtes dans la m... Bougez-vous tout seuls, et n'attendez pas toujours de l'aide... La m..., c'est à vous de la traiter ! Désolé de vous paraître brutal, mais il est temps qu'on vous parle normalement !

VDNGRATUIT P., le 20/11/2013 à 20 h 54
Ça fait peur de voir ce que pense Kamel.

IRWAN D., le 21/11/2013 à 0 h 9
Kamel, je comprends votre position. Mais il faut bien admettre que ce genre de comportements détruit l'image de la ville. Plus personne ne veut vivre à Roubaix (j'exclus Barbieux) et, par conséquent, les entreprises ne veulent plus s'y installer. Ça part d'un bon sentiment, on veut faire la fête (bravo à l'équipe algérienne au passage !), mais, au final, les habitants se tirent une balle dans le pied. C'est cette prise de conscience des habitants, elle seule, qui pourra remettre la ville sur le droit chemin. Et il sera long, tant l'image de la ville est aujourd'hui désastreuse. Une ville pourtant belle et attachante si on la connaît bien.

AMOR H., le 21/11/2013 à 13 h 23
Bonjour à toutes et à tous. Toutes les dérives sont condamnables. Roubaix, ville prospère au XIXe siècle, est devenue aujourd'hui l'emblème de la pauvreté, exemple parlant de villes délaissées par les industriels et les politiques. Je pense qu'il est dangereux de mettre une ville au ban de la société. Ce n'est que conforter les actes de violence en voulant toujours plus les isoler. Les violences urbaines, comme toutes les autres, touchent également les villes ou villages dits paisibles. Mettons l'accent sur ce qui fonctionne au sein de ces villes, personne n'est potentiellement mauvais, il le devient. Je répète, médiatiser ces actes, c'est les conforter. Combien de personnes participent à ces faits de violence ? Roubaix comme d'autres villes en France doivent-elles porter encore longtemps cette étiquette qui leur colle à la peau depuis des décennies ? Pourquoi ne pas mettre en avant les personnes qui s'en sortent ? Serait-il

moins populaire de le faire ? La violence est condamnable, l'in-différence aussi.

À travers ces échanges se mettent en place, avec les codes grammaticaux dégradés des internautes, les termes d'une demande politique fruste que déclenchent populisme et communautarisme. C'est à elle que tentent de répondre les discours des candidats que nous interrogeons. La condamnation des déprédations des « supporters de l'Algérie » — ici une figure pour incriminer l'ensemble des personnes d'origine algérienne, voire maghrébine ou musulmane, vivant en France — se fonde sur l'observation des faits, tels qu'ils sont transcrits par le quotidien local. La cause n'en est pas explicitée pendant la première partie du forum, lorsque les accusations surenchérissent, mais on la suppute dans l'atavisme prêté à ces populations par les premiers internautes, qui mêle exacerbation d'un nationalisme revanchard postcolonial, radicalisation islamiste, etc., au détriment de tout déterminisme social.

Cette posture est celle que capte et fait fructifier le discours politique de l'extrême droite. À cela s'oppose, lorsque Kamel M. prend la parole, l'argument exclusif de l'excuse sociale, ce qu'il appelle — tout en condamnant les violents — « un moyen d'extérioriser leur malaise au quotidien ». Il se voit immédiatement contrer par Wilfried B., qui le renvoie à son atavisme, en invoquant un « Mohamed C. » imaginaire, dont le nom n'a de sens que parce qu'il incarne la figure du musulman. Par là, il le disqualifie en faisant du musulman Kamel l'avocat hypocrite de tous ses coreligionnaires.

Mais le propos de Kamel trouve deux échos favorables. L'un chez Irwan D., cet internaute au prénom breton qui est le seul à maîtriser parfaitement la grammaire et l'orthographe, suivi par Amor H., qui, lui aussi, s'exprime correctement. Irwan est compréhensif, approuve l'argument du déterminisme social, mais s'inquiète que ces comportements — « se tirer une balle dans le pied » — ne fassent le jeu de l'extrême droite. Quant à Amor, il réprouve que les médias se focalisent sur des minorités irresponsables, qui concourent à dégrader l'image de Roubaix, et souhaite que soient mises en avant « les personnes qui s'en sortent », retrouvant un postulat rousseauiste en écrivant : « Personne n'est fondamentalement mauvais, il le devient. »

Ces trois internautes incarnent la thématique politique de la gauche : les causes du mal sont sociales, mais l'assistance et les aides doivent permettre d'éviter les comportements déviants. Les modèles de réussite bien réels dans les populations concernées doivent être valorisés pour leur exemplarité. Enfin, un troisième internaute, Dominique F., qui envoie deux fois de suite son message, assez long, articule un discours de droite. Il refuse toute la culpabilité imputée par Kamel à ceux qui n'auraient pas donné « les moyens des jeunes des quartiers tranquilles » aux supporters qui extériorisent la qualification des Fennecs par la violence et exhorte les jeunes en difficulté à « se bouger », vantant les vertus de l'initiative individuelle.

Zina Dahmani en un combat social

Candidate socialiste malheureuse aux élections de 2012 dans la 10ᵉ circonscription, Zina Dahmani est née à Roubaix. Elle a passé sa petite enfance à l'Alma-Gare, puis sa famille a trouvé un logement dans le quartier plus résidentiel proche du parc Barbieux. Le déménagement a permis à cette fille d'un ouvrier kabyle, issue d'une fratrie de neuf membres, de s'émanciper, par l'éducation et la mixité sociale, de la misère du prolétariat où ont été précipités les immigrés venus vendre leurs bras à l'industrie lainière.

De ce parcours semé d'embûches l'adjointe au maire de Tourcoing, quinquagénaire et mère de deux enfants, est aussi fière que de ses racines. Il l'a conduite à l'engagement citoyen et laïque qui est le sien aujourd'hui. Mais elle en interroge l'exemplarité pour de jeunes générations dans lesquelles l'exacerbation de l'identité religieuse la préoccupe, elle que la notion de diversité « hérisse ».

Je suis la première à être née en France. Quand mes parents sont arrivés d'Algérie, nous habitions une courée, j'avais quatre, cinq ans. Notre identité, c'était la classe ouvrière. J'ai encore des images très fortes d'hommes, de femmes, abîmés par l'alcool, quelques Polonais... Il y avait une solidarité. Je crois que nous étions les seuls Algériens.

Ils ont été bien accueillis mes parents, ainsi que mes frères et sœurs qui sont nés en Algérie. Très vite, j'ai pris conscience de mon appartenance à une classe sociale ; je devais avoir cinq ou six ans. Je me souviens, quand mon père, manœuvre dans le bâtiment, allait travailler, de cette souffrance qu'il portait, ses mains complètement abîmées, très fatigué. C'est pour ça peut-être qu'aujourd'hui, quand on évoque l'intégration, la diversité, ça ne me parle pas beaucoup, parce que moi, je me suis construite autour d'une identité sociale, et j'ai poursuivi mes études.

Boursière au lycée Jean-Moulin de Roubaix, elle fut la seule élève maghrébine à passer le bac cette année-là. Au terme de la seconde, alors qu'elle était admise en filière générale, elle fut convoquée par la directrice, qui lui tint des propos comparables à ceux que relate dans son *Autobiographie* Malcolm X., lorsque le directeur de son école lui avait suggéré de s'orienter vers un métier manuel, plus adapté aux contraintes sociales d'un enfant noir :

« On sait que vous travaillez beaucoup, mais simplement vous êtes issue..., vos parents sont pauvres, donc moi je vous propose de ne pas faire "économie", la filière générale, mais plutôt "secrétariat" » ! Je l'ai regardée et je lui ai dit non. Parce qu'à l'époque nous étions boursiers jusqu'à la terminale, qu'après il n'y avait plus de bourse pour ceux qui étaient de nationalité étrangère et que j'étais algérienne. J'ai dit : « Non, Madame ! », comme ça, je m'en souviens [elle rit]. « En Algérie, on a besoin d'économistes, tant pis, je me débrouillerai, je travaillerai ! »

Au regard du droit de la nationalité, née en France de parents nés dans les départements de l'Algérie française, elle était pour-

tant française en vertu du double droit du sol. Mais pour les
parents algériens, qui s'identifiaient au nationalisme du FLN, il
aurait été honteux que les enfants fussent français, alors même
que huit ans d'une guerre atroce avaient été sacrifiés pour ne
plus l'être — même si l'indépendance ne tenait pas ses promesses. Pour les plus religieux, la naturalisation s'assimilait à
une apostasie de l'islam. Pour les autres, c'était une trahison,
un reniement : l'appellation de « Français musulmans » était
accolée, comme un stigmate, aux harkis, les anciens supplétifs
méprisés par les Algériens nationalistes.

Ce n'est qu'en 1982, avec la prise de contrôle de la Grande
Mosquée de Paris par Alger, à l'instigation du premier ministre
de l'Intérieur de François Mitterrand, Gaston Defferre, maire de
Marseille, que les vannes de la naturalisation se sont ouvertes,
rendues licites par des déclarations du nouveau recteur de la
mosquée de Paris, cheikh Abbas. Mais Zina Dahmani a été la victime de cette illusion nationaliste. Suite à la pression familiale,
la seule bachelière de la fratrie, puis étudiante brillamment
diplômée, s'est retrouvée en Algérie, dans le cadre d'une union
arrangée. Elle ne parvint à s'en extirper qu'au bout de huit
ans, regagnant clandestinement l'Hexagone grâce à sa carte de
résidence française qu'elle avait dissimulée.

Obtenant finalement un emploi grâce à ses diplômes comme
cadre au conseil régional, elle contracta un nouveau mariage
avec un homme d'origine marocaine, d'où naquirent un gar-
çon et une fille, élevés dans la laïcité et l'amour de la République. Ce sont ces valeurs, pour lesquelles elle combattait, qui
la poussèrent à se rapprocher du parti socialiste et du maire de
Tourcoing, qui la prit sur sa liste, faisant d'elle une conseillère
municipale et une adjointe en 2008. Elle recueillit le vote des
socialistes locaux pour devenir la candidate PS aux législatives
de 2012, dans la 10ᵉ circonscription, dévolue à une femme par
le parti afin de favoriser la parité.

Cette féministe laïque, qui s'identifie d'autant plus aux causes
du progrès et de l'émancipation qu'elle a pâti personnellement
des pesanteurs de la tradition et de la religion et milite pour
l'école publique, s'est pourtant retrouvée contrainte d'inscrire

ses enfants dans des établissements privés. Leurs camarades d'ascendance maghrébine influencés par les prédicateurs fréristes et salafistes qui gagnaient en audience dans les mosquées du Nord leur rendaient la vie impossible parce qu'ils ne se conformaient pas aux normes islamiques les plus strictes. Son fils, qui mange pendant le ramadan, reçut une assiette dans la figure à la cantine, et sa fille, portant une jupe jusqu'au genou, s'entendit menacer des châtiments divins parce que « c'est interdit par le Coran » :

> *Je disais à mon mari : « C'est quand même incroyable ! Nous, nous ne vivions pas ça ! » À l'époque, à l'école primaire, on mangeait à la cantine, je me souviens qu'il y avait encore de la bière à table. Mes parents ne me disaient jamais : « Tu manges à la cantine, attention au porc ! » C'était dire : « Mange tout ce qu'il y a ! » Parce qu'on ne mangeait pas toujours bien ! Aujourd'hui, franchement, je suis inquiète. Je ne comprends pas. Chaque fois, je me dis : « Après les combats que nous avons menés ! »*
>
> *Ce qui se passe est un recul terrible. J'essaye de comprendre, mais je n'ai pas toujours les réponses. Est-ce que ce n'est que social ? Ce n'est pas partout pareil, seulement dans certains quartiers. Est-ce qu'ils n'ont pas été reconnus dans leur trajectoire ? « Pas de boulot parce que je m'appelle Un tel ? Eh bien, vous allez voir qui je suis vraiment ! » Je m'interroge. Quand c'est un cheminement spirituel, je veux bien l'entendre : on a cherché à comprendre qui on était, à donner un sens à sa vie, comme certains rentrent dans les ordres. Mais là, je n'ai pas le sentiment que ce soit vraiment ça.*

Élue municipale sur une liste, cette passionnée de la politique a souhaité, en se présentant à la députation, mener une bataille individuelle qui ait aussi valeur de symbole pour l'itinéraire qui est le sien et les principes qu'elle défend :

> *Je suis adjointe au maire, et j'ai toujours eu quelque part, au fond de moi-même, le désir de partir au combat seule. L'idée était — entre moi et moi-même — de démontrer dans le regard de l'autre qu'une femme, dont les parents sont venus d'ailleurs,*

mais surtout sont ouvriers, pouvait se battre politiquement, et soit
gagner, soit faire des scores honorables. J'avais envie de tordre le
cou à une élite [elle rit] *et à une frange de groupes politiques*
pour leur prouver que ce n'est pas parce qu'on est enfant d'ouvrier
et que l'on s'appelle de surcroît Zina Dahmani qu'on ne peut pas
aller au combat et défendre un certain nombre de valeurs qui vous
sont propres et chères !

Dans son esprit, ces valeurs sont universelles, et elle abhorre
pour cette raison l'expression de « candidate de la diversité »
dont elle a été affublée parfois par la presse ou par des militants
qui croyaient bien faire :

J'ai eu un discours très ferme au niveau de la fédération du
parti socialiste. Je leur ai dit que je n'étais pas la candidate de
la diversité, parce que, pour moi, ce serait une candidature par
défaut. Je ne me vois pas ainsi. Au début, les journalistes me
considéraient comme une candidate de la diversité, mais je les
ai tous remis à leur place. Ce qui est terrible, c'est que moi, je ne
me perçois pas comme ça ! Si je suis différente ? Oui, on est tous
différents : vous êtes un homme, je suis une femme, ma collègue
est une femme, elle s'appelle Maryse, moi je m'appelle Zina, etc.
Mais quant à la diversité, ce n'est pas un faire-valoir, c'est juste
un combat que je mène.

Lors de la campagne électorale, la bataille n'a pas pris,
contrairement à ce qui s'est passé à Roubaix, un tour communautaire. Après quelques velléités d'attaques de style raciste postées sur la Toile par des milieux restreints d'extrême droite, ni
le patronyme ni les origines de la candidate n'ont été ciblés,
d'autant moins que son adversaire principal était aussi, pour
partie, d'ascendance algérienne :

Dans un premier temps, ils ont tenté de mettre en exergue mon
nom, mais Dahmani et Darmanin ça se ressemble, donc je crois
qu'ils ont hésité. Ils sont très polis, les gens. À aucun moment,
quand j'allais en porte-à-porte, on ne m'a renvoyé que je m'appe-

lais Zina Dahmani. À Tourcoing, contrairement à Roubaix, les
gens sont plus disciplinés. Moi, j'ai grandi à Roubaix, donc je
connais bien, alors que Tourcoing, c'est complètement différent :
on est plutôt dans une ville — j'ai découvert ça — un peu catho,
centre droit, bien éduquée, donc on ne vous ferme jamais la porte
au nez, c'est moins violent qu'à Roubaix...

Paradoxalement, ce sont sur les engagements de gauche de la
candidate que la polémique s'est focalisée, notamment ceux qui
pouvaient heurter la frange la plus moralement conservatrice
de l'électorat, qu'elle soit de culture « catho » ou musulmane.
Comme à Roubaix, la question du projet de loi socialiste sur le
mariage homosexuel s'est posée avec ampleur en milieu musulman, étonnant Zina Dahmani tout autant que Salima Saa dans
la 8ᵉ circonscription. Son adversaire UMP a rapidement compris
l'usage qu'il pouvait en faire, d'autant plus que le député sortant Christian Vanneste, candidat de droite dissident et rival,
avait tenté de capitaliser le vote homophobe :

> *Pendant la campagne des législatives, on m'a demandé si j'étais*
> *en faveur du mariage homosexuel, et je me suis prononcée très*
> *clairement pour. Or il y a eu beaucoup de retours négatifs d'élec-*
> *teurs musulmans à ce sujet. Gérald Darmanin l'a exploité et a*
> *pris des gens d'origine maghrébine en lançant, comme Marine*
> *Le Pen : « Carton rouge pour Zina Dahmani, pour le droit au*
> *mariage des homosexuels. » Puis, dans un quartier un peu FN, on*
> *a dit : « Carton rouge pour Zina Dahmani, pour l'installation des*
> *Roms. » Sur le droit au mariage des homosexuels, effectivement, ça*
> *a tapé fort, mais ce sont des valeurs que vous défendez, des choix*
> *que vous faites, et vous devez les assumer.*

D'autres difficultés sont venues de franges de l'électorat musulman à la suite d'un meeting de soutien de Manuel Valls, au cours
duquel, interrogé sur la possibilité pour les mères voilées d'accompagner les enfants durant les sorties scolaires, suite à la cir-
culaire en ce sens du ministre de l'Éducation de Nicolas Sarkozy,

Luc Chatel, le nouveau ministre de l'Intérieur de François Hollande s'était prononcé négativement en invoquant la laïcité :

> *Dans certains quartiers, ceux que j'appelle « les barbichettes »,*
> *mais aussi un certain nombre de femmes qui portent le foulard ou*
> *le voile, m'ont contrainte à me positionner en dénonçant les pra-*
> *tiques de Manuel Valls. Il y a eu des communiqués de presse. J'ai*
> *dit : « Je ne changerai pas de position, je n'ai pas à en changer,*
> *quitte à perdre des voix. » J'ai des valeurs : si on vit aujourd'hui*
> *dans un pays démocratique, c'est qu'il y a eu des hommes et des*
> *femmes qui se sont battus. Moi aussi je me battrai sur un certain*
> *nombre de sujets, je ne céderai pas !*

Gérald Darmanin, le peuple de droite

Élu à l'âge de vingt-neuf ans, le nouveau député de la 10ᵉ circonscription du Nord a eu une vocation politique précoce. Son collègue et voisin Dominique Baert s'est engagé à quinze ans au parti socialiste pour soutenir François Mitterrand en 1974 contre Valéry Giscard d'Estaing, prolongeant le combat de son père facteur pour l'émancipation de la classe ouvrière. Lui a adhéré au RPR à quatorze ans :

> *C'était au lendemain de la dissolution de l'Assemblée nationale*
> *par Jacques Chirac, le 21 avril 1997, en écoutant un discours*
> *de Philippe Séguin : j'ai senti une force, une présence qui cor-*
> *respondait à ce que j'attendais de la politique. J'aimais beaucoup*
> *l'histoire. Un jour, jeune adolescent, je me suis dit que la politique,*
> *c'était l'histoire aujourd'hui. Il y avait une sorte de mythologie*
> *dans le mouvement gaulliste : Séguin me paraissait un person-*
> *nage complètement romantique.*
>
> *Je suis issu d'un milieu très populaire. Ma mère était femme de*
> *ménage, et j'étais petit-fils d'immigré. Même si mon grand-père n'au-*
> *rait pas aimé qu'on dise qu'il était algérien, il l'était quand même,*
> *bien que né français. Je n'avais pas du tout de connexion avec les*

réseaux de droite. J'aurais pu entrer dans une droite orléaniste, mais j'ai choisi la droite bonapartiste, et je m'en suis bien sorti.

Comme pour Dominique Baert, là encore, le parcours de Gérald Darmanin s'est prolongé à Sciences Po, mais à Lille, pour des raisons notamment financières, et un réseau relationnel s'est mis en place, qui a vite identifié le surdoué de la politique et l'a coopté parmi les cadres du parti :

> *J'ai choisi de faire des études politiques, donc je suis entré à l'IEP de Lille. En troisième année, je n'avais pas les moyens de partir en année Erasmus* [passée à l'étranger dans le cadre de la mobilité internationale] *comme mes petits camarades au Brésil ou aux États-Unis. J'ai décidé de travailler à Bruxelles : de Lille, ce n'était pas loin tout en étant l'étranger pour l'IEP. Et par mon militantisme RPR, j'ai connu Jacques Toubon — il était député européen —, qui a accepté de me prendre comme stagiaire payé puis m'a embauché. J'ai terminé Sciences Po en tant que collaborateur parlementaire à Bruxelles.*

Il fit ses premières armes à vingt-quatre ans comme suppléant de Christian Vanneste, élu député de la circonscription en 2007, puis devint, aux municipales de 2008, chef de l'opposition au maire socialiste de Tourcoing, tout en dirigeant à Paris le cabinet du ministre des Sports David Douillet. En juin 2012, il obtint l'investiture de l'UMP au détriment du sortant et parvint à remporter l'élection dans une circonscription où François Hollande avait pourtant été le mois précédent largement majoritaire.

Comme son adversaire Zina Dahmani, mais aussi Slimane Tir à Roubaix, Gérald Darmanin conçoit son engagement politique dans la foulée de son extraction populaire et, pour partie, en tant que descendant d'immigrés maghrébins. En revanche, contrairement à eux, il considère que seules les valeurs de droite sont à même de transcender la misère du prolétariat en promouvant l'initiative individuelle, alors que la gauche perpétue celle-là par l'assistanat :

> *Le premier acte qui m'a marqué est que ma mère, femme de ménage, avait choisi de me mettre dans une école privée. On aurait pu bénéficier d'une bourse à l'école publique, mais au cours de la première année dans le privé on a reçu une lettre du rectorat disant qu'on ne pouvait plus l'avoir. Je l'ai ressenti comme une humiliation.*

Pour sa mère, la qualité de l'éducation passait par l'enseignement privé, qui reste abondant et relativement peu onéreux à Tourcoing, où se perpétuent des institutions éducatives catholiques issues du paternalisme propre au patronat du Nord. Même s'il reconnaît qu'il y a de très bonnes écoles publiques, Gérald Darmanin voit dans cette décision administrative le produit d'un système qui bride l'initiative individuelle et entrave, en l'occurrence, l'émancipation sociale par la recherche de la meilleure éducation possible :

> *Le discours sur la discrimination m'embête beaucoup. Bien sûr, ça existe, mais je pars du principe que si on m'avait dit : « Tu es fils d'immigré et de femme de ménage, tu n'arriveras jamais à rien », je l'aurais intériorisé. Comme je crois au fait que les hommes sont libres, que les circonstances comptent, mais le travail aussi, j'ai du mal à accepter l'excuse sociale.*
>
> *C'est pour ça que je continue à m'investir dans un territoire où il y a beaucoup de pauvreté, de problèmes, de gens dépassés par les administrations et qui ont besoin d'un écrivain public ! Ce n'est pas tout à fait le rôle d'un député, mais, par habitude, je le fais, en plus de mon travail. Je tire en fait beaucoup de satisfactions à aider des gens concrètement, même si ce n'est pas tout à fait mon rôle de législateur.*

En faisant état de ses origines populaires et immigrées, tout en montrant comment il les a transcendées par les études, le travail et l'engagement à droite, le député se démarque à la fois de ses adversaires de gauche et de certains de ses camarades de parti à droite :

> *J'ai deux grands-pères étrangers, si j'ose dire, même si mon*
> *grand-père maternel était harki, donc français, et berbère. Le père*
> *de mon père, Darmanin, était maltais. En fait, des Maltais il y*
> *en a partout, à commencer par la Tunisie. J'ai deux grands-mères*
> *flamandes : mes deux grands-pères ont rencontré mes deux grands-*
> *mères dans le Nord. L'un, mon grand-père maltais, était mineur*
> *à Denain ; l'autre, mon grand-père musulman, harki, avait par-*
> *ticipé à la Seconde Guerre mondiale en France en tant que soldat*
> *et a connu ma grand-mère à la Libération. Ils ont décidé de rester*
> *en France métropolitaine.*

Ces familles ouvrières et immigrées pour partie sont prolétaires au sens propre du terme, en ce sens que leur unique
richesse réside dans l'abondance de leur progéniture. La sortie
de cette condition se fait par l'éducation :

> *Dans ma famille, j'ai quatre-vingt-sept cousins et cousines parce*
> *que mon père avait douze frères et sœurs — enfants de mineur —*
> *et ma mère sept frères et sœurs. Je suis le seul à avoir le bacca-*
> *lauréat.*

Pendant la campagne électorale, le candidat considère qu'en
valorisant son parcours il a offert un modèle d'identification et
de réussite à ceux-là mêmes qui appartiennent au milieu dont
il est issu :

> *C'est une circonscription qui correspond au vote Nicolas Sarkozy*
> *en 2007 et au vote du rejet de Sarkozy en 2012 ; ouvrière, qui*
> *vénère les vertus du travail, pas très libérale. Par ailleurs, je suis*
> *petit-fils de harkis. Il y a une grosse communauté harki à Tour-*
> *coing. Les anciens combattants de l'Algérie française — qui votent*
> *largement Front national — ont aimé le petit-fils de harki.*
> *J'ai obtenu un certain score parmi ces bureaux de vote là parce*
> *que les gens ont apprécié mon discours patriote. Et quant aux*
> *électeurs des bureaux des populations immigrées, qui votent géné-*
> *ralement massivement pour la gauche, ils étaient assez contents*

d'avoir un petit-fils d'immigré algérien auquel apporter leurs suf-
frages. Mon deuxième prénom est Moussa, et je parle un peu
l'arabe.

Pour toutes ces raisons, la gauche n'a pas pu faire la campagne
qu'elle fait d'habitude, notamment contre Christian Vanneste
— « La droite, c'est le fascisme incarné » —, dans les territoires
un peu violents politiquement. C'était très difficile pour elle de
m'opposer ce miroir-là.

Pour Gérald Darmanin, c'est la question sociale qui a primé,
et sa solution a passé par le volontarisme, le travail, l'éducation.
Le clivage identitaire autour de l'immigration et de l'islam était
secondaire :

L'électorat du Nord, et de Tourcoing en particulier, ne vote
pas sur les questions d'immigration. Il se les pose, mais comme
un problème de déclassement social. J'ai aussi plu à un électo-
rat populaire, non pour des questions de patriotisme, même si ça
compte, mais parce que je suis issu d'un milieu populaire qui leur
ressemble. Je ne suis pas un enfant de bourgeois du XVIᵉ arrondis-
sement de Paris qui vient expliquer la droite et le libéralisme. Ce
contact particulier avec la population, dont je connais les codes
sociologiques par expérience, a plutôt joué en ma faveur. Des gens
des milieux populaires ou du Front national ont aussi voté pour
moi parce que je n'étais pas... un « blanc-cul », comme on dit
dans le Nord, c'est-à-dire un bourgeois en costume.

Comme une partie de la droite française, à l'instar de Nicolas
Sarkozy qui, ministre de l'Intérieur, avait ouvert le congrès de
l'UOIF au Bourget, en avril 2003, et escomptait de ces mouvements moralement conservateurs une alliance potentielle,
le député estime qu'il se retrouve sur des valeurs de travail et
d'ordre avec un segment majoritaire de l'électorat musulman
de sa circonscription. L'exacerbation du clivage religieux sur la
question de l'islam lui semble inutile, voire contre-productive.
Ainsi, il ne reprend pas à son compte la polémique lancée par
Jean-François Copé, alors en campagne pour la présidence de

l'UMP, autour du pain au chocolat que les élèves non musulmans seraient empêchés de consommer durant le ramadan :

> *Une sortie comme celle sur le pain au chocolat ne sert à rien.*
> *Ça frustre les musulmans, qui ont un vote plutôt conservateur, je*
> *trouve, sur la famille, sur la sécurité. Il y a même des musulmans*
> *qui me demandent d'installer des caméras vidéo dans leur rue.*
> *Contre la drogue, ils sont très durs, les musulmans pratiquants !*
> *On situe directement les musulmans à gauche, alors qu'il n'y a*
> *aucune raison qu'ils votent naturellement pour la gauche. Ils ont*
> *un discours volontiers « réactionnaire » en fait [rire], bien plus*
> *en tout cas que les catholiques !*
> *Les gens, chez moi, ne sont pas vraiment racistes — peut-être*
> *3 à 4 % le sont-ils. Ce qu'ils aiment, c'est que les gens respectent*
> *le pays, qu'ils soient blancs, jaunes, noirs, « gris ». Ce n'est pas*
> *une question de race ou de religion. Il n'est pas impossible que ça*
> *puisse fonctionner dans le sud de la France, mais dans ma popu-*
> *lation à moi, c'est le déclassement social qui compte. C'est pour ça*
> *que les gens votent Front national.*

Le député perçoit l'islam dans son essence comme un important lien social à l'échelon de sa circonscription, faisant écho, là encore, aux propos de Nicolas Sarkozy président de la République, dans ses discours du Latran, le 20 décembre 2007, et de Riyad, le 14 janvier 2008, selon lesquels « la République a intérêt à ce qu'il existe aussi une réflexion morale inspirée de convictions religieuses ». Il fait aussi le constat des défaillances de la morale laïque à se faire entendre, pour le déplorer :

> *Je pense que les religions peuvent rendre quiconque meilleur*
> *citoyen. Ceux qui, dans ma circonscription, posent des problèmes*
> *de sécurité, de délinquance, d'abus, ne sont pas religieux. Contrai-*
> *rement à l'idée reçue, là où il y a une mosquée ça se passe bien.*
> *La question de l'extrémisme n'est pas à proprement parler reli-*
> *gieuse ! La religion peut donner une colonne vertébrale, ce que la*
> *République, malheureusement, n'arrive plus à faire aujourd'hui.*
> *Personnellement, je suis attaché à ce que la République impose*

une morale laïque, comme dirait Vincent Peillon, mais force est de constater qu'elle est incapable de la faire comprendre.

Reste l'articulation entre l'islam comme vecteur de l'ordre social dans la circonscription et les comportements qui, en se réclamant de telle interprétation, perturbent celui-ci. Si la question de l'extrémisme est identifiée, mais non élaborée, l'exacerbation identitaire, qui est portée à Tourcoing par une présence salafiste visible, se prolonge avec l'affaire du halal dans les cantines scolaires. Il s'agit d'un irritant qui fait irruption sur la scène politique locale à titre d'enjeu, d'autant que Gérald Darmanin se présente à la mairie en mars 2014 :

> *Je remarque que ceux qui vivent de manière différente, désormais, en font une revendication sociale. Sans doute n'arrivent-ils pas à s'épanouir dans la société telle qu'on la connaît, n'ont pas de travail, ne gagnent pas d'argent, parce qu'il y a beaucoup d'inégalités. Du coup, ils se replient sur leur identité.*
>
> *Par exemple, la question de la nourriture halal, à Tourcoing, est très douloureuse. Mais moi, j'ai moins de problèmes avec ça que mon maire socialiste, probablement très laïque, tout en sachant qu'il s'agit de son électorat… Je pense que ça se passera mal, non pas du point de vue de la droite, mais de la gauche !*
>
> *La philosophie des gens de gauche, qui consiste à dépasser cette particularité — l'interdiction de manger de la viande non halal —, la religion étant pour eux par définition négative, est tout à fait honnête et respectable. Mais ce que pensent les gens au sens premier du terme, c'est qu'on les insulte en essayant de leur faire comprendre qu'on ne peut pas manger du halal dans les cantines. Ça se terminera mal parce que la gauche n'a pas le logiciel pour affronter la question.*

Paradoxalement, Gérald Darmanin et son adversaire socialiste aux élections de 2012 se rejoignent sur la primauté de la question sociale : l'un et l'autre attribuent au renfermement identitaire des causes dues au chômage ou à la précarité. Mais derrière ce constat, leur rapport à la laïcité diverge. On peut voir là aussi, par-delà leur opposition partisane, un enjeu de génération. Le vécu et les combats de Zina Dahmani, qui était quinquagénaire lorsqu'elle sollicita les suffrages, sont passés par la lutte pour l'émancipation d'une tradition dont elle a pâti en tant que femme et dont elle a vu avec effarement le retour lorsque ses enfants ont été agressés à l'école publique par des camarades pour ne pas se conformer aux normes islamiques, la contraignant à les inscrire en école privée.

Gérald Darmanin, lui-même passé par l'enseignement libre, comme il le rappelle, et qui n'était pas trentenaire lorsqu'il a été élu, n'a pas connu ces expériences. Il gère la question religieuse en termes plus pragmatiques, en jouant des positionnements identitaires multiples qui sont à la portée de la jeunesse du monde postindustriel, là où son adversaire se refuse à changer de position sur l'affirmation des enjeux laïques, qu'il s'agisse du port du voile ou du mariage homosexuel, quitte à perdre des voix.

Le débat autour de l'intégration, porté par la plupart des candidats de toutes origines adoubés par les grands partis, n'est pas posé exactement dans les mêmes termes, on l'a vu, par les « petits candidats », chez lesquels des modes de représentation plus soucieux des identités communautaires se font jour. Cette démarche, qui, en regard de la « panne sociale » de l'intégration, cherche à promouvoir une « inclusion » soucieuse du respect des différences culturelles et religieuses, a trouvé sa voie jusqu'au Premier ministre, à qui ont été présentés, en décembre 2013, cinq rapports en ce sens, « issus du terrain », et dont certains s'inspiraient des options du sociologue algérien et fils de Roubaix Saïd Bouamama. La violence des débats publics qui se sont ensuivis a été prolongée par la polémique autour de la « quenelle » de Dieudonné, qui se réclame de la défense des exclus du « système » — et qui, par-delà les groupuscules comme le « parti antisioniste », a vocation à fédérer, selon des alliances improbables dont l'extrême droite fait son miel, les descendants du tiers-monde et ceux des « Gaulois » déclassés. C'est à élucider ces enjeux et à les mettre en perspective que va nous aider maintenant l'enquête dont on a lu ci-dessus quelques résultats.

CONCLUSION

Enfants métis de la patrie...

Marseille et Roubaix, diamétralement opposés par la géographie de l'Hexagone, forment un jeu de miroirs où la France se regarde en abyme depuis ses frontières du Sud et du Nord. S'y reflètent dans une double perspective le passé déchiré de l'ère industrielle nourrie par l'immigration des travailleurs étrangers et l'avenir hasardeux d'une nation en quête de son identité sociale et culturelle. Un demi-siècle après la fin de la guerre d'Algérie surgit dans cette mise en abyme le retour du refoulé d'une histoire coloniale sur laquelle les États, à Paris comme à Alger, ont fait l'impasse et qui taraude de son malaise persistant l'inconscient des deux sociétés de part et d'autre de la Méditerranée.

Aujourd'hui, les enfants des immigrés, héritiers de ce traumatisme et de cette déchirure, sont adultes. Certains sont déjà quinquagénaires, l'immense majorité est plus jeune. C'est de leurs rangs que sont issus la plupart des centaines de candidats qui, pour la première fois, ont concouru aux élections législatives, en juin 2012, pour incarner par la députation la souveraineté du peuple français — et dont une demi-douzaine ont été élus.

Sur cette vaste scène électorale, j'ai observé le jeu et écouté le répertoire des acteurs qui aspiraient à représenter la nation. Des cent sept candidats que j'ai rencontrés à travers l'Hexagone tout au long de l'année 2013, j'ai choisi pour ce volume une sélection de protagonistes sur les seuls théâtres marseillais et roubaisien. Ce prisme, retenu au terme de l'enquête, m'a semblé opportun, tant les deux villes permettent d'inscrire le texte des entretiens dans un contexte local intense, surchargé d'histoire contemporaine et nourri par une abondante actualité, et d'éclairer l'un par l'autre.

Dans ces cités d'immigration, la première par son port, la seconde par son industrie lainière, les populations venues d'Algérie sont surreprésentées : elles ont fourni la grande majorité des candidats d'ascendance maghrébine ou africaine aux élections de 2012. Dans l'ensemble de la France métropolitaine, les départements d'Algérie, puis l'Algérie indépendante après 1962, ont constitué en général le plus gros contingent d'immigrés venus du sud de la Méditerranée. Mais Marseille et Roubaix, comme Lyon ou la Seine-Saint-Denis, comptent davantage de ressortissants qui en sont issus, par contraste avec un Sud-Ouest plus marocain, un Sud-Est plus tunisien, un Est plus turc.

Amour et ressentiment

Surtout, la relation franco-algérienne est emblématique du rapport complexe de la France à son legs colonial. Cela est dû au caractère unique de l'Algérie française, et la situation actuelle de ses descendants dans le pays en livre la rétroprojection à travers une certaine France algérienne d'aujourd'hui. En ce sens, le mixte franco-algérien incarne une norme subjective, qui perdure jusqu'à nos jours, un type idéal valant pour les autres immigrations du sud de la Méditerranée, avec des variations dues aux différences de statut et de trajectoire.

L'Algérie française était en effet intégrée, avec ses départements, à la France. Comme nous l'avons vu dans plusieurs parcours biographiques de candidats, ceux-ci n'ont pas obtenu la nationalité française par naturalisation, mais par « réintégration ». Huit ans d'une guerre terrible ont abouti à l'indépendance — c'est-à-dire à ce que les Algériens deviennent de nationalité algérienne —, mais leurs enfants nés en France après 1962 étaient français de droit, pourvu que leurs parents fussent nés en Algérie française avant cette date.

Si certains candidats de Roubaix et de Tourcoing sont issus de la communauté des harkis, ou « rapatriés », plusieurs autres, notamment à Marseille, se targuent de leurs liens familiaux avec le FLN, le parti qui a combattu la France les armes à la main. Il a fallu attendre le début de la décennie 1980, vingt ans après la fin de la guerre, pour que cette nationalité française soit assumée par nombre des intéressés, qui, pour la plupart, se contentaient jusqu'alors d'une « carte de résidence », entre-deux curieusement hérité de la colonisation et de la guerre, sorte de statut de l'indigénat inversé.

Alors que les « indigènes » algériens, simples « sujets français » à l'époque coloniale, ne jouissaient pas de la plénitude des droits de la citoyenneté réservés aux « métropolitains de souche », leurs enfants nés dans l'Hexagone après l'indépendance possédaient à la naissance la citoyenneté française, mais leurs parents sympathisants du FLN avaient à celle-ci une relation ambivalente. L'assomption de la nationalité française ne se produisit que deux décennies plus tard, coïncidant avec la nomination d'un recteur algérien à la tête de la mosquée de Paris en 1982. Il donna son aval à ce glissement identitaire parce que Alger se croyait en capacité de contrôler l'islam en France — et que le pays avait abandonné le mythe du retour au bercail des immigrés et de leur famille, qu'il ne serait plus envisageable d'intégrer économiquement ni politiquement dans une Algérie en crise qui basculerait dans la guerre civile à la fin des années 1980.

Assumer l'identité française, avec les demandes de « réintégration » qui s'ensuivirent et allaient substituer la « carte d'identité » à la « carte de résidence », représentait un bouleversement des valeurs et des repères. C'est à cette époque qu'apparut dans l'idiome politico-médiatique français le mot « beur » pour désigner cette identité hybride qui surgit alors. Ce terme est aujourd'hui unanimement décrié comme infamant et porteur de déculturation par ceux auxquels il était appliqué, ainsi que son féminin « beurette » aux connotations plus ambiguës.

La « Marche des Beurs » de l'automne de 1983, par-delà les violences policières qui en avaient été le motif, a permis, avec le recul, de transcender ce renversement des repères et de marquer dans l'Hexagone le territoire de ces néocitoyens. Les marcheurs les plus emblématiques étaient d'origine algérienne, et le cortège parcourut les principales implantations de la « colonie algérienne en France », comme la nomma le sociologue Abdelmalek Sayad, des quartiers nord de Marseille à Roubaix en remontant la vallée du Rhône à travers les banlieues de Lyon, avant de finir à l'Élysée de François Mitterrand, ci-devant ministre de l'Intérieur pendant la guerre d'Algérie, afin de lui présenter les doléances des héritiers oubliés de celle-ci.

Cette situation a engendré une confusion généralisée des sentiments. Celle-ci porte en particulier sur le registre de l'identité. Elle ne connaît d'équivalent dans aucun pays européen, dont nul n'avait avec une ex-colonie le rapport à la fois fusionnel et violent, d'amour et de ressentiment également intenses, perpétuant le malentendu jusqu'à nos jours. C'est de cette lignée algéro-française que viennent nombre des candidats que j'ai rencontrés. L'incarnent, de Marseille à Roubaix, Zoubida Meguenni, dans le quartier de la Busserine, où la « Marche » a démarré, et Slimane Tir, qui l'a accueillie à l'ancien Consortium textile, à l'autre extrémité du méridien beur, comme la sénatrice Samia Ghali, Nora Remadnia-Preziosi ou Zina Dahmani, voire Salima Saa et Gérald Darmanin, pour ne citer qu'eux.

Certains, à l'image de Slimane Tir ou Rachid Rizoug, ont du reste commencé leur vie politique en militant comme Algériens dans des associations ou partis français, pendant parfois plus d'une décennie, avant de demander leur réintégration dans la nation, préalable à leur candidature à des élections. À Roubaix, à l'inverse, un intellectuel comme Saïd Bouamama, ancien du phalanstère de l'Alma-Gare, infatigable activiste au service des « dominé(e)s » et compagnon de route des Indigènes de la République, choisit toujours de se définir comme « sociologue algérien résidant en France ». Refusant d'investir le système politique institutionnel, pour se consacrer à l'action syndicale et au travail associatif, il y mêle revendications sociales et culturelles, registres gauchiste et islamique, luttant contre l'exploitation capitaliste ou le « racisme postcolonial », ainsi que pour le droit de porter le *hijab* à l'école.

Chamboulement social

La présence de plusieurs centaines de candidats d'ascendance maghrébine ou, dans une moindre mesure, africaine aux législatives de 2012 est le terme d'un cheminement à la fois social, politique et culturel. Il accompagne des transformations majeures dans la représentation de soi des populations dont ces candidats sont issus.

Socialement, d'abord, cela traduit la nouvelle démographie des quartiers populaires des villes grandes et moyennes, où la présence de ces jeunes, et moins jeunes, est remarquable sinon majoritaire, du fait du taux de fécondité très élevé des femmes primo-arrivantes. Je l'ai observé au cours de mon enquête, où nombreux sont les candidats à m'avoir parlé de leur fratrie de sept à douze enfants. Cette population est, plus souvent qu'à son tour, en décalage par rapport au marché du travail d'un monde postindustriel qualitativement exigeant, sauf à remplir des emplois précaires ne permettant pas de construire une carrière professionnelle où se projeter en devenant *ce que l'on est*.

À Roubaix, le chômage touche officiellement près du tiers des actifs, quelle que soit la cause qu'on lui impute, de l'absence de qualification au délit de « faciès » ou de « code postal ». Comme dans les quartiers nord de Marseille, l'économie de la drogue fournit une issue illusoire à cette galère, se traduisant par une criminalité exponentielle qui détruit la cité dans ses fondements mêmes. C'est du reste la lutte contre la toxicomanie et le trafic qui a été le déclencheur de l'engagement politique de Samia Ghali, comme c'est le militantisme contre la catastrophe du chômage et de la misère qui a motivé celui de Zina Dahmani. Aujourd'hui, la majorité de ces jeunes en déshérence sont de nationalité française, ce qui les conduit à ne pas prendre au sérieux la promesse sociale de la citoyenneté, à ne voter qu'à l'occasion, et, pour certains, à avoir foi dans d'autres identités plus alléchantes, proposant de redevenir, par l'exacerbation de la piété, *ce que l'on croit devoir être.*

Dans le même temps, une élite, passée généralement par l'éducation, parfois aussi par un parcours personnel, a émergé dans la fonction publique, l'entreprise, le sport, le commerce, les professions libérales, le spectacle, etc. Elle a des revenus et des comportements de classe moyenne. Mais ses allégeances nationales et culturelles sont composites. Certains revendiquent leur identification à la société française et sa laïcité, à l'instar des candidates UMP Nora Preziosi à Marseille, Salima Saa à Roubaix, ou de la socialiste Zina Dahmani à Tourcoing. Mais l'entrepreneur marseillais Maurad Goual, dont les valeurs de droite se conjuguent avec un fort tropisme communautaire isla-mique, l'agent immobilier roubaisien Rachid Rizoug, dirigeant un temps du magazine *Islam Hebdo*, et le dentiste Salim Laïbi, qui communie avec Soral et Dieudonné dans la détestation des « sionistes » pour concilier populisme « gaulois » et répertoire islamique, illustrent une nouvelle génération de militants qui se disputent désormais la fonction d'intellectuels organiques de cette jeunesse.

Par-delà leurs divergences idéologiques, beaucoup font front commun, combinant leurs scores encore modestes de « petits candidats » contre ceux qui ont rejoint les grands partis. On a vu le phénomène dans la 8ᵉ circonscription des Bouches-du-Rhône, où les nombreux petits candidats d'ascendance algérienne se sont pratiquement ligués contre le cador Karim Zéribi, par ailleurs député européen et président de la Régie des transports marseillais. Plusieurs d'entre eux, du Front de gauche à la droite, ont aussi assisté au meeting de soutien au docteur Laïbi, « Le Libre-Penseur », pour aller y applaudir l'humoriste à la « quenelle ».

Le passage au politique

Sur le plan proprement politique, le phénomène observé à l'occasion des dernières élections législatives s'inscrit dans une séquence assez rapide, enclenchée par les émeutes de l'automne de 2005 dans les quartiers populaires. Ces violences, nées dans l'agglomération de Clichy-Montfermeil, en Seine-Saint-Denis, à l'origine desquelles j'ai consacré l'enquête *Banlieue de la République*, apparaissent rétrospectivement comme l'irruption sur la scène politique française de ce nouvel acteur qu'est la jeunesse issue de l'immigration maghrébine et africaine, son baptême du feu pour de bon, vingt ans après l'opportunité inaboutie de la « Marche des Beurs ».

La gravité du risque sécuritaire pour la nation en cet automne de 2005 ajoutée à l'inscription des émeutes dans l'histoire post-coloniale de la France furent marquées par un symbole fort : la proclamation de l'état d'urgence, pour la première fois depuis la guerre d'Algérie. Plus que l'électrocution de deux adolescents poursuivis inopinément par la police et réfugiés dans un transformateur électrique, qui ne fut que le point de départ d'incidents locaux et rapidement circonscrits, c'est une grenade lacrymogène lancée un soir par des CRS « caillassés » et atterrissant à l'entrée d'une mosquée bondée à l'occasion du ramadan, contraignant des fidèles suffoquants à se précipiter à l'extérieur, qui déclencha le drame. Le bouche-à-oreille et le « téléphone (cellulaire) arabe » firent le reste : l'embrasement des quartiers populaires dans toute la France s'alimentant ensuite à la surenchère des médias et à leur miroir.

Le mythe fondateur du mouvement fut construit par ses principaux protagonistes comme une agression délibérée des forces de répression contre un lieu de culte islamique, l'humiliation infligée tout exprès à des musulmans en prière. Le « gazage de la mosquée » puis les grands moyens policiers déployés à Clichy-Montfermeil pour faire face à l'émeute furent comparés par les plus jeunes aux exactions de l'armée israélienne dans la bande de Gaza qu'ils voyaient sur la chaîne qatarie internationale Al

Jazeera, tandis que les plus âgés y pointaient la rémanence de la répression coloniale en Algérie contre les révoltes des indigènes.

Par-delà l'hyperbole employée dans le feu de l'action — qui avait pour fonction de justifier les violences et incendies criminels par le caractère sacrilège imputé à l'offense, de la purger par un rite sacrificiel où les véhicules calcinés tenaient le rôle des agneaux de cet holocauste expiatoire —, la dimension islamique du soulèvement se limita au lieu et à la situation qui l'avaient initié. Cela témoignait du maillage religieux de ce type de quartier, un phénomène important, nouveau et méconnu. Mais contrairement aux élucubrations de certains cercles médiatiques, la dynamique des trois semaines d'émeutes consécutives n'avait rien à voir avec al-Qaida ni aucun autre mouvement djihadiste. Elle fut pour l'essentiel spontanée et localisée, les déprédations visant des cibles de proximité sans coordination sinon l'émulation attisée quotidiennement par la télévision et les réseaux sociaux.

Une fois le calme revenu, tout un tissu associatif s'efforça de se présenter comme le porte-parole de ce soulèvement requalifié en « révoltes sociales ». Le collectif clichois « AC le feu » en est emblématique : avec son tour de France des quartiers populaires pour y recueillir des « cahiers de doléances », sorte de *Vingt ans après* de la « Marche des Beurs » de 1983, il effectua un gigantesque travail pour amener à s'inscrire sur les listes électorales cette jeunesse descendue dans la rue. Par cette conversion vers les urnes de l'ardeur de leurs troupes et, au-delà, de toute une ethnogénération nouvelle, qui se traduisit par une augmentation importante du nombre de votants, ces associations accomplissaient le grand saut dans l'arène politique institutionnelle. Elles escomptaient y transformer en suffrages leur influence sociale, les populations dont elles se réclamaient s'étant démultipliées en deux décennies par le croît démographique. Certains de leurs dirigeants envisageaient une carrière politique, d'autres s'imaginaient davantage en apporteurs de voix, en *brokers* électoraux, à même d'imposer leurs revendications à des candidats en échange de leur soutien.

Cette ambition fut mise à l'épreuve en vraie grandeur en commençant par l'enjeu suprême de la vie politique française, l'élection présidentielle, en mai 2007. L'engagement aux côtés de Ségolène Royal fut massif, et la candidate socialiste se déplaça elle-même à Clichy-sous-Bois à l'invitation d'« AC le feu » lors d'une rencontre très médiatisée où elle posa au milieu de la foule des jeunes. Le vote de ceux-ci fut à l'avenant, mais le résultat contraria leurs attentes : leurs suffrages n'étaient pas assez nombreux pour contrebalancer ceux des électeurs du reste du pays durablement épouvantés par le souvenir traumatique de l'automne de 2005.

Parmi les composantes de la victoire de Nicolas Sarkozy, ministre de l'Intérieur durant les émeutes, qu'il donna l'image d'avoir « matées » *in fine*, il y avait celle d'un homme d'ordre, que plébiscita une population laborieuse et votante issue de la « France profonde ». Devant cette irruption dans l'arène politique de ceux que Jean-Marie Le Pen avait nommés, dans un célèbre discours de 1987, « les jeunes Beurs arrogants », on vit apparaître sur la Toile une profusion de sites identitaires. Leur populisme se cristallisait, par-delà le rejet des allogènes, sur la répulsion envers les revendications multiculturalistes et francophobes dont certains se réclamaient et sur le projet d'islamisation de la France où les fantasmes salafistes et les phobies de l'extrême droite se faisaient un écho récursif.

Au scrutin présidentiel de 2007, la dynamique qu'avait su créer Nicolas Sarkozy marginalisa le vote pour un Jean-Marie Le Pen usé, en récupérant une partie de son électorat sensible à la thématique qui s'exprimait en ligne dans la « fachosphère ». Mais celle-ci ne fit que croître et multiplier, drainant par la suite vers une Marine Le Pen plus tonique que son père les sympathies de centaines de milliers d'internautes viscéralement hostiles à une islamisation de l'espace public et des comportements, qu'ils pouvaient constater grâce aux progrès de l'ostentation salafiste dans les quartiers populaires ou les transports en commun. Ces sympathies ratissaient au-delà des frontières culturelles de l'extrême droite traditionnelle, à l'instar du site « Riposte laïque », créé en septembre 2007 par un ancien trotskiste qui se porta graduellement vers l'autre extrême du spectre politique français.

Après l'échec sévère de Ségolène Royal en mai 2007, le vote volatil des néoélecteurs issus des cités retrouva, au scrutin législatif suivant de juin, une abstention aussi massive que l'avait été le suffrage pour leur championne malheureuse, une fois l'enthousiasme retombé. Et ce d'autant plus que, lors de ce scrutin, ne s'étaient présentés que quelques candidats « issus de la diversité », principalement chaperonnés par un parti socialiste en déroute qui ne réussit à en faire élire aucun, et un faible nombre de « petits candidats », contrairement à ce qui se produirait en juin 2012.

En revanche, c'est en 2008, lors des municipales, vote de proximité par excellence, vecteur de redistribution majeur de subventions et régulateur de la vie des quartiers, notamment les plus déshérités, qu'advint la première vague d'accès à des fonctions électives de jeunes issus de l'immigration dans l'histoire de la France contemporaine. Cet événement considérable, facilité par le scrutin de liste, permit à beaucoup d'entre eux de se découvrir une appétence pour la chose publique et de s'initier à la gestion des collectivités locales ainsi qu'aux arcanes des stratégies politiciennes. Alors qu'ils étaient jusqu'alors demeurés à l'extérieur des institutions, confinés dans le réseau associatif vers où les avaient aiguillés les pouvoirs successifs depuis les septennats Mitterrand, au lendemain de la « Marche des Beurs » de 1983, ils firent leur entrée en nombre dans le « système » à l'échelon communal.

Ils représentaient une ressource doublement convoitée par les futurs maires. Ils pourraient à la fois apporter dans les urnes des paquets de dizaines ou de centaines de suffrages influencés par les réseaux associatifs — en conséquence du mouvement d'inscription sur les listes électorales de 2006 — et jouer un rôle potentiel de médiateurs lors des prochaines tensions dans les « quartiers » où les émeutes de 2005 restaient gravées dans la mémoire de tous les édiles concernés. Présents sur la plupart des listes, ils furent spécialement mis en avant par le parti socialiste, préoccupé pour sa propre image que le président de droite Nicolas Sarkozy eût franchi le pas symbolique de nommer des « ministres issus de la diversité » emblématiques en les personnes de Rachida Dati, Rama Yade et même de l'ancienne dirigeante de l'association « Ni putes ni soumises », Fadela Amara, proche de la gauche.

L'UMP n'eut pas de difficulté, dans la foulée de la promotion de la « diversité » par le chef de l'État d'alors, à ouvrir ses listes à des jeunes issus de l'immigration, imbus des valeurs de droite que sont la réussite individuelle et l'esprit d'entreprise, qui, parfois, pouvaient fort bien se combiner avec l'adhésion à une éthique islamique. Nicolas Sarkozy avait joué cette partition quand, ministre de l'Intérieur et candidat à la présidence, il s'était adressé en avril 2003 au congrès annuel de l'UOIF.

Les centristes et les Verts s'ouvrirent d'autant plus largement à ces jeunes que les petits partis souffraient d'un déficit de militants pour remplir les longues listes des scrutins municipaux. Le Modem, pétri de culture chrétienne et sensible à la fonction régulatrice de la religion, accorda notamment son *imprimatur* à des candidats, et même des têtes de liste, qui affichaient leur piété islamique, comme à Clichy-sous-Bois. Quant aux Verts, ils se montrèrent particulièrement réceptifs à la mouvance « islamo-gauchiste » avec laquelle ils frayaient dans l'altermondialisme alors de mode. L'un des temps forts en fut le Forum social européen de Saint-Denis, en 2003, où Tariq Ramadan capta en grande partie la lumière, emplissant de jeunes barbus et voilées les travées où les soixante-huitards grisonnants mixaient l'antienne gauchiste et tiers-mondiste d'antan avec les accents plus branchés du développement durable et du multiculturalisme.

Cette dernière formule avait déjà été testée avec succès dans le Nord, notamment à Roubaix, dès les municipales de 2001, où la liste dirigée par Slimane Tir avait fourni la clé de la victoire de René Vandierendonck au second tour. Ces jeunes élus combinaient, selon un mode original et nouveau, la doctrine plus ou moins prégnante des partis politiques auxquels ils faisaient allégeance et le socle des valeurs dont ils étaient les vecteurs, portés par le monde associatif d'où ils étaient issus, avec ses sensibilités sociales ou culturelles particulières. Ainsi, pour la première fois, bien des conseillers municipaux « firent le halal », comme le dit l'expression « francarabe » pour traduire le respect des normes islamiques, dans les domaines alimentaire et matrimonial notamment.

Cette moisson d'élus locaux permit d'engranger nombre de candidats issus de l'immigration aux scrutins européens de 2009, ainsi que cantonaux et régionaux de 2011, surtout grâce au vote de liste. Ce mouvement commença à aiguiser divers appétits. En Seine-Saint-Denis fut créée l'Union des associations musulmanes du 93 (UAM 93), qui avait pour ambition de fédérer, dans un département considéré par ses animateurs comme « le plus musulman de France », un lobby communautaire islamique. Son objectif : faire pression sur les candidats et les élus pour pousser des revendications à caractère cultuel, de l'édification de mosquées au respect du halal ou au port du voile.

Rassemblant dans un dîner de ramadan, à l'imitation du dîner annuel du CRIF, des élus du département sollicitant le vote musulman, ce lobby n'a pas fait la preuve à ce jour qu'il pouvait mobiliser celui-ci autour de thématiques communautaires spécifiques. En revanche, comme nous l'avons vu à l'occasion du ramadan de juillet 2013, il a su s'imposer dans la compétition pour la représentation de l'islam de France, en mettant tous ses moyens en œuvre, avec succès, pour retarder d'une journée la date du jeûne coïncidant avec le début du mois sacré contre la décision du Conseil français du culte musulman (CFCM).

Toutefois, ces élections combinaient un caractère local ou un scrutin de liste, et leurs vainqueurs n'avaient pas vocation à incarner la souveraineté du peuple français par la députation, à l'exception du renouvellement du Sénat de l'automne 2008, qui permit notamment à Samia Ghali et Bariza Khiari de rejoindre le palais du Luxembourg, mais grâce aux voix de grands électeurs obéissant aux consignes de leur parti, et non par l'effet du suffrage universel. La première épreuve de cette manifestation hautement symbolique de la représentation nationale n'advint pour la première fois qu'aux élections législatives de juin 2012, capitalisant les mutations intervenues depuis les émeutes de

2005, et dont la principale étape avait été constituée par le scrutin municipal de 2008. À la suite de celui-ci, deux mille trois cent quarante-trois « élus de la diversité » avaient, selon un recensement du Haut Conseil à l'intégration, commencé de siéger dans les mairies, initiant la réconciliation du pays légal et du pays réel.

Sollicités pour se prononcer sur leur appréciation de la notion de « diversité », l'immense majorité des candidats rencontrés au cours de cette enquête — au-delà des seuls théâtres de Marseille et de Roubaix — ont exprimé des formes diverses de dénégation, allant de l'indifférence à l'horripilation. Outre que ce terme était assimilé à un legs rhétorique du quinquennat de Nicolas Sarkozy, à un effet d'annonce ou de communication obsolète, dénué de véritable substance, il était rejeté comme un leurre à partir de deux postures polaires. La première, la plus répandue parmi les candidats, se référait au caractère « Un et indivisible » de la République pour refuser de se considérer comme représentant élu d'une quelconque minorité, moins encore pour accepter que l'investiture accordée par le parti eût été due à l'ethnicité, la religion ou la couleur de la peau et non en premier lieu aux critères du mérite.

C'est au nom de l'universalité qu'était fondé ce processus : autrefois, celui-ci produisait mécaniquement des quinquagénaires mâles de classe moyenne et d'origine européenne, règle renforcée par quelques exceptions. Désormais, encouragée au départ par la loi sur la parité des genres, qui féminisa les assemblées parlementaires, elle recouvrait sa pleine signification en corrigeant les discriminations les plus flagrantes, permettant un renouvellement de la vie politique française. Cette pétition de principe rencontrait toutefois quelques obstacles, par exemple lorsqu'une circonscription donnée avait été « réservée à la diversité » par le parti. Mais une telle mesure de « discrimination positive » était décrite comme transitoire et destinée à disparaître dès que le processus aurait, à la prochaine législature, fait ses preuves en transformant les mentalités.

Une seconde posture, qui vouait aux gémonies le terme de « diversité », provenait principalement des « petits candidats » :

contrairement à leurs collègues investis par les grands partis français, ils s'assumaient généralement comme représentants des populations spécifiques dont ils étaient issus, avec l'ensemble de leurs caractéristiques particulières, dont ils pouvaient choisir d'accentuer l'une ou l'autre, ethnique, sociale ou religieuse. Dans ces conditions, la « diversité » leur apparaissait comme l'hypocrite feuille de vigne d'une République qui dissimulait les pauvres, les Arabes, les Africains, les musulmans dont elle avait honte et qu'elle ne saurait voir ni reconnaître. Les scores assez modestes qu'ils obtinrent, même si beaucoup les avaient anticipés erronément meilleurs à cause de leur absence de familiarité avec la machinerie électorale, correspondaient à leur stratégie globale : peser, par les voix obtenues lors du premier tour, sur les résultats finals.

Certaines candidatures avaient été suscitées, voire financées, de l'avis général par tel parti ou faction afin de grappiller des points de pourcentage à un adversaire, notamment pour lui interdire l'accès au second tour, une pratique où le clientélisme et la corruption du système politique marseillais donnaient toute leur mesure. Telles autres s'étaient regroupées sous un label inconnu pour permettre à un entrepreneur électoral qui présentait suffisamment de candidats à l'échelle nationale d'empocher des subsides. Mais la plupart visaient à négocier leur capital de suffrages pour obtenir l'avancement d'une cause particulière, une fois élu le candidat de second tour qu'ils auraient rallié — subvention à une association, facilitation d'un projet cultuel, etc. —, ou à se prépositionner sur une liste aux élections municipales de mars 2014.

D'autres enfin, à l'instar de Salim Laïbi ou de Farah Gouasmi à Marseille et à Roubaix, cherchaient une chambre d'écho à leur vocation tribunitienne au service de la cause « antisioniste ». Dans tous les cas, ces candidats aspiraient à un « vote communautaire », qui n'atteignit tout au mieux que quelques points de pourcentage et ne parvint même pas à fédérer les communautés considérées. Trop d'ambitions antagonistes et de clivages s'y faisaient jour, comme nous l'avons vu à Marseille autour des oppositions entre Algériens et Marocains, Chaouis et Kabyles, etc. Ainsi la traduction dans les urnes de l'obédience religieuse ne prit-elle qu'un aspect marginal dans le cas de l'islam : la très grande majorité des électeurs se déclarant de confession musulmane votaient à gauche, se déterminant à partir d'une appartenance de classe sociale. Ils accordèrent à François Hollande lors du scrutin présidentiel, selon un sondage réalisé durant le ramadan de 2013, jusqu'à 89 % de leurs suffrages — un électorat sans doute décisif dans sa victoire assez courte sur Nicolas Sarkozy.

Toutefois, malgré le renouveau de l'offre en candidats dans les quartiers populaires en juin 2012, l'abstention conserva un caractère massif, dépassant 50 % des inscrits à Marseille et à Roubaix, comme dans la plupart des circonscriptions comparables ailleurs en France. Beaucoup de jeunes, comme le remarquait Salima Saa après avoir parcouru les cages d'escalier des cités et les courées, ne se « réveillaient pas » pour aller glisser dans l'urne leur bulletin le jour d'un vote dont ils n'attendaient plus rien pour améliorer leur vie et les sortir de la galère.

C'est en pareil contexte que, dans les vastes interstices sociaux restant hors d'atteinte des processus et des enjeux électoraux, s'effectua, en parallèle avec le basculement sur la scène politique advenu au lendemain des émeutes de 2005, une « révolution culturelle » dans les modes d'affirmation de l'islam en France. Elle ne fut pas sans impact sur la perception de soi des citoyens de confession musulmane, non plus que sur la représentation que s'en faisait la société globale.

Les trois âges de l'islam de France

La séquence historique qui va des émeutes de l'automne de 2005 aux législatives de juin 2012 et, au-delà, jusqu'aux débuts du quinquennat de François Hollande s'inscrit dans le troisième âge de l'islam de France — si l'on accepte la classification proposée dans *Quatre-vingt-treize*, après l'enquête effectuée en

2010-2011 en Seine-Saint-Denis sur les causes et conséquences de la « révolte des banlieues » issue de Clichy-Montfermeil.

Le premier âge, celui des « darons », qui se closit en 1989, vit cette religion naître parmi les travailleurs immigrés maghrébins, puis africains et autres, sédentarisant dans l'Hexagone et commençant à y faire souche significativement au milieu de la décennie 1970. Elle se définissait alors comme *en* France, où elle n'était encore qu'importée, et avait vocation à l'extraversion vers les pays d'origine où l'on imaginait que s'en retourneraient les intéressés. Son principal enjeu était l'édification de mosquées, pour lesquelles elle se heurtait à l'hostilité des maires. Le premier à y déférer fut André Diligent, à Roubaix, en 1983, lorsqu'il accorda après son élection un permis de construire à des harkis qui avaient voté pour lui et qui, par définition, n'étaient pas destinés à rentrer en Algérie. À partir de 1982, cet islam en France passa sous le contrôle de l'État algérien, dont un représentant devint recteur de la Grande Mosquée de Paris.

Le deuxième temps alla de 1989 à 2004, de l'affaire du voile au collège de Creil jusqu'à la loi issue des travaux de la commission Stasi prohibant le port des signes religieux ostentatoires à l'école. C'était l'âge « des Frères et des blédards ». Ces étudiants arabophones de sensibilité Frères musulmans venus du « bled » — d'Afrique du Nord et du Levant — pour s'inscrire à l'Université dans l'Hexagone et qui créèrent l'UOIF en étaient les prosélytes les plus ardents. À partir de 1989, Alger, entraîné dans la tourmente puis la guerre civile, ne fut plus en mesure d'assumer le contrôle de l'islam français, et c'est l'UOIF qui prit le relais.

À l'automne de 1989, celle-ci modifia son intitulé en Union des organisations islamiques *de* France (et non plus *en* France), en même temps qu'elle déclencha l'affaire du voile à l'école, pour exiger que, tandis que les musulmans acquerraient la nationalité française ou naîtraient français, ils puissent respecter les injonctions de la charia dans ce pays. Le port du *hijab* devint un irritant majeur et un objet de mobilisation pendant ces quinze années. L'État français s'efforça de créer des instances représentatives chargées de gérer ce culte et de le soustraire aux influences étrangères, jusqu'à ce que le ministre de l'Intérieur Nicolas Sarkozy consacre la prééminence de l'UOIF en assistant à son congrès au printemps de 2003. *A contrario*, la question des mosquées perdit de sa centralité au fur et à mesure que les maires accordaient des permis de construire à des associations musulmanes dont les membres étaient désormais français et électeurs.

Le troisième âge, qui s'ouvrit en 2004, dans lequel nous nous situons toujours aujourd'hui, a subi d'importantes évolutions au cours des deux dernières années, pendant lesquelles se sont déroulées les élections de juin 2012. L'enjeu du voile a baissé en intensité comme objet de friction et de mobilisation, après les manifestations organisées au printemps de 2004 contre la loi prohibant les signes religieux ostentatoires à l'école, qui rassemblèrent quelques centaines de jeunes filles en *hijab* tricolore. La loi, mal expliquée et mal comprise, fut toutefois respectée dans les établissements d'enseignement public.

Un nouveau combat s'y substitua, qui n'était plus d'affrontement sur un enjeu public, mais de création d'un espace identitaire en France géré par des opérateurs privés, celui du halal. Ce terme, qui signifie « licite » en arabe, désigne l'ensemble des comportements humains que prescrit l'islam. Dans le cadre d'une société française majoritairement non musulmane, il avait principalement pour fonction de souder l'appartenance communautaire et d'en multiplier les marqueurs exclusifs. Sa principale expression se traduisit par la structuration d'un marché islamique pour la viande égorgée rituellement. Elle eut d'abord l'effet d'imposer une norme prégnante instaurant une clôture dans les modes d'échange et de socialisation, sur le modèle de la « cacheroute » des juifs, destinée à préserver l'identité du groupe et éviter son adultération par la mixité dans la société globale. Simultanément, le halal, avec ses nouveaux entrepreneurs pieux, suscita l'émergence d'une bourgeoisie commerçante islamique française, même si ce créneau était en partie capté par les « rayons halal » de la grande distribution. Ces néocapitalistes du halal français disposaient désormais de ressources, le marché étant estimé à plus de 5 milliards d'euros par an, qu'ils pourraient réinvestir dans le champ politique.

C'est ainsi que les Frères et les blédards perdirent graduellement leur rôle cardinal, en dépit de la prééminence de fait qu'ils exerçaient sur le Conseil français du culte musulman, instance portée sur les fonts baptismaux par Nicolas Sarkozy, et qui ne survécut guère à la fin de son quinquennat. Se substituèrent à eux les « jeunes », qui s'autodésignaient parfois par les appellations en verlan de Rebeus, Renois, Céfrans (pour les convertis), Keturs (de « Turcs »), etc. Chez ces enfants des darons, nés et éduqués en France, socialisés dans les classes populaires, émergea en effet une élite religieuse qui voyait dans la gestion de l'islam une ressource de pouvoir et n'entendait pas la laisser entre les mains des blédards, tout en exigeant de s'émanciper de la tutelle d'un pays dont elle élisait les députés. Elle réfutait la validité même d'une organisation spécifique qui enfermerait les jeunes musulmans français dans une structure contrôlée par des étrangers principalement arabophones. Celle-ci, de plus, servait de substitut à l'absence d'élus de confession musulmane — qui comptent désormais, à partir du scrutin municipal de 2008, des membres dans les instances de la République, même si ces derniers ne se définissent pas comme des représentants communautaires patentés. Car les musulmans étaient en voie de banalisation dans le système politique français, à l'instar des chrétiens, juifs ou incroyants élus dans les diverses assemblées de la nation, attentifs au respect de leurs valeurs.

Dans ce contexte, le CFCM se mit à la recherche d'une vocation exclusivement cultuelle, alors que sa fonction de départ comportait une dimension politique ambiguë et jamais tranchée. Il se retrouvait désormais en porte-à-faux et inaudible. Il acheva de perdre sa crédibilité en juillet 2013, quand il dut accepter qu'une assemblée d'imams autoproclamée, soutenue par l'UAM 93, le contraigne à retarder la date du ramadan de vingt-quatre heures. Cette péripétie indiquait que le curseur de l'islam de France se déplaçait vers des acteurs présents sur la scène électorale, quoi qu'on pût penser de la représentativité ou de l'influence réelle de l'UAM 93. Le ministère de l'Intérieur et des Cultes du gouvernement socialiste, en ne faisant rien pour remettre à flot un CFCM moribond et hérité de Nicolas Sarkozy, choisit de laisser faire les décantations à l'œuvre dans l'islam de France, au contraire de l'interventionnisme de son prédécesseur. Cette posture, qui créait un vide, était toutefois propice à une multiplicité d'initiatives dont certaines s'avérèrent malaisées à gérer.

L'éveil au militantisme islamique dans la génération qui fréquentait le lycée ou l'université depuis la décennie 1990 jusqu'à la fin de la suivante et qui a fourni les principaux acteurs de l'âge présent était largement imputable aux réseaux informels et aux alliances que développait sur le sol français le prédicateur et enseignant genevois Tariq Ramadan. Petit-fils du fondateur des Frères musulmans Hassan el-Banna, d'éducation francophone, il se posa rapidement en modèle d'identification et d'ascension sociale pour de jeunes hommes et femmes d'extraction humble sur lesquels il exerçait son charisme.

Reprenant à son compte le vocabulaire tiers-mondiste qu'il islamisait, il fédéra diverses initiatives dans une mouvance dite « islamo-gauchiste », dont l'apogée se situa, en 2003, au Forum social européen de Saint-Denis. Cette ville est à la fois le siège de l'islam de France et de ses plus importantes organisations, et celui de l'université Paris-VIII, qui symbolise le legs de Mai 1968 et où se tenait le Forum. Nous avons vu comment, dans le laboratoire roubaisien, ces aspirations s'étaient inscrites très tôt au croisement de la politique électorale, au travers des Verts du Nord, et de toutes les discussions que ce double positionnement avait suscitées. La polémique autour du personnage de Ramadan en avait fait un excellent client des émissions de débats télévisés, suscitant émulation et concurrence dans un champ islamo-politique français en pleine effervescence.

Accusé de faire trop de concessions au système médiatique par certains de ses anciens sectateurs désireux de le remplacer, soupçonné de « double discours » par ses adversaires, comme l'essayiste et pamphlétaire Caroline Fourest, il finit par prendre du champ au Qatar au tournant de la décennie. N'ayant pas « routinisé son charisme », pour employer l'expression par

laquelle Max Weber désignait l'institutionnalisation de la pro-
phétie, ne disposant pas d'organisation efficace et hiérarchisée,
il se trouva d'autant plus fragilisé lorsque se produisirent les
élections législatives de 2012 : le débat sur l'insertion politique
de l'islam en France devenait l'apanage des jeunes musulmans
de nationalité française, même si nombre d'entre eux avaient
été ses disciples.

Si le télégénique idéologue de l'islamisme européen ne partit
pas complètement en fumée, tel un phalène brûlé à l'ampoule
incandescente des médias, la panne du modèle « ramada-
nien » — outre qu'il ne proposait pas de carrière tangible à ses
fidèles — était due à la montée en puissance et en visibilité de
deux mouvements structurés. Ils le prirent en tenaille pour lui
disputer l'hégémonie sur une jeunesse qu'il avait su galvaniser
le premier. Salafistes d'un côté, réseaux « islamo-populistes »
appartenant à la nébuleuse gravitant autour du site « Égalité et
réconciliation » d'Alain Soral de l'autre connurent un développement quasi viral depuis le tournant de la décennie, à l'image
de la bulle Internet dont ils étaient les avatars paradoxaux.

Le virage salafiste

La croissance exponentielle du salafisme est l'un des phénomènes les plus marquants de la nouvelle décennie qui
correspond par ailleurs à la survenue des révolutions arabes.
Ses doctrinaires se trouvent en Arabie saoudite et structurent
l'Église sunnite qu'a édifiée le royaume grâce à son immense
rente pétrolière pour contrôler les fidèles de cette branche majoritaire de l'islam mondial et organiser leur allégeance. Il n'a
véritablement percé dans l'Hexagone que dans les années 1990,
au moment du deuxième âge de l'islam de France chapeauté
par les Frères et les blédards — et contre ces derniers.

Comme nous l'avons vu, le surgissement d'un salafiste lors
d'une conférence à Roubaix, en 1994, qui prenait à partie le
fériste Hassan Iquioussen, avait surpris l'auteur de ces lignes.

Cela se produisit dans le contexte de la guerre civile en Algérie et de sa projection sur le territoire roubaisien. C'est en effet à travers la diffusion précoce du salafisme en Algérie, où les Frères musulmans étaient restés faibles, que celui-ci se répandit en France. Pour les salafistes, et l'Arabie saoudite sur laquelle ils se règlent, l'ennemi intime est constitué par les Frères musulmans, patronnés par le Qatar. Seul mouvement sunnite mondial à disposer d'un corps de doctrine structuré et d'un réseau international hiérarchisé, ils peuvent menacer l'hégémonie saoudienne sur le sunnisme et déstabiliser une pétromonarchie qui régule le marché planétaire des hydrocarbures.

Le deuxième cercle de l'exécration est représenté par le chiisme et l'Iran, considéré comme une déviance de l'islam par les wahhabites, dont l'animosité est renforcée par l'antagonisme ancien entre Persans et Arabes pour contrôler le Golfe qui les sépare, ravivé par la concurrence moderne pour le pétrole et le gaz qu'en recèlent les eaux et les rives. Le troisième cercle de l'excommunication couvre les non-musulmans, tous compris dans la catégorie des infidèles, ou impies — *kuffar* en arabe, d'où dérive le terme dialectal maghrébin passé dans le francarabe *gouère*, qui désigne péjorativement les « Gaulois » avant leur conversion attendue à l'islam.

Les événements des révolutions arabes, depuis 2011, illustrent très clairement ces lignes de faille : le royaume a pris fait et cause contre le régime syrien appuyé par l'Iran, finançant la rébellion pour la transformer en djihad sunnite contre l'hérésie, puis a soutenu les militaires égyptiens pour renverser le président Frère musulman Mohamed Morsi en juillet 2013, tout en faisant pression contre le Qatar, pilier de l'aide aux Frères et vecteur de leurs succès en 2012. En France, le salafisme a mené une action principalement axée sur la lutte contre les Frères musulmans incarnés par deux tendances : celle institutionnelle et droitière de l'UOIF et celle informelle et gauchisante de Tariq Ramadan.

À l'opposé de l'inclusion politique des jeunes musulmans dans la société française défendue par ces derniers, qu'elle passe par l'adoubement du président philoqatarien Nicolas

Sarkozy par l'UOIF, ou par l'engagement altermondialiste et islamo-gauchiste du prédicateur de Genève, les salafistes ont prôné dans un premier temps un retrait des enjeux français. Ils préconisaient l'édification d'enclaves mentales et territoriales où barbus en djellaba raccourcie et femmes bâchées du voile intégral, ou *niqab*, reconstitueraient dans les quartiers populaires ravagés par le chômage et le trafic de drogue des communautés exemplaires de virtuoses de la foi, pures et vertueuses. Nous en avons vu des occurrences à Marseille comme à Roubaix et avons noté comment le prosélytisme salafiste avait fourni des ressources identitaires à certains descendants de harkis pour retourner le stigmate de la « trahison » des parents au service de la France. Ils opposaient à leurs détracteurs, enfants du FLN, mais amateurs de bière ou candidats aux élections municipales françaises, l'impeccabilité de leur rigorisme religieux et leur légitimité conférée par les grands oulémas saoudiens, les « savants de l'islam de La Mecque ».

On contraste communément le salafisme quiétiste avec le salafisme djihadiste. Le premier, pacifique, non violent, et adonné à la parénèse, constituerait l'essentiel des ouailles d'un troupeau mené par ses pasteurs saoudiens vers le paradis de l'islam sur terre comme aux cieux. Le second, en revanche, illustré notamment par Ben Laden et consorts, serait une déviance au recrutement marginal, à laquelle les brebis quiétistes sont sourdes et que le royaume wahhabite a écrasée lorsque al-Qaida dans la Péninsule arabique a lancé une campagne terroriste sur son territoire entre 2003 et 2006 pour renverser des cheikhs accusés d'adorer le baril en lieu et place de l'Unicité divine.

Tel est en effet l'état d'esprit des « quiétistes » quand on s'entretient avec eux. La réalité est pourtant plus complexe. Les salafistes suivent aveuglément l'avis des oulémas qu'ils révèrent et dont les fatwas qui leur proviennent désormais par Internet depuis l'Arabie saoudite ont force de loi intangible. Ainsi, lors du djihad en Afghanistan dans la décennie 1980, les oulémas du royaume avaient-ils réactivé la dimension militaire pour convaincre leurs disciples ci-devant pacifistes d'aller combattre aux côtés des moudjahidin contre les soldats soviétiques. En ouvrant la boîte de Pandore du djihad armé, ils permirent l'émergence, par leur imprévoyance, d'al-Qaida, qui se retournerait ultérieurement contre ses sponsors.

De même, aujourd'hui, la proclamation du djihad en Syrie par ces mêmes oulémas change la donne, y compris pour les salafistes français quiétistes. On estime à un demi-millier d'entre eux, au début de 2014, le nombre de djihadistes partant de France pour combattre l'armée de Bachar al-Assad et exterminer les hérétiques et les infidèles. Comme je l'ai appris à Roubaix, à la fin de novembre dernier, un des enfants des quartiers populaires, Sofiane, a été déclaré martyr par un coup de téléphone à sa mosquée, tombé au champ d'honneur salafiste sur le front du djihad syrien. Le conflit en Syrie, dans lequel certains bellicistes exaltés voyaient « notre guerre d'Espagne », est en train de se transformer en un hybride du djihad afghan des années 1980 et de ceux d'Algérie et de Bosnie de la décennie 1990. On ne peut exclure qu'elle produise ses Khaled Kelkal et ses Lionel « Abou Hamza » Dumont, dans la foulée d'un Mohamed Merah renouant, en mars 2012, cinquante ans après les accords d'Évian, avec le djihad sur le territoire français.

Le salafisme « quiétiste » a achevé de brouiller son image de doctrine sociale apaisée de l'Église saoudienne à la suite de la loi du 11 octobre 2010 prohibant la dissimulation du visage dans l'espace public, en clair interdisant le port du *niqab*, ou voile facial intégral, dont les salafistes font un article de foi. Durant quelques mois de flottement, les femmes entièrement recouvertes, dont beaucoup étaient des « Françaises de souche » converties à l'islam dans le cadre d'un mariage halal avec un *salaf*, comme y ont insisté plusieurs candidats rencontrés au cours de mon enquête, disparurent du paysage public français. Elles s'y étaient pavanées entre 2005 et 2010 pour participer au marquage du territoire. Puis, à partir des années 2012 et 2013, après l'élection présidentielle qui hissa François Hollande à l'Élysée, elles firent leur réapparition dans des lieux spécifiques où les salafistes savaient pouvoir compter sur la sympathie d'une frange de la population, en cas de verbalisation par la police.

À Roubaix, par exemple, comme j'ai pu le constater, les porteuses du *niqab* évoluaient en toute liberté place de la... Liberté, au cœur de la « ville renouvelée », à deux pas du Quick halal, au printemps de 2013. Les images de cette ville consultées aléatoirement sur la Toile au cours de cette année montraient, entre les monuments de l'âge industriel rénovés et les œuvres d'art du musée de la Piscine, des photographies de femmes totalement voilées déambulant sur fond de bâtiments de briques rouges, tant ce phénomène faisait partie *intégrante* de la perception de la cité. De même, dans les quartiers nord de Marseille, où la police s'aventure surtout pour des opérations « coup de poing » destinées à démanteler des réseaux de trafiquants et ne prend pas le risque de verbaliser et dresser des contraventions pour « dissimulation du visage », cette situation est familière.

« *Islamophobie* » *et prurits identitaires*

C'est l'exacerbation des conflits sur le port du *hijab* et du *niqab* dans l'espace public qui, au cours de l'été de 2013, fit basculer dans l'affrontement une partie de la mouvance salafiste, hâtivement qualifiée de « quiétiste ». Elle favorisa également la cristallisation des luttes pour l'hégémonie sur l'islam de France autour d'une nouvelle génération d'entrepreneurs politiques qui firent du combat contre l'« islamophobie » leur cheval de bataille. Ils espéraient par ce moyen créer une mobilisation à caractère communautaire contre le « système politique » français. Cela favorisa des types de clivages et d'alliances inédits, ainsi que des recompositions de la « communauté » invoquée par ceux qui voyaient là une ressource de pouvoir.

Les incidents de l'été de 2013 se déroulèrent à l'occasion du ramadan, période propice à l'effervescence du fait des rassemblements vespéraux quotidiens dans les mosquées, pour accomplir les prières surérogatoires (*tarawih*) du mois sacré. Ils ne parvinrent pas en revanche à créer des émeutes de même ampleur qu'en 2005. Les vacances scolaires avaient dispersé de nombreux sympathisants potentiels de la cause, et celle-ci ne réussit pas à construire, en dépit des efforts de divers comités *ad hoc* contre l'islamophobie, un effet de victimisation et de solidarité comparable au « gazage » de la mosquée Bilal de Clichy par la police, ni à élaborer un mythe fondateur aussi fécond.

De plus, les émeutes de 2005 eurent lieu dans un vide institutionnel. Il est vrai qu'il n'existait alors pratiquement aucune forme de représentation des habitants des quartiers populaires d'ascendance immigrée et de confession musulmane dans les instances élues de la République. Tel n'était plus le cas en 2013. La mobilisation communautaire exacerbée par les agitateurs qui faisaient de l'« islamophobie » prêtée à la société française une ressource pour l'affronter devait désormais composer avec des conseillers municipaux, généraux, régionaux, des députés et sénateurs issus de cette population. La plupart d'entre eux voyaient avec méfiance l'irruption de trublions barbus qui se servaient de la Toile pour leur disputer un *leadership* patiemment conquis dans les urnes. Certains, appartenant à la mouvance des « petits candidats » ou à la sensibilité « islamo-gauchiste » incorporée dans le parti écologiste, tentèrent de s'en faire la caisse de résonance, mais n'eurent qu'un faible écho.

Les incidents d'Argenteuil et de Trappes eurent des causes différentes, mais créèrent un effet cumulatif. Dans la première de ces communes de banlieue parisienne, une jeune femme enceinte porteuse du *hijab*, un voile laissant apparaître le visage, dont le port est légal, fut molestée par un individu non identifié. Traumatisée, elle devait faire quelque temps après une fausse couche. Cela fournit motif à une mobilisation « contre l'islamophobie » durant laquelle fut houspillé le maire socialiste, qui s'était rendu en solidarité, suite à l'agression, à la « mosquée Renault », la plus grande salle de prière de la commune, installée dans les anciens locaux d'un concessionnaire de la marque automobile, et dont le Premier ministre François Fillon avait inauguré la rénovation comme lieu de culte. Dans la seconde commune, c'est la verbalisation d'une jeune femme convertie à l'islam et porteuse d'un *niqab* sur la voie publique qui déclencha un incident après une altercation de son mari avec les fonctionnaires de police, et se prolongea par des émeutes nocturnes d'ampleur limitée. Dans les deux cas se mirent en avant, comme porte-parole autoproclamés de la mobilisation communautaire, des acteurs du « combat contre l'islamophobie » qui voyaient là un créneau politique opportun dans les semaines qui suivaient le discrédit du CFCM, humilié après le report de la date du ramadan qu'il avait fixée, et tandis que s'était installé de ce fait un vide institutionnel.

Le marché politique de la lutte contre l'islamophobie attira plusieurs entrepreneurs communautaires et parvint à capter la sympathie de divers intellectuels, journalistes et associations. Ils exprimèrent spontanément leur solidarité envers des musulmans maltraités, sans avoir toujours la capacité d'analyser les enjeux de pouvoir à l'œuvre dans cette affaire. Ceux-ci consistaient d'abord à imposer ce terme d'« islamophobie » dans le débat public comme un équivalent à l'antisémitisme ou au racisme. Cela permettait non seulement de définir une identité communautaire islamique à partir d'une posture victimaire sur le modèle imputé aux juifs pour interdire une quelconque critique à leur endroit, mais de criminaliser toute remise en cause de la doctrine islamique comme un acte « islamophobe » et « raciste ».

Trois types d'acteurs se disputèrent l'ascendant sur la fabrication de cet argumentaire. À gauche, le CRI (Coordination contre le racisme et l'islamophobie), animé principalement par Abdelaziz Chaambi, figure militante de l'Union des jeunes musulmans de Lyon et ancien du groupe trotskiste Lutte ouvrière, voyait dans l'islamophobie une discrimination culturelle qui s'ajoutait à la discrimination sociale. Chaambi fit le voyage de la banlieue parisienne pendant les incidents de l'été, prenant la parole pour plaider sa cause en public et capter l'attention des médias. Au centre, un Observatoire de l'islamophobie instauré par la Grande Mosquée de Paris montrait que cette instance souhaitait ne pas être exclue du débat, à défaut de pouvoir le dominer. À droite, un Comité contre l'islamophobie en France, dirigé par l'ingénieur d'origine égyptienne Marwan Muhammad, voyait dans ce combat l'opportunité d'élever les barrières identitaires de la communauté. Il prolongeait la clôture culturelle déjà érigée par le halal en lien avec divers entrepreneurs de « vigilance halal » sur la Toile qui associaient les deux mobilisations.

Mais ces initiatives furent marginalisées par l'émergence d'un nouveau site doublé d'une WebTV, « Islam & Info », qui accéda à la notoriété à cette occasion, cumulant plusieurs centaines de milliers de vues en mettant en ligne et dramatisant les incidents de Trappes. Au premier plan apparaissait à l'écran son principal animateur, qui se fait appeler Élias d'Imzalène, du nom d'une localité montagneuse de Grande Kabylie, entre Tizi Ouzou et Lakhdaria. Affectant le *look* salafiste à longue barbe, désormais symbole de légitimité islamique en ligne depuis le tournant de la décennie, celui-ci illustrait, devant ses concurrents, la primauté définitive du média sur le message à l'âge de l'Internet.

Élias d'Imzalène s'exprime avec l'aisance et la faconde d'un jeune Français bien éduqué dont le style comme le vocabulaire, ainsi que l'acuité politique, forment un effet de contraste saisissant avec une pilosité surabondante qu'on s'attend à voir surgir dans un autre registre. Il s'efforce d'occuper une position de pape virtuel de la communauté mobilisée dans un combat contre l'« islamophobie » dont il prendrait la tête. Ce statut se conquerrait à la fois en « ringardisant » le désormais trop établi et âgé Tariq Ramadan et en tentant de concilier le salafisme engagé qu'il arbore avec l'univers de Soral et Dieudonné, pourvoyeurs de vastes ressources et soutiens extracommunautaires. Ainsi parvient-il à canaliser sur sa WebTV les clivages qui divisent en profondeur, autour du conflit syrien, la communauté islamique numérique, et qui risquent d'en avorter le projet même. Il se produit aussi bien dans une mosquée de Pantin, le 4 janvier 2014, y définissant le « musulman du IIIe millénaire pour en finir avec l'islam de France », qu'au théâtre de la Main d'or, quartier général de Dieudonné.

Dans son éditorial du 20 décembre 2013, « Islam & Info » traite du soutien de Tariq Ramadan à la « quenelle » de Dieudonné en reproduisant le compte Twitter de ce dernier, avant de supputer les tenants et les aboutissants de cette posture. « Oser prétendre qu'il s'agit d'"un salut nazi inversé" est une supercherie, et tout le monde le sait », écrit le petit-fils de Hassan el-Banna, qui déclare n'être « pas adepte du sens premier, et assez vulgaire à vrai dire, du geste de la quenelle », c'est-à-dire le bras d'honneur. Mais, dans l'esprit de la plupart de ceux qui le réalisent, le signe de la « quenelle » veut dire : « Cessez de nous prendre pour des imbéciles, nous ne nous laisserons ni manipuler ni faire. Et ce message, "quenelle" ou pas, il faut le répéter aux imposteurs de la pensée politique jusqu'à ce qu'il soit entendu... ou même vu. »

L'éditorial d'« Islam & Info » reprend :

> *Depuis quelques années, Tariq Ramadan est en perte de vitesse chez la jeunesse musulmane francophone [...]. L'ex-coqueluche des médias et de l'UOIF ne semble plus faire rêver un public de plus en plus revendicatif sur un islam intégral et motivé pour un combat communautaire contre l'islamophobie. Rarement, voire jamais invité sur les plateaux [de] télévision, frère Tariq a peut-être compris que, malgré son discours plus que politiquement correct, la classe politico-médiatique française ne voulait plus de lui en France et que sa propre base le lâchait petit à petit. [...]*
>
> *Depuis quelque temps, le Suisse d'origine égyptienne s'est lancé dans des chroniques vidéo via YouTube. De chez lui, il intervient par vidéo webcam sur l'actualité, donne son avis, un peu comme un certain Alain Soral, ami et soutien de Dieudonné, qui explose les compteurs Dailymotion avec parfois des vidéos « décortiquant l'actualité » de plus de trois heures. [...] Aidé par la stupidité des associations juives, Dieudonné apparaît avec sa « quenelle » comme un résistant face à la censure, un mort-vivant, un fantôme venu hanter « l'oligarchie qui opprime le peuple de France ». [...]*
>
> *Celui qui fut pendant longtemps l'icône d'une partie de la jeunesse musulmane pourrait rejoindre le plus infréquentable des infréquentables et provoquer un séisme jusqu'au ministère de l'Intérieur. Manuel Valls, qui promet dans chaque discours de faire taire Dieudonné et consorts, doit déjà s'en mordre les doigts au téléphone avec Roger Cukierman, patron du CRIF.*

Ce tournis idéologique est rendu plus confus encore par la porosité de certains de ces réseaux avec l'extrême droite qui dénonce par ailleurs l'« islamisation de la France ». Mais la montée du sentiment d'exclusion et de précarité dans les couches populaires et moyennes, d'origine aussi bien immigrée que française, autorise le rapprochement entre le populisme du Front national, avec son rejet des élites et de l'« UMPS », et diverses logiques communautaires islamistes, notamment celles qui se déchaînent contre les « sionistes ». Nous en avons vu des exemples avec les candidats Salim Laïbi, Omar Djellil ou Farah Gouasmi d'un côté, et certains candidats frontistes de l'autre. Jean-Marie Le Pen et le footballeur converti à l'islam Nicolas Anelka, ainsi que le buteur qui a permis la sélection de l'équipe de France au *Mundial* brésilien de juillet 2014, Mamadou Sakho, font du même geste la « quenelle » de Dieudonné.

Ce que dit la querelle de la « quenelle »

La querelle de la « quenelle » a cristallisé au tournant de l'année 2014 en France un clivage identitaire porteur d'importantes recompositions. Autour d'un geste ambivalent, qui traduit en rupture culturelle, et à travers le vocabulaire graphique des sites de partage vidéo sur la toile, la question de l'exclusion sociale, elle construit une communauté fantasmée de valeurs communes contre le « système ». Celle-ci réconcilie dans ce même geste l'extrême droite « gauloise » et une partie de la jeunesse populaire issue de l'immigration, jusques et y compris d'obédience islamique, théorisée et mise en œuvre par le mentor de Dieudonné, Alain Soral.

Nous en avons observé une préfiguration dans le meeting de soutien de ces deux derniers au candidat Salim Laïbi à Marseille. Toute la thématique qui alimente désormais le théâtre médiatique central français était déjà présente en ce printemps de 2012 dans les Bouches-du-Rhône, à commencer par la focalisation sur la figure du « sioniste » comme bouc émissaire de la crise sociale, que les orateurs faisaient huer par la foule en projetant sur l'écran le drapeau marseillais frappé de l'étoile de David. Ce processus n'est pas sans rappeler l'exécration du juif dans l'entre-deux-guerres, qui permit à l'extrême droite européenne, dans une conjoncture également marquée par le chômage et l'exclusion sociale, de construire des partis de masse en enrôlant les ouvriers privés d'emploi aux côtés de classes moyennes paupérisées et hantées par leur déchéance. Mais les modes d'expression de la culture populaire ont changé entre 1933 et 2013, de même que la composition des quartiers déshérités, où une part significative de la jeunesse marginalisée est aujourd'hui issue de l'immigration outre-méditerranéenne et de confession musulmane.

Ce paradoxe d'une idéologie qui, dans le même temps, vilipende les prières de rue en France, comparées à l'invasion nazie, fait de la lutte contre l'islamisation du pays l'un de ses chevaux de bataille et « parraine » Dieudonné — au sens propre, puisque Jean-Marie Le Pen est le parrain d'une des filles de l'humoriste — n'a rien de nouveau. La rhétorique des partis populistes de l'entre-deux-guerres consistait à concilier les deux adjectifs « national » et « socialiste » pour cumuler deux électorats. Chacun voyait midi à sa porte et investissait ses frustrations et ses rancœurs sur les deux composantes du bouc émissaire juif imaginaire, l'exploiteur avide pour le prolétariat fruste, le concurrent fourbe et cosmopolite pour les classes moyennes.

La « quenelle » de Dieudonné fonctionne à l'identique dans l'espace public français contemporain : geste fédérateur « antisystème » selon ceux qui en réalisent la performance et le postent immédiatement en ligne, avec une prédilection pour la profanation symbolique des figures du judaïsme. Sont spécialement ciblés les marqueurs de l'« industrie de la Shoah » comme la nomment ses détracteurs, qui trouvent là le tabou que s'est arrogé l'État d'Israël pour interdire toute critique de ses exactions contre les Palestiniens.

Le *best of* des « quenelles » sur les sites de partage de vidéos montre des jeunes, généralement hilares et d'ascendances ethniques variées, étendant un bras vers le bas et apposant la main opposée sur l'épaule, devant des synagogues et centres communautaires israélites, ou même des rues ou panneaux indicateurs référant au judaïsme. Nombreux sont les clichés qui s'inscrivent dans le genre de la carte postale touristique, le « quenelleur » posant en short, baskets et débardeur sur fond de Mur des lamentations à Jérusalem ou de voie ferrée du camp d'Auschwitz-Birkenau. Ils achèvent de trivialiser ces images sacralisées par une profanation symbolique qui veut signifier : « On ne nous la fait plus ! » Il devait revenir au chef d'orchestre suprême Alain Soral de donner le *la* à cette partition héroïque en effectuant sa propre performance dans le Mémorial aux victimes de la Shoah à Berlin, tournant ainsi pour l'éternité la page de l'extermination des juifs d'Europe par le nazisme afin d'accoucher au forceps le populisme français prôné par son site « Égalité et réconciliation ».

Pourtant, les composantes de ce populisme-ci apparaissent disparates et contradictoires, malgré son accélération formidable par la « quenelle » de Dieudonné, dont beaucoup de jeunes qui la réalisent ne comprennent pas, d'évidence, toute la signification, la réduisant à un simple geste de défiance contre le « système » qui les exclut. La traduction de la « Dieudosphère » en « Dieudovote » pour le parrain de la fille de ce dernier reste un processus ardu et complexe. L'adjuvant « antisioniste » n'est guère parvenu à embrigader l'électorat issu de l'immigration et de confession musulmane pour qu'il vote massivement en faveur des candidats du Front national envers lequel demeurent de fortes préventions, en dépit des ouvertures que nous avons remarquées dans les deux camps.

L'« égalité » dans la détestation du sionisme n'a pas — encore — pu produire la « réconciliation » dans les urnes en faisant coïncider l'*oumma* mondialisée et la France invincible. Et le « public de plus en plus revendicatif sur un islam intégral et motivé pour un combat communautaire contre l'islamophobie » que veut susciter « Islam & Info » en collusion avec « Égalité et réconciliation » d'Alain Soral reste à ce jour virtuel. La majorité des électeurs qui se considèrent musulmans de France se déterminent dans les urnes à partir d'appartenances sociales, et non communautaires, et ce sont celles-ci qui les ont amenés à voter plus significativement à gauche que l'ensemble de leurs compatriotes. On ne saurait pourtant ignorer que l'exclusion peut nourrir, comme cela s'est produit dans le passé, des alliances contre nature dont la Passion française porterait alors la croix.

Remerciements

Cette enquête n'aurait pas été possible sans l'aide apportée par l'Institut Montaigne. J'ai plaisir à remercier ici, pour la complète confiance qu'ils m'ont témoignée, son président Claude Bébéar, son directeur Laurent Bigorgne ainsi que les membres de son comité directeur. Sans l'équipe qui m'a accompagné sur le terrain, après avoir préparé nos déplacements, et qui a assuré la majorité des transcriptions des entretiens, rien n'aurait été possible. Hugo Micheron, qui a copiloté cette enquête, a été un collaborateur exceptionnel, organisateur hors pair et partenaire à la réflexion toujours stimulante, et ce travail lui doit infiniment. Antoine Jardin, Mariam Cissé, Annaëlle Baes, Mohamed-Ali Adraoui ont à la fois contribué aux entretiens avec un remarquable professionnalisme et partagé leur connaissance du terrain, renouvelant sans cesse l'enquête par leurs intuitions et leurs mises en perspective. À Marseille, Bertrand Podevin, avec qui j'ai partagé les leçons de Bruno Étienne, a été un guide précieux pour nous faire bénéficier de sa connaissance et son amour d'une cité profondément attachante, par-delà les clichés méridionaux. Karim Baïla nous a fait partager sa sensibilité marseillaise jusqu'en son tréfonds : il m'a ouvert l'essentiel et je lui en dis mon infinie gratitude. Merci également à Slah Bareki, qui a patiemment détricoté pour moi, avec gentillesse et pédagogie, l'écheveau passablement embrouillé de l'islam local. À Roubaix, Pierre Mathiot, directeur de Sciences Po Lille, nous a fourni les clés indispensables pour pénétrer les arcanes d'un monde du Nord qu'il connaît en profondeur. Il m'est agréable aussi de remercier Lakhdar Belaïd et Michel David, qui m'ont donné accès à leurs travaux et ouvrages passionnants. Aux Éditions Gallimard, Pierre Nora et Olivier Salvatori ont été des lecteurs précieux et attentifs des diverses versions de ce texte, qu'ils ont beaucoup amélioré par leurs suggestions, étant entendu que je reste seul responsable des insuffisances et imperfections de ce travail. Enfin, je voudrais dire ma très grande gratitude à toutes les candidates et tous les candidats qui nous ont reçus, ont consacré de leur temps à partager avec nous leur expérience et nous ont livré leurs réflexions. J'espère avoir été fidèle à leur propos et avoir contribué à faire d'eux des participants à un débat qui concerne, par-delà leur circonscription particulière, le peuple même dont ils ont brigué la députation.

Composition Nord Compo
Achevé d'imprimer
par Normandie Roto Impression s.a.s.
61250 Lonrai, le 15 janvier 2015
Dépôt légal : janvier 2015
1er dépôt légal : mars 2014
Numéro d'impression : 1500141
ISBN 978-2-07-014456-3 / Imprimé en France

283324